HISTOIRE DE L'ABBAYE ROYALE

DE

SAINT-PIERRE DE JUMIÈGES

HISTOIRE DE L'ABBAYE ROYALE

DE

SAINT-PIERRE DE JUMIÈGES

PAR

UN RELIGIEUX BÉNÉDICTIN DE LA CONGRÉGATION DE St MAUR

Publiée pour la première fois

PAR L'ABBÉ JULIEN LOTH

TOME I

ROUEN

CH. MÉTÉRIE, SUCCESSEUR DE A. LE BRUMENT

LIBRAIRE DE LA SOCIÉTÉ DE L'HISTOIRE DE NORMANDIE

RUE JEANNE-D'ARC, N° 11

M DCCC LXXXII

EXTRAIT DU RÈGLEMENT

Art. 16. — Aucun volume ou fascicule ne peut être livré à l'impression qu'en vertu d'une délibération du Conseil, prise au vu de la déclaration du commissaire délégué, et, lorsqu'il y a lieu, de l'avis du comité intéressé portant que le travail *est digne d'être publié*. Cette déclaration est imprimée au verso de la feuille du titre du premier volume de chaque ouvrage.

―――

Le Conseil, vu la déclaration de M. Ch. de Beaurepaire, *commissaire délégué, portant que l'édition de l*'Histoire de l'Abbaïe royale de Saint-Pierre de Jumièges, *par un Religieux bénédictin de la Congrégation de Saint-Maur, et préparée par* M. l'Abbé Julien Loth, *lui a paru digne d'être publiée par la* Société de l'Histoire de Normandie, *après en avoir délibéré, décide que cet ouvrage sera livré à l'impression.*

Fait à Rouen, le 27 janvier 1882.

Le Secrétaire de la Société,

Ch. LORMIER

NOTE SUR CE MANUSCRIT [1]

Ce manuscrit de l'histoire de l'abbaye de Jumièges est la seconde copie faite sur l'original et est devenu lui-même original, s'il est vrai, comme Dom Outin, ancien religieux et bibliothécaire de cette abbaye, me l'a assuré depuis la révolution, que cet original du même format et papier que celui cy ait disparû en 1790 de la fameuse Bibliothèque de ce monastère [2]. *Il en étoit le conseil et l'avocat, comme de tout l'ordre des Bénédictins de la province. Il n'en reste plus aujourd'hui que de tristes ruines. Le roi Dagobert l'avoit fondé en l'an 638* [3]. *Si ce manuscrit étoit jamais imprimé, il en conserveroit du moins la mémoire. Je ne me souviens plus du nom ou des noms du Religieux qui en est l'auteur, mais Dom Outin et dom Courdemanche m'ont assuré qu'ils avoient été chargés par leurs chefs de revoir ce travail et d'en vérifier les citations sur les anciens historiens, ce que le premier avoit fait seul. Il y a quelques fautes. La préface*

---

[1] *La note que nous insérons ici se trouve en tête du manuscrit de la bibliothèque nationale, qui nous a été communiqué et que nous suivons dans cette publication. Le manuscrit de la bibliothèque nationale porte : 1 acq. nouv. fr., n° 4170. On lit sur le titre de la première page cette note écrite par le bibliothécaire de l'abbaye* « Monasterii sancti Petri Gemmeticensis, ordinis S. Benedicti, congregationis S. Mauri, 1764. R. 6952. »

[2] *Madame Lepel-Cointet conserve dans sa propriété de Jumièges un manuscrit qui doit être l'original dont il est question.*

[3] *M. de la Foye, lorsqu'il a écrit cette ligne, n'avait certainement pas présente à l'esprit la dissertation qui ouvre cette histoire, et qui tend à prouver que l'abbaye de Jumièges a été fondée sous Clovis II en 654.*

en est courte, mais sçavante. En général cette histoire est pesamment écrite. On y reconnoit partout le stile et la manière d'un écrivain pieux et solitaire, pénétré des devoirs de son état et attaché à son ordre.

Cette histoire finit à l'an 1760 et contient d'abord 680 pages, elle va jusqu'à 691 :

1º Les feuilles suivantes, depuis la page 680 aiant été transposées par le relieur et placées à la fin de ce manuscrit.

2º On trouve à la suite de la dite page 608, copies des anciennes chartes, etc. de la dite abbaye, avec ce titre : Recueil des pièces justificatives pour l'histoire de l'abbaye roiale de Jumieges contenant 202 pages et finissant à la 203º par la mention du décès de plusieurs religieux dont le dernier est décédé en 1774.

3º Enfin ce recueil est suivi d'une table des matières, contenant 46 pages.

Je prête et confie ce manuscrit qui m'appartient et que j'estime précieux, à Monsieur Le Comte de Kergariou [1].

Rouen, ce 6 juin 1818.

De la Foye, ancien avocat au Parlement de Rouen.

---

[1] M. de Kergariou l'avait emprunté probablement pour la Commission des Antiquités.

PRÉFACE[1]

L'ABBAIE de Jumièges n'étant en rien inférieure aux plus célèbres monastères de l'ordre de S. Benoit, qui ont eu leurs historiens, on est surpris avec raison qu'aucun de ses enfants n'ait encore donné au public une idée suivie de ce qu'il peut y avoir d'utile et d'intéressant dans son histoire. Les plus anciens auteurs comme les modernes, avoient fraïé le chemin, et rien n'étoit plus sûr que de pouvoir suppléer à leurs omissions par des preuves autentiques, qui se trouvent en grand nombre dans ses archives, et qui n'étant pas venues à la connoissance des écrivains du dehors, peuvent néanmoins servir à relever l'éclat et la gloire de cette auguste maison. C'est dans cette vüe que je me suis laissé imposer l'obligation d'y travailler, persuadé que si mes recherches sont inutiles à mes frères, elle serviront du moins par la miséricorde de Dieu à m'instruire moi-même, et à me préserver de l'oisiveté, qu'on a toujours reprochée quoique peut-être un peu trop légèrement aux solitaires, et qui n'est que trop commune aujourd'hui parmi ceux mêmes qui ont reçu quelque talent.

L'histoire, telle qu'elle paroit, n'étoit cependant pas dans mon premier dessein; j'aurois sans doute eu plus de peine à l'entreprendre: mon intention n'étoit d'abord que de recueillir dans les histoires imprimées et dans les manuscrits que je trouverois, tout ce qu'on avoit pu dire sur l'histoire de Jumièges, et de laisser à ceux à qui Dieu a donné plus d'intelligence et de lumières le soin de l'arranger et de lui donner la forme. Si je devois toucher les difficultés, ce n'étoit que pour les faire appercevoir, non pour les discuter, moins encore pour les résoudre : mais la divine providence en a disposé autrement. J'ay été assujetti non seulement à faire les recherches, mais à leur donner une suite autant digne de

---

[1] L'introduction à cet ouvrage sera remise aux sociétaires avec le 3ᵉ volume

la matière qu'il m'a été possible. Je m'y suis soumis; c'est donc une tâche qu'il faut remplir.

Dans cette indispensable nécessité d'obéir et d'abandonner mon premier projet, j'ai divisé l'ouvrage en quatre livres, qui comprennent une description abrégée du païs de Jumièges; la fondation de l'abbaïe; les donations des Rois [1] et des princes; les privilèges des souverains pontifes; la vie de S. Filbert et de plusieurs de ses disciples, qui en se rendant ses imitateurs sont devenus les compagnons de sa gloire; les translations d'un très-grand nombre de saintes reliques, qui y sont honorées; le droit de la Communauté de nommer à tous les bénéfices avec son abbé, et seule privativement à tous les archevêques et évêques durant la vacance du siège abbatial; l'histoire des abbés soit réguliers ou commendataires qui l'ont gouvernée avant sa destruction et depuis son rétablissement, et des religieux qui s'y sont distingués dans tous les temps par leur piété et par leur sçavoir, autant que par les titres honorables de Maître ès arts, de Bacheliers et docteurs de l'Université de Paris. J'ai marqué suivant les occasions les principaux évènements et les troubles dont Dieu a permis que ce célèbre monastère ait été agité par les passions du démon et de ses ministres, pour éprouver la fidélité de ceux qui étoient à lui. Je n'ay point dissimulé le relâchement de la discipline, qui a défiguré quelque fois sa beauté, et occasionné l'introduction de deux célèbres congrégations, pour obvier aux suites dangereuses de ces affoiblissements, et faire revivre l'esprit de S. Benoit dont le fondateur y avoit apporté la règle, en un mot je me suis étudié à recueillir tout ce qui pouvoit porter non seulement les religieux à suivre les traces de ceux dont ils ont embrassé l'institut, mais les personnes mêmes du siècle à régler leur vie sur les exemples de leurs ancêtres, et à imiter leur vertu avec tout le zèle et toute l'ardeur dont elles sont capables. Voilà en abrégé ce qu'on trouvera plus ample et plus étendu dans l'histoire de Jumièges.

Mais il est bon de remarquer, avant que d'entrer en matière, qu'encore que les historiens soient d'accord sur la fondation de l'Abbaïe par S. Filbert, tous néanmoins ne conviennent pas de l'année qu'il en jeta les fondements, ni du règne de celui de nos Rois qui lui en fournit les moïens, quelques uns ont crû pouvoir en faire honneur à Dagobert I, et la mettent en 638 (a), sept ans, disent-ils, avant sa mort : D'autres l'attribuent

---

(a) Ms. *Gem.*, p. 73. — Surius, *in Vit. S. Austrebertæ*, t. I, p. 18. — Claude Robert, p. 5.

[1] L'auteur écrit *Roix*. Nous avons cru devoir adopter l'orthographe actuelle pour ce mot et pour d'autres, comme nous en avertissons nos lecteurs dans l'Introduction.

à Clovis II, la seizième année de son règne, 654. Il y en a enfin qui la reculent jusqu'en 660, ce qui m'a fait espérer que pour ne pas interrompre la suite de cet histoire par une preuve trop diffuse de la véritable époque de la fondation de Jumièges, et de l'impossibilité de l'ajuster avec les années 638 de Dagobert, ou 660 de Clovis son fils et son successeur, on ne regarderoit ni comme superflues ni comme étrangères à cette préface, qui est d'ailleurs assez courte, les raisons de cette impossibilité, que je me propose d'y ajouter. L'époque de la mort de Dagobert en 638 et du jeune Clovis en 656 nous en fournira une partie, quoique la chronique soit devenue extrêmement confuse sous ces deux Rois, nous tirerons les autres des aveux mêmes de nos adversaires et de quelques absurdités qui s'ensuivent nécessairement de leur opinion [1].

Epoque de la mort de Dagobert Ier. — De plus de vingt historiens que j'ai consultés, presque tous sont opposés entre eux sur le tems de la mort de Dagobert. Plusieurs mêmes n'en parlent qu'avec incertitude. Sigebert dans sa chronique, Jean de Serves dans son inventaire de l'*Histoire de France*; Gérard Mercator dans sa chronique; Claude Robert à la table de sa *France Chrétienne* autorisée du Calendrier de l'église de S. Denis; Jean Boisseau dans sa carte généalogique et chronologique de la famille roïale de France; Meyer et plusieurs autres placent sa mort en l'an 645. Le père Labbe l'avance d'un an; Belleforêt au contraire et Paul Emile la reculent d'un an; d'autres encore comme Bernard de Girard du Haillan, dans son *Histoire générale des Roix de France*, Scévole et Louis de Ste Marthe dans leur *Histoire générale de la maison royale de France*, ne la mettent qu'en 647; quelques uns mêmes en 648; de ce nombre sont Scipion Dupleix dans son *Histoire générale de France*; Aimoin, religieux de Fleury, et Nicolas Vignier.

Mais ces sentiments si divers, non plus que celui de quelques autres historiens, qui ont placé la mort de ce prince à l'an 643, ne sont pas les plus suivis depuis un siècle [2]; tous les modernes les ont abandonnés et mettent constamment cette mort en 638. Ce n'est pas que les premiers manquent de preuves; ils en ont même comme nous le verrons bientôt,

---

[1] La dissertation qui va suivre est diffuse et d'une lecture pénible. Elle rappelle certains travaux d'érudition du xviiie siècle où on négligeait absolument le style pour ne s'occuper que des preuves, et où l'on comptait sur la patience robuste du lecteur.

[2] Les questions soulevées ici à propos de Dagobert ont été débattues et élucidées par le savant hollandiste Henschenius dans sa dissertation *de tribus Dagobertis* (Anvers, 1655, in-4º) que notre auteur parait ne pas avoir connue bien qu'elle figure dans les *Acta sanctorum Februarii*.

qui méritent d'être considérées ; mais des recherches plus solides et des découvertes plus heureuses ont comme forcé les derniers à se retirer de leur parti, on compte parmi eux : M. Le Valois, le père Le Cointe, le sieur de Mézerai, dom Mabillon, M. Baillet, le sieur Louis Dufour de Longue Rue, dom Félibien et dom Lobineau, dom Bouillart, dom Rivet, dom Bouquet et M. le président Hainaut.

Dom Mabillon toujours attentif à servir la république des lettres fit en 1683 une dissertation historique sur la mort de Dagobert I, qui ne nous laisse rien à désirer sur ce point, d'ailleurs le seul ou presque le seul dans l'histoire des Mérovingiens, c'est à dire de nos Rois de la première race, où il restoit quelque difficulté. J'espère que ceux qui la liront, soit dans l'original qui est page 514 du IIIe tome de ses analectes [1], soit dans le précis que nous en allons donner pour la facilité de ceux qui n'auroient pas son ouvrage en porteront le même jugement que nous et se rangeront à son avis. Voici comme parle ce sçavant bénédictin ; « en lisant » dernièrement un manuscrit de l'église Des Fossez [2], ancien de plus de » huits cents ans, j'y trouvai une vieille inscription dattée de la troisième » année de Clotaire III, roi de France, qui me parut prouver invincible- » ment le tems de la mort du jeune Clovis et par conséquent de Dago- » bert I. C'est pourquoi j'ai cru vous faire plaisir (il parle à M. Gallois » à qui sa dissertation est adressée) en mettant cette inscription au jour, » avec une explication exacte de ce que l'on en peut tirer pour l'éclair- » cissement de notre histoire, à laquelle je sçais que vous vous interressez. » Ce titre ou inscription a été mis à la tête du premier livre de la vie » de S. Jean, abbé de la Réome, aujourd'hui Moutier S. Jean au diocèse » de Langres, écrite, ou plutôt retouchée par l'abbé Jonas ». Dom Mabillon rapporte ensuite l'inscription en ces termes : « anno centesimo post » explicionem numeri sancti Victorii episcopi ciclum recapitulantem, anno » tertio domni Clotharii Regis indolis, ex jussu ipsius principis, vel » genitricis suæ præcelsæ domnæ Bathildis reginæ, cum ad urbem Cabal » lonnensem noni mensis secundâ ebdomadâ Jonas abbas per Riomao » sancti Johannis monasterio præteriens, paucis diebus inibi pro labore » iteneris quievit. Cumque victus precibus fratrum ipsius cænobii, ut » qui per discipulos memorati confessoris Christi vel posteros eorum » veraciter comperta erant de actuali vitâ, hâc spirituali conversatione » articulo dicendi convertit, predictus Jonas Hunnanæ abbati inquit. » *La centième année depuis la fin du cycle du St évêque Victorius, et*

---

[1] *Vetera analecta*. Paris, 1675-1685, in-8°.

[2] Il s'agit du monastère de Saint-Maur des Fossez, à Paris.

la troisième du règne du jeune Clothaire, la seconde semaine du neuvième mois, l'abbé Jonas allant à Châlons par ordre de ce prince ou de la reine Batilde sa mère, passa par l'abbaïe de la Réome et s'y arrêta quelques jours pour s'y délasser. L'abbé Hunnan et ses religieux le prièrent de leur donner une nouvelle vie du bienheureux Jean sur les mémoires véritables qu'en avoient laissé ses disciples ou leurs successeurs, et n'aiant pu se refuser à leurs instances, il ne fut pas plutôt de retour à son abbaïe qu'il y travailla.

Quoique dans les livres, où cette inscription a été insérée, on ne trouve point ces paroles : *la centième année depuis la fin du cycle de Victorius*, qui déterminent évidemment l'époque de la mort du jeune Clovis, mais seulement celles cy : *La troisième année du règne de Clotaire*, il est néanmoins indubitable que l'inscription est toute entière de l'abbé Jonas, qui pour marquer l'année de la mort du bienheureux Jean, s'est servi du cycle de Victorius, comme il l'avoit cité dans la préface de sa vie pour désigner le tems où il l'écrivoit. » Ce saint homme dit-il, mourut l'an 512 selon le cycle du bienheureux évêque Victorius : *anno Domini quingentesimo duo decimo juxta quod in cyclo Beati Victorii episcopi numeratur* (1).

Pour bien entrer maintenant dans le sens de cette inscription et y puiser la vérité que nous cherchons, il faut examiner quel a été le cycle de Victorius ; à quelle année de Jésus-Christ il le fait commencer, à quelle année il le fait finir. Le commencement de la seconde période du même cycle ; et enfin à quelle année du Sauveur se rapporte la centième de la dite période, que Jonas dit être la troisième de Clotaire III.

Victorius d'Aquitaine à la sollicitation d'Hilaire, archidiacre de l'église Romaine et depuis pape, dressa un cycle pascal de cinq cent trente-deux ans, qu'il fait commencer à la Passion de notre Seigneur sous le consulat de Geminus. Le quatrième concile d'Orléans, tenu en 541, composé de trente-huit évêques et de douze députés des différents sièges, ordonna dans son premier canon que tous les évêques s'en serviroient pour règler la célébration de la fête de Pâques. Il est loué par Germade, par Cassiodore, par Grégoire de Tours, par S. Isidore et par plusieurs autres ; ce qui suffit pour en démontrer l'exactitude.

Dans une lettre à Hilaire, que quelques-uns font déjà pape, Victorius dit qu'il a dressé son canon pascal sous le consultat de Constantin et de Rufus, c'est-à-dire l'an, de Jesus-Christ 457 et que cet année du consulat de Constantin et de Rufus dite la quatre cent trentième de son cycle, commence à la vingt-huitième année de Jésus-Christ, qu'il a cru être celle

---

[1] Bolland. t. II. p. 356.

de sa Passion et du consulat des Geminus, quoiqu'il soit vrai que les Geminus n'ont point été consuls en cette année et que Jésus-Christ n'est point mort sous leur consulat.

Le père Chifflet, dans sa dissertation sur les années du règne de Dagobert (a), fait aussi commencer le cycle de Victorius à la vingt-huitième année de Jésus-Christ, quoique les Geminus n'oient été consuls que l'année suivante. Ce qui a trompé Victorius, c'est qu'il a confondu deux consulats en un et conséquemment avancé d'un an celui des Geminus. C'est pourquoi ajoute le père Chifflet, pour faire cadrer les années du cycle de Victorius avec celles de Jésus-Christ, il n'y faut ajouter que vingt-sept ans de la vie de ce divin Sauveur, et non pas trente-trois, comme ont fait le père Rouvière et Bollandus. Ainsi continue dom Mabillon, le cycle pascal de Victorius commençant à la vingt-huitième année de Jésus-Christ, et étant de cinq cent trente-deux ans, auxquels il faut en ajouter vingt-sept pour le faire convenir à notre ère commune ou vulgaire, il s'ensuit que sa première période finit à l'an 559, et que cette même année est le commencement de la seconde.

La centième année de cette seconde période, qui est selon Jonas la troisième du règne de Clotaire III, doit donc être aussi la six cent cinquante-neuvième de Jésus-Christ, et conséquemment Clotaire aura succédé à Clovis II en 656 où ce dernier sera mort. Aussi le père Bouchier dans ses tables du cycle de Victorius (b) met il d'un côté la six cent cinquante-neuvième année de l'ère vulgaire, et dans la suivante, pour y répondre, la centième année de la dite période, ce qui se prouve encore par le père Chifflet, qui remarque fort bien sur un endroit de Frédégaire (c) que la cent soixante-dix-septième année de la seconde période du cycle de Victorius répond à la sept cent trente-sixième année de l'ère vulgaire ; car si cette cent soixante-dix-septième année du cycle de Victorius répond à la sept cent trente-sixième de Jésus-Christ, la centième de la même période doit aussi répondre à la six cent cinquante-neuvième de l'ère commune, ou de Jésus-Christ ; la même raison milite de part et d'autre ; or selon Jonas cette année étoit la troisième du règne de Clotaire depuis la mort de son père Clovis II : conséquemment le jeune Clovis est mort l'an 656. On ne peut se refuser à l'évidence de cette preuve sans faire injure au sçavant abbé Jonas, auteur d'ailleurs contemporain, témoin oculaire et employé par Clotaire même, fils de Clovis, trois ans après la mort de son père dans le voïage de Châlons qui a donné lieu à cette inscription.

(a) Chap. 5.
(b) P. 24.
(c) Chap. 109.

Il n'est pas difficile après ce que nous venons de dire, de fixer le tems de la mort de Dagobert I, qui fait le principal objet de nos recherches ; car le jeune Clovis, son fils et son successeur, aiant régné dix-huit ans après lui (a), et étant mort en 656, c'est une conséquence nécessaire que Dagobert en cessant de vivre lui ait laissé son royaume en 638.

Deux observations donnent un nouveau jour à cette preuve : la première est que Clotaire II, père de Dagobert, la trente-neuvième année de son règne, six ans avant sa mort, sçavoir de Jésus-Christ 622, au commencement du printemps, donna le royaume d'Austrasie à Dagobert, et mourut l'an 628 ; la seconde, que le règne de Dagobert a été de seize ans ; sur quoi tous les auteurs s'accordent assez, mais ils ne conviennent pas également du tems où l'on doit compter les dites seize années de son règne ; les uns les font commencer au tems où il succéda à son père dans toute la monarchie et ne mettent sa mort qu'en 644 ; les autres au tems où il fut fait Roi d'Austrasie et veulent qu'il soit mort en 638, sentiment que j'embrasse d'autant plus volontiers que Frédégaire, le seul historien de France dans ce temps là et qui a écrit les actions de Dagobert pendant les seize années de son règne, commence la première au tems qu'il fut fait Roi d'Austrasie, et ainsi de suite ; puis après la mort de Clotaire en 628, compte la septième, huitième, et le reste jusqu'à la seizième où il fixe sa mort. Quoi de plus clair pour prouver que Dagobert n'a régné que dix ans depuis la mort de son père ?

Si cela ne suffit pas nous apporterons encore en preuve Herman le Racourci, que l'on ne pourra au moins se dispenser de reconnoître pour partisan de l'opinion de Fredegaire, si l'on ne veut pas croire que ce sentiment lui soit propre et qu'une connoissance exacte de l'histoire le lui ait fait adopter. Voici donc comme il parle : « Ce courageux et victorieux » Roi Lothaire étant mort la quarante-cinquième année de son règne fut » inhumé dans la basilique de Saint Vincent aujourd'hui Saint Germain-» des-Prez. Dagobert lui succéda dans son royaume qu'il gouverna pendant » dix ans : il en avoit déjà régné six en Austrasie ». Ces paroles n'ont pas besoin de commentaires.

Frédégaire nous fournit un second argument au chapitre 73 de sa chronique, où il dit que Sisenand se rendit maître du roïaume des Visigoths, en Espagne, la neuvième année du règne de Dagobert, après en avoir chassé Suintile par l'aide de ce prince, dont la chronique de Dijon et Mézerai rapportent qu'il avoit imploré le secours. Or Sisenand n'a commencé à régner qu'en 631, comme il paroit par la préface du quatrième

---

(a) *Continuation de Frédégaire*, c. 91. — De Valois, Le Cointe, les Chroniques S. Bénigne, de Dijon et de Besançon.

XVI

concile de Tolède, qu'il fit célébrer la troisième année de son règne et la six cent soixante-et-onzième de l'ère espagnole : « anno tertio, ce sont les » paroles du concile, regnante gloriosissimo principe Sisenando, æra » sexentegimâ septuagesimâ primâ » ; c'est-à-dire, l'an de Jésus-Christ 633, parce que l'ère des espagnols est de trente-huit ans plus ancienne que l'ère chrétienne, ou nos ans de grâce ; la neuvième du règne de Dagobert a commencé au tems où il régna en Austrasie, revient donc à notre an 631, et par suite nécessaire sa seizième année qui fut aussi la dernière de son règne et de sa vie se rapporte à l'an 638.

Le même Frédégaire nous apprend (a) que Suintile II, que d'autres appellent Chintille, frère et successeur de Sisenand, mourut la seconde année de Clovis II. Ce Chintille succéda à Sisenand vers la fin de 635 et régna trois ans onze mois et seize jours, selon le jésuite Mariana, qui fixe sa mort en 639. Il falloit donc que Dagobert fût mort l'année précédente 638, puisque, selon Frédégaire, Chintille mourut la deuxième année de Clovis II, fils et successeur de Dagobert Ier.

Un privilège du pape Jean IV du nom, en faveur des religieuses de Notre-Dame et de Sainte-Colombe, dans un lieu de la France qu'il n'a pas été possible de lire dans le Bref, pour être mutilé en cet endroit, confirme encore la vérité de notre époque. Car encore que ce privilège ne soit point daté, comme il n'y a point eu de pape du nom de Jean sous le règne de Clovis, que celui dont nous parlons, il est à présumer que Clovis, dont il fait mention dans son Bref, et aux prières duquel il est accordé, n'est autre que Clovis II. Or, le pape Jean IV succéda à Séverin le dernier jour de l'année 629, et son pontificat ne fut que d'un an, neuf mois et six jours, étant mort le 12 octobre 641. Clovis étoit donc roi de France au moins dès cette année, ce qui suffit pour renverser le sentiment de ceux qui veulent que Dagobert, son père et son prédécesseur, ne soit mort qu'en 644.

On me reprochera d'être trop diffus : je sens la justice de ce reproche ; mais l'amour de la vérité et le désir de la faire connoître, ne m'ont pas permis d'être plus court. Je prie même le lecteur de me permettre de lui présenter encore deux nouvelles preuves, qui ne contribueront pas peu, à ce que j'espère, à réunir les esprits dans un même sentiment sur un point d'histoire si diversement rapporté jusqu'icy.

Le vénérable Bède, dont nous tirons la première, dit dans l'histoire ecclésiastique de sa nation (b) que Wilfride, archevêque d'Iork, sortit d'Angleterre pour aller à Rome avec Benoît Biscope dans le temps

(a) C. 32.
(b) L. V, c. 20.

qu'Honorius occupoit le siège de Cantorberi; et dans un autre endroit de la même histoire (a), qu'Honorius mourut le 30 de septembre 655 : conséquemment le voiage de Wilfride ne peut être postérieur à l'an 653. Le vénérable Bède ajoute que Wilfride (b), dans ce voiage, passa par Lion et visita l'évêque Dauphin, qui le pria instamment de le venir voir à son retour, et qu'en effet, après avoir passé quelques mois à Rome, et de retour à Lion, il demeura trois ans avec Dauphin, qu'il vit assassiner sous ses yeux par ordre de la reine Bathilde, c'est-à-dire d'Ébroïn, maire du palais sous la régence de cette pieuse reine, pendant la minorité du jeune Clotaire. Cette mort de l'évêque Dauphin, qui ne peut être placée au delà de 657, puisqu'elle arriva la quatrième année depuis que Wilfride fût sorti d'Angleterre, et qu'il en étoit constamment parti l'an 653, dans le temps qu'Honorius, qui mourut le 30 septembre de la même année, tenoit le siège de Cantorbéri; cette mort, dis-je, sous la régence de Ste Bathilde, prouve sans réplique que Clovis était mort. Or, j'ai fait voir que son règne avoit été de dix-huit ans depuis la mort de son père; il devoit donc avoir commencé en 638.

L'auteur de la vie de S. Didier, évêque de Cahors, grave et contemporain, nous fournit la seconde et dernière preuve dans la vie de ce saint, rapportée au premier tome du père Labbe (c), où il dit que Rustique, frère et prédécesseur immédiat de notre saint évêque, fut fait archidiacre de l'église de Rodez à la fin de la trente-quatrième année de Clothaire, puis ordonné évêque de Cahors, et enfin, après sept ans et quelques jours d'épiscopat, massacré par ses propres citoiens au commencement de la huitième année de Dagobert, « *finiente anno septimo regni Dagoberti* « *et incipiente octavo, septimo et eo amplius anno pontificatus ad-* « *ministrato.* » Sur quoi il est bon de remarquer premièrement, que la trente-quatrième année de Clotaire, où Rustique fut fait archidiacre de Rodez, revient à notre an 618; secondement, que selon Flodoard dans son Histoire de Reims (d), et le père Hardouin dans son Recueil des actes des conciles (e), le même Rustique assista comme évêque au concile de Reims tenu en cette ville l'an 625, selon le père Labbe et Moreri; troisièmement, que selon Frédégaire (f), Senochus, évêque d'Ause, dont le nom se trouve parmi les pères de ce concile, fut renvoié

(a) L. III, c. 20.
(b) L. V, c. 20.
(c) P. 699.
(d) L. II, c. 5.
(e) T. III, p. 571.
(f) *Chr.*, c. 54.

en exil par Clotaire l'année suivante 626. Or, s'il est vrai, comme on n'en peut douter, que Rustique fut évêque de Cahors en 625, et qu'il n'ait gouverné cette église que sept ans et quelques jours, il s'ensuit manifestement que la huitième année du règne de Dagobert, que l'auteur de la vie de S. Didier dit avoir été commencée lorsque Rustique fut assassiné, ne peut être comptée du temps de la mort de Clotaire en 628, mais du temps que Dagobert commença à régner en Austrasie, sçavoir en 622, six ans avant la mort de son père.

Il semble qu'après une démonstration si claire et si convaincante du règne de Dagobert, presque tous les historiens étant d'accord qu'il n'a duré que seize ans, je pourrois me contenter de dire absolument et sans autres preuves, que la fin doit en être fixée à l'an 638, qui est ce que j'avois à prouver; mais comme quelques auteurs donnent plus de durée à son règne, j'ay cru qu'en leur faisant voir le contraire par le même panégyriste de S. Didier, on me pardonnerait volontiers d'y ajouter un second témoignage de cet auteur en faveur d'une époque si disputée. Voici comment il parle des années de Dagobert : « Le roi Dagobert « étant mort après seize années révolues de gouvernement, laissa ses « États à Clovis et à Sigebert, ses deux fils. Clovis eut la France et « Sigebert l'Austrasie. » Nos adversaires useroient-ils d'expressions plus claires et plus précises s'ils avoient la même chose à prouver? Il faut sans doute que cette pièce ait échappé à leurs recherches.

Pour ce qui est de la mort de ce monarque, notre auteur ne laisse pas plus lieu de douter qu'elle arriva au temps que nous avons marqué. S'il ne le dit pas expressément, il le fait assez entendre. En effet, après avoir fixé la première année de l'épiscopat de S. Didier à la fête de Pâques de la huitième année du règne de Dagobert : « *Factus episcopus sub anno* « *octavo Dagoberti regis in sanctâ pascali festivitate* »; ce qui ne peut convenir qu'à notre an 629; après ces paroles, Clovis eut la France et Sigebert l'Austrasie, citées dans l'article précédent; il ajoute aussitôt, pour déterminer le nombre des années du S. évêque dans le gouvernement de l'église de Cahors et le temps de sa mort, que S. Didier, la dix-septième année du règne de Sigebert et la vingt-sixième de son épiscopat, résolut d'aller en son païs, et que le Seigneur le voulant récompenser de ses travaux, il fut pris de la fièvre et rendit son âme à Dieu le 17 des calendes de décembre. Qui ne voit dans ces vingt-six ans de l'épiscopat de S. Didier, depuis la fête de Pâques 629 jusqu'au 19 novembre 654, qu'il n'y en a que neuf sous le règne de Sigebert? Or, si S. Didier n'a été évêque de Cahors qu'en 629, comme le prétend l'auteur de sa vie, et après lui Moreri, s'il n'a tenu le siège que neuf ans pendant la vie de Dagobert, comme il paroît par le même auteur, qui ne le fait mourir que la dix-septième année de Sigebert, qui ne régna certainement pas avant la mort de son père, il est manifeste que Dagobert étoit mort dès l'an 638.

J'ay dit en rapportant les diverses opinions sur le temps de la mort de ce prince que ceux d'entre les historiens qui ne pensoient pas comme nous, ne manquoient pas de preuves en faveur de leur sentiment, et qu'ils en avoient même qui méritoient d'être considérées. C'est ce que je me propose maintenant d'examiner, mais brièvement, pour ne pas fatiguer un lecteur dont j'ai tout sujet de craindre de n'avoir déjà que trop abusé de sa complaisance. Le grand argument de nos adversaires et le seul qu'ils puissent légitimement faire valoir se tire du deuxième chapitre du second livre de la vie de S. Éloi, où S. Ouen, qui en est auteur, dit en parlant de leur commune ordination, » qu'étant arrivés « ensemble à Rouen le quatorzième jour du troisième mois, la troisième « année du jeune Clovis, le dimanche avant les Litanies ou Rogations, « ils furent ordonnés évêques par les évêques, lui pour Rouen et S. Éloi « pour Noyon, dans une nombreuse assemblée de peuple et au milieu du « clergé qui chantoit des psaumes et des cantiques pendant la cérémonie « de leur consécration ». S. Éloi et S. Ouen, disent-ils, ont été ordonnés évêques la troisième année du règne du jeune Clovis ; la lettre dominicale étoit cette année l'S majuscule ; la fête de Pâques tombait le 9 avril, l'Ascension le 18 mai, et le dimanche des Rogations le 14 du même mois ; or, toutes ces circonstances ne peuvent convenir qu'à l'an 646 ; cette année étoit donc la troisième du jeune Clovis, et par conséquent Dagobert, son père, étoit mort l'an 644.

Le père Le Cointe répond à cette objection en disant que S. Ouen et S. Éloi arrivèrent à Rouen le quatorzième jour du troisième mois, sçavoir du mois de mai, en ces temps-là ; mais que leur ordination fut différée de huit jours. Il y a, dit-il, deux parties dans ce passage de S. Ouen : la première désigne l'an et le jour de son arrivée à Rouen avec S. Éloi ; l'autre marque le jour de leur consécration, qui fut le dimanche des Rogations, vingt-et-unième jour de mai de l'an 640, troisième du règne de Clovis où la Pâques fut célébrée le 16 avril. Cette explication conserve merveilleusement bien au texte de S. Ouen toute sa force et toute sa pureté. Nos adversaires ne peuvent disconvenir que ces deux termes, *le quatorzième jour du troisième mois, et le dimanche avant les Litanies*, ne sont pas si essentiellement liés qu'ils doivent être confondus et rapportés au même jour ; mais, disent-ils, elle est contraire à l'usage de la cathédrale de Rouen et au calendrier de l'église de

Noyon, qui célèbrent chacune l'ordination de leur évêque le quatorzième jour de mai : « *Pridie idus maii dedicatio ecclesiæ Beatæ Mariæ, et dedicatio capellæ quam domnus Harduinus episcopus construxit Novioni et ordinatio sancti Eligii.* »

A ce coup il faut convenir que selon le calendrier de Noyon, S. Éloi et S. Ouen n'ont été ordonnés qu'en 546, et que si leur ordination fut faite la troisième année du jeune Clovis, Dagobert, son père, ne doit être mort qu'en 644. Mais renoncerons-nous à des preuves évidentes sur le témoignage d'un seul calendrier, dont l'auteur pourroit bien s'être trompé en ne faisant pas assez d'attention au texte de S. Ouen, qu'il paroît avoir suivi. Pour moi, c'est l'opinion que j'en ai, et je me crois d'autant mieux fondé à l'avoir que, quoique la fête de S. Éloi ait été établie dans l'église peu de temps après sa mort, celle de son ordination ne l'a été peut-être que plus de cent cinquante ou deux cents ans depuis; c'est ce qu'il est permis au moins de conjecturer sur ce que nous avons rapporté du calendrier de Noyon, où il paroît que Hardouin, qui n'occupait le siège de cette église qu'en 994, a été l'instituteur de cette fête.

Si ce sentiment déplaît à quelqu'un, il est libre de ne le pas suivre; pour nous, nous le préférerons à tout autre, jusqu'à ce que l'on nous en propose un meilleur, et que l'on ait détruit nos preuves, ce qui ne sera pas facile, après les soins que dom Mabillon a pris pour les établir.

Aveux de nos adversaires et absurdités de leurs sentiments. — Il est vrai que dans le sentiment que Jumièges a été fondé par Dagobert Ier, en 638, à la prière de S. Filbert, le faux est revêtu de couleurs si semblables à celles du vrai, qu'il semble d'abord que ce seroit mal juger que de ne s'y pas laisser tromper. On a comme naturellement du respect pour les chartes originales, et l'auteur en cite une; mais vient-on à en faire la recherche? on ne trouve plus qu'une légende, fort ancienne, à la vérité, et suivie par quelques historiens, mais trop éloignée du temps de la fondation pour mériter notre créance. Les absurdités qui en résultent nécessairement sont d'ailleurs si grossières, que l'opinion paroît avoir pris naissance en dépit du bon sens. Je ne demande pour en convaincre qu'un peu d'attention. S. Agile a été le premier abbé de Rebais; S. Filbert, qui avait fait profession de la vie monastique entre ses mains à l'âge d'environ vingt et un ans, fut son successeur immédiat, et gouverna pendant quelque temps; mais le soulèvement de quelques-uns de ses religieux et le désir d'une plus grande perfection le portèrent à se démettre de sa charge pour aller visiter les principaux monastères d'Italie, de France et de Bourgogne, d'où il revint ensuite rejoindre sa communauté ; ce sont des faits que nos adversaires nous apprendroient eux-mêmes, quand nous ne les saurions pas. D'ailleurs, comment l'abbaïe de Rebais, n'aïant été fondée par S. Ouen qu'en 634 selon le père Mabillon, ou même en 635, selon M. Baillet ; l'église dédiée et consacrée par les évêques S. Faron et S. Amand, en présence de S. Ouen et de S. Éloi, le 22 de février 636 (*a*), et le bienheureux Agile nommé solennellement à la ditte abbaïe le premier jour de mai suivant par Dagobert, dans un synode d'évêques tenu à Clichy ; comment, dis-je, renfermer dans un espace de vingt mois, depuis la nomination de S. Agile à l'abbaïe de Rebais, son gouvernement, celui de S. Filbert, qui ne se fit religieux sous sa conduite qu'après la fondation de cette abbaïe, ses voiages dans lesquels il lui a fallu des années pour les faire avec fruit, son séjour dans sa première communauté au retour de ses voiages et enfin la fondation de l'abbaïe de Jumièges sous un prince dont il me semble qu'on peut dire qu'il n'est plus permis de douter que la mort arriva au commencement de l'année 638, où S. Filbert était à peine profez.

Cette difficulté n'est pas la seule à résoudre dans le sentiment que nous combattons. Ses auteurs, qui me paraissent avoir adopté tout ce qu'ils ont trouvé écrit, sans penser qu'il leur dût être préjudiciable, prétendent avec l'anonyme qui a composé la vie de S. Agile, que ce saint abbé dont ils devroient mettre la mort au plus tard à la fin de 636, pour rendre vraisemblable tout ce qu'ils ont attribué depuis à son successeur, mourut centenaire ; mais s'il en est ainsi, non seulement S. Filbert, qui lui succéda dans le gouvernement du monastère de Rebais, n'a pu fonder l'abbaïe de Jumièges en 638, sous Dagobert, comme ils l'assurent, ni même en 654, sous le règne de Clovis, comme nous le dirons ensuite ; mais on sera contraint de reculer cette fondation jusqu'en 686, trois ans après la mort du saint abbé de Rebais, qui dans la supposition des cent ans de vie qu'on lui donne, ne seroit mort qu'en 683 ; puisque, selon l'auteur de sa vie, il n'avoit que sept ans lorsque S. Colomban, étant logé chez Agnoald, son père, lui donna sa bénédiction, et persuada si bien ses parents que cet enfant seroit un jour un grand maître dans la vie spirituelle, qu'ils le consacrèrent à Dieu sous sa discipline dans le monastère de Luxeuil qu'il venait de faire bâtir pour le saint. Or, l'abbaïe de Luxeuil n'a été fondée qu'en 590 (*b*). Il n'y a pas d'injustice à refuser à Dagobert l'honneur de la fondation de Jumièges, qu'il est évident qu'il ne lui appartient pas. Car encore que nous accordassions à nos adver-

---

(*a*) Le Cointe.
(*b*) *Recueil des hist. des Gaules*, t. III, p. 341.

saires que ce prince ne seroit mort qu'en 644, ou même en 647, ils n'en pourroient rien conclure contre nous en leur faveur, s'il est vrai, comme on n'en peut douter après le témoignage de dom Mabillon et de M. Baillet (a), que S. Agile, qui eût pour successeur S. Filbert dans le gouvernement de Rebais, avant qu'il fût question de Jumièges, ne mourut que vers l'an 650, ce qu'il seroit aisé de prouver par un certificat de vie que nous en a laissé l'abbé Jonas dans la vie d'Anastase, qu'il écrivoit en ce temps-là. Je pourrois alléguer beaucoup d'autres autorités; mais je respecte mon lecteur, et je ne veux ni le fatiguer par de plus longues citations, ni faire injure à son jugement, en ne le croiant pas encore persuadé de la vérité d'un fait dont l'évidence me paraît portée jusqu'à la démonstration.

(a) *Act. SS. Ben.*, sæc. 2, p. 325. — *Vie des Saints*, 30 août.

LIVRE PREMIER

Jumièges, que l'on appeloit de ce nóm (a) longtems avant que l'abbaïe y fut bâtie [1], est une presqu'isle dans la province de Normandie, à cinq lieues de Rouen et à trois liéues ou environ de la ville de Caudebec. L'enceinte en est peu considérable, n'étant que de cinq lieues sur un quart et demi de traverse, ce qui n'empêche pas qu'elle ne puisse se suffire à elle-même pour

---

(a) Spicil, t. III, p. 190.

[1] M. l'abbé Cochet fait remonter Jumièges à l'époque romaine, et même à l'époque gauloise. Dans la vie de S. Philbert on rapporte que ce saint abbé fonda son monastère dans un lieu où les anciens avaient établi un *castrum*. « Ibidem castrum considerant antiqui. » On a trouvé en 1857, en abattant un chêne dans le bois de Jumièges, un vase contenant des bronzes de l'époque gallo-romaine. On remarque, comme de la plus haute antiquité, le long terrassement de l'isthme qui isole toute la presqu'île, composé d'un creux et d'un rejet de terre que les temps n'ont pu combler ni abattre.

Une preuve plus curieuse nous paraît pouvoir être tirée du ms. Y 127 de la bibliothèque de Rouen. Les découvertes d'antiquités étaient si fréquentes dans la presqu'île Gémétique que dans le Rituel à l'usage de

la plus grande partie des commodités de la vie. Sa situation sur la rivière de Seine, qui en arrose les abords du côté du levant, du midi et du couchant, contribue beaucoup à la rendre fertile; et ce qui se voit peu dans les meilleurs païs de la France, une acre de terre de cent soixante perches y est affermée dans certains cantons jusqu'à trente-six livres de notre monnaie. Les seigles, avoines, vesces, lins, chanvres et autres menus grains y viennent à proportion du froment. Les foins et paturages y sont abondants, et passent même pour bons; aussi y élève-t-on beaucoup de bestiaux.

Les arbres fruitiers de toute espèce y sont en grand nombre, et les fruits qu'on appelle à noyau et à pépin, n'y flattent pas moins le goût par la délicatesse de leur chair, que ceux qui sont destinés à faire du cidre, par l'excellence de leur liqueur. Plusieurs aveux du xv⁰ siècle font mention d'un vignoble dans Jumièges, et le nom de vigne, qu'on conserve encore aujourd'hui à une pommeraie de treize acres et demie dans l'enclos du monastère, fait bien voir que le froid des hivers ne

---

l'abbaye, écrit dans les premières années du xi⁰ siècle (1000 à 1034), on trouve une oraison spéciale pour la purification des vases antiques. ORATIO SUPER VASA IN LOCO ANTICO REPERTA : *Omnipotens sempiterne Deus, insere te officiis nostris et hæc vascula* ARTE FABRICATA GENTILIUM, *sulimitatis tuæ potentiâ ita emundare digneris, ut, omni immundiciâ depulsâ, sint tuis fidelibus tempore pacis atque tranquilitatis utenda ; per…*

Les moines du xi⁰ siècle en savaient plus sur l'origine de ces vases que ce docteur qui faisait graver au xvii⁰ siècle le portrait d'un *pot de terre qui croist naturellement en terre avec d'autre vaisselle.*

prévenoit pas dans ces temps là celui de la vendange, et que Jumièges avoit ses vins. C'est un point de notre histoire dont il n'est plus permis de douter après l'arrêt du Parlement de Normandie rendu en 1572 en faveur des religieux contre un abbé commendataire qui leur disputoit la propriété de cet enclos. Un auteur d'ailleurs très ancien parle ainsi en général des vignes de Jumièges : « Videas illic botris gravidas vites (a). » [1]

Il est peu de terrain inutile dans la péninsule. De grands et magnifiques bois y remplissent les espaces que l'industrie humaine auroit peut être été contrainte de laisser incultes. Ces bois, contigüs à beaucoup d'autres du côté du Nord, et séparés seulement par la Seine du côté du midi de la forêt de Brotone, procurent le divertissement de la chasse à la noblesse, forment

---

(a) *Anonym* apud *Mab.*, *Acta, SS.* Ord. S. Ben.

[1] La queue de vin de Haute-feuille, provenant de Jumièges, se vendait en 1405 et 1406 le prix de 4 livres. (M. Charles de Beaurepaire. — *Notes et documents concernant l'état des campagnes de la Haute-Normandie, dans les derniers temps du moyen-âge.* — Rouen, 1875, p. 362.)

On exportait encore au xviiie siècle des vins de Conihout, les plus estimés de la presqu'île ; ils étaient exempts de droits, de musson et de choix, et payaient seulement seize deniers par queue pour la coutume à la vicomté de l'Eau de Rouen. (Ch. de Beaurepaire. *De la Vicomté de l'Eau*, p. 24, 298 et 299.)

Deux clos, l'un dans l'enceinte même de l'abbaye de Jumièges, l'autre au manoir de la Belle-Agnès, au Mesnil, portent encore sur le cadastre le nom de *Clos de Vigne* (E. Savalle. *Les derniers moines de Jumièges*, p. 18). Voir aussi l'abbé Cochet : *Les anciens vignobles de la Normandie*, passim.

un des plus agréables points de vue dont l'œil puisse jouir, et font subsister au moins un quart des habitants, qui, outre l'avantage de pouvoir gagner leur vie à les exploiter, ont encore celui d'avoir un quai sur la rivière, où ils les chargent sur des bateaux plats pour être exportés et consommés à Rouen et à Paris.

La pêche tient lieu de fortune à une autre partie de ces peuples, qui ne s'y emploient jamais inutilement, car quoiqu'elle soit moins heureuse en nos siècles qu'au temps de S. Filbert et de S. Aicadre, où, par un effet de la divine Providence, toujours attentive aux besoins de ses serviteurs plustot que par une rencontre ordinaire, on prenoit des monstres marins de cent cinquante pieds de longueur (a), dont la chaire servoit à la nourriture des religieux et l'huile à l'entretien des lampes, on y prend encore aujourd'hui l'esturgeon, le saumon, l'aloze, le brochet, la carpe, l'éperlan, chacun dans leur saison, outre une quantité prodigieuse de poissonnailles que les particuliers achettent et dont les pêcheurs vivent eux-mêmes.

Ce fut en ce lieu que S. Filbert, qui y avoit autrefois couru la chasse avec Dagobert I, fonda la célèbre abbaïe dont nous écrivons l'histoire [1]. Il était fils unique

---

(a) *Ann. Ben.* l. XIV, p. 431. Il doit y avoir ici une singulière exagération. La vie de S. Filbert parle seulement de poissons de cinquante pieds de longueur, *pisces marini quinquagenis pedibus longi.* Boll. act. sanct. Aug. Tom., p. 76; F. Mabill., acta SS. Ord., 3; Ben, S II, p. 820. (prem. édit.).

[1] Tous les détails qui vont suivre sont extraits de la seule vie ancienne de S. Philbert qui nous reste et qui a été publiée d'abord par

de Filibaud, premier magistrat de *Vic* [1], dont il fut depuis évêque. Il vint au monde dans l'ancienne ville d'Eause [2], assez près de la ville d'Aire, en Guienne, vers l'an 617 ou 618 ; il fut élevé à Vic sous les yeux de son père. D'excellents maîtres l'instruisirent aux sciences et le formèrent à tout ce qui étoit d'usage parmi la nation : ce qui est dire en peu de mots que leur élève acquit par leurs soins toutes les connoissances capables de former l'homme pour l'esprit et pour le cœur, pour le monde et pour la religion. C'est au moins l'idée que nous en donne l'auteur de sa vie, contemporain de ses disciples, et qui avoit comme touché de la main les évènements qu'il rapporte. Dès que Filbert fut

Dom Mabillon (Act. SS. Ord. S. Ben. soec. II, pp. 816-825), puis par le Bollandiste Guillaume Cuypers (Act. SS. Aug. pp. 66-95. Edit. princ.), avec d'excellentes annotations.

Chifflet l'avait déjà donnée dans les preuves de son *Histoire de l'Abbaye de Tournus* (Dijon, 1664, in-4º), pp. 70 et suiv. Cette vie fut écrite par ordre de Cochin, troisième abbé de Jumièges, mais on doit conclure d'un passage des actes de Ste Austreberte, qu'il existait une vie plus ancienne, aujourd'hui perdue pour nous. (Bolland, act. SS. Febr., p 429). Les anciens ont généralement écrit avec un F le nom de notre saint (Filibert) ; cependant l'orthographe moderne *Philibert* a prévalu.

[1] Vic-Jour, Vicus-Julius (Godescard, *Vie des saints*, 20 août), aujourd'hui Vic-Fézensac, départ. du Gers. — Le siège épiscopal de Vic fut transféré à Aire, départ. des Landes. (Godescard. Ibid.)

[2] Aujourd'hui Eauze, départ. du Gers, chef-lieu de canton de l'arrondissement de Condom, ancienne Elusa, capitale des Elusates, et métropole de la Novempopulanie. (Migne, *Dict. de Géographie*.)

De fréquentes découvertes d'antiquités chrétiennes ont récemment encore démontré l'importance de cette cité et le développement du christianisme dans la région dès les premiers siècles de notre ère. (Voir *mémoires de la Société des Antiquaires de France*. Tom. XLI. (1880), pp. 103, 133 et 209.

en état d'être produit dans le monde, son père, qui étoit en grande recommandation auprès du roi Dagobert, lui ménagea une place à la cour ; il eut le bonheur d'y connoitre S. Ouen et de mériter son estime. Il s'y attacha par inclination jusqu'à le faire dépositaire des secrets mouvements de son cœur ; ce qui a donné lieu de croire que S. Ouen, qui portoit dès lors le cilice sous l'or et la soie, et qui vivoit dans le monde comme n'en étant pas, contribua beaucoup à le préserver de l'amour du siècle, et à lui faire prendre la résolution de l'abandonner. Quoi qu'il en soit, avant d'en venir là, et peut-être même avant d'y penser, Filbert régla de telle sorte sa conduite, qu'il ne fit jamais rien paroitre dans toutes ses actions qui tînt de l'enfance.

Dieu étoit connu à la cour, mais mal servi ; le culte extérieur qu'on lui rendoit ne passoit presque pas les lèvres ; le cœur n'y avoit point de part ; on y adoroit tous les objets de la cupidité ; on y suivoit toutes les inclinations corrompues ; on espéroit d'être heureux à proportion de ce qu'on s'élevoit, et comme il arrive d'ordinaire dans les lieux de délices, on mettoit sa félicité à jouir d'une paix mondaine, qui ne fût troublée ni au dedans par aucun déplaisir ni au dehors par aucun fâcheux accident. Filbert, dont on avoit admiré plus d'une fois la justesse et la vivacité de l'esprit, en fit usage fort à propos. Dans toutes les occasions, il découvrit sans peine les différentes passions dont chacun étoit animé ; et bien loin de se laisser emporter au torrent, comme les autres il prit occasion de l'ambition des uns pour n'avoir que des désirs modérés, et des dérèglements des autres pour s'attacher plus fortement, plus tendrement à Dieu. Il aima peu de choses et il les aima peu ; persuadé avec l'apôtre S. Jacques que l'amitié de ce monde est une inimitié contre Dieu [1], et que l'esprit qui habite en nous, nous aimant d'un amour de jalousie, nous devons l'aimer d'un amour de préférence.

Ce n'étoit point assez pour notre jeune courtisan de n'aimer ni le monde ni les choses qui sont dans le monde, il travailloit encore, à l'exemple de S. Ouen, à répandre dans tous les cœurs la semence précieuse de l'évangile, dont ce respectable ami lui donnoit des leçons dans les entretiens particuliers qu'ils avoient ensemble ; ses remontrances s'étendoient à tous sans distinction d'âge ni de condition. Les courtisans néanmoins y avoient toujours la meilleure part, il s'étoit acquis le droit de leur parler librement, et de les contredire sans leur déplaire ; il leur faisoit voir, non par une fausse sagesse couverte du nom de philosophie, dont son âge ne le rendoit pas capable, mais par des discours pleins de grâce et d'onction, que le véritable bonheur consiste à vivre sans ambition, sans avarice, et à se préparer par un généreux mépris des biens présents à quitter de bon cœur dans l'occasion ce que des hommes encore plus puissants qu'eux pouvoient leur enlever. Il ne leur dissimuloit point que leurs efforts

---

[1] *Amicitia hujus mundi inimica est Dei.* (Jac. IV. L.)

pour parvenir aux emplois, ou pour satisfaire leurs passions, les deshonoraient, et que devant finir avec la vie, ils n'étoient, au plus, dignes que du monde réprouvé qui ne craint et n'espère rien après la mort.

Ces instructions simples et naïves dans une cour où règnoit le mauvais exemple, loin de lui faire des ennemis, lui concilièrent la bienveillance et l'affection des seigneurs. Chacun vouloit avoir part à son amitié et recherchoit avec empressement sa compagnie. Le Roi lui même voulut se l'attacher, moins en considération des services que Filibaud lui avoit rendus dans le gouvernement de sa province qu'en vue d'en tirer d'aussi réels des rares talents qu'il admiroit dans le fils, et d'honorer la religion en élevant aux charges un jeune seigneur, dont les dispositions actuelles lui promettoient qu'il n'en feroit usage que pour la faire respecter partout où il seroit. Plusieurs emplois se présentèrent, tant pour la Cour que pour la Robe; mais Filbert, qui n'avoit pas de plus grande ambition que d'être réuni à celui dont le règne n'avoit pas été de ce monde, quoique souverain maître de toute la terre, ne voulut s'engager dans aucun.

Le temps étoit venu, que l'esprit qui souffle où il veut, le devoit séparer du monde pour le préparer à l'œuvre à laquelle il l'appeloit ; il lui inspira tant de dégoût de tous les objets dont la cupidité est idolâtre, que pour ne pas laisser éteindre par sa négligence le feu céleste dont son cœur étoit embrasé, Filbert résolut de crucifier sa chair avec tous ses désirs dans quelqu'un de ces asiles sacrés où l'on ne vit que pour Jésus-Christ. Aiant formé ce dessein à l'âge de vingt ans, et l'aiant fait approuver du Roi, dont le consentement étoit nécessaire, il vendit tous ses biens et en distribua le prix aux pauvres et aux monastères. S'il préféra celui de Rebais, nouvellement fondé dans la Brie au diocèse de Meaux, ce fut moins à cause des grands biens qu'il y avoit donnés, que parce qu'il connaissoit S. Agile, que son ami S. Ouen y avoit établi premier abbé. Il n'eut pas à se repentir de l'avoir choisi pour guide dans une route où les premiers pas décident assez souvent de tous les autres. Epris des charmes de la vie solitaire et touché du zèle et de la vigilance du pasteur qui présidoit à tous les exercices de jour et de nuit, il commença sa vie nouvelle d'une manière si parfaite que ces commencements alloient au delà de la perfection où beaucoup de saints religieux ont achevé leur carrière. Aussi le vit-on en très peu de temps si fort élevé au dessus des autres par la sublimité de ses vertus, qu'on avoit peine à croire ce qu'on voioit ; jeunes et vieux, tous étoient également étonnés de trouver en lui un modèle à admirer plustot qu'à imiter.

Mais cette rapidité avec laquelle il couroit dans la voie des commandements de Dieu, jointe à la pratique exacte des observances régulières, lui attira bientôt la persécution du démon, cet ancien et perpétuel ennemi du salut des hommes, dont toute l'application ne tend qu'à les rendre compagnons de sa disgrâce. Cet esprit fourbe et séducteur eut d'abord recours aux artifices de la tentation, pour tâcher de le renverser dès le commencement de sa glorieuse carrière. Il l'attaqua diversement, mais surtout du côté de l'abstinence, qu'il s'étoit obligé de pratiquer avec une rigueur extraordinaire. Il lui mit dans l'esprit que ses jeûnes étoient excessifs, qu'ils diminueroient ses forces et altèreroient sa santé, qu'il y avoit de l'imprudence à se ménager si peu dans un âge où n'aïant encore rendu aucun service à la religion, il tomberoit dans des infirmités qui le rendroient insupportable à lui même et aux autres, au lieu de se mettre en état de les servir longtemps, en donnant à son corps ce que d'aussi saints religieux que lui ne croioient pas devoir lui refuser. Quelques uns de ses frères aïant achevé de le convaincre, il se crut obligé d'apporter quelqu'adoucissement à ses mortifications ; mais Dieu ne le laissa pas longtemps dans l'erreur. Ses actes rapportent à ce sujet un évènement qu'un ancien maître de la vie spirituelle a inséré dans son ouvrage, et que nous ne croions pas devoir omettre. S. Filbert aiant un jour pris quelque nourriture plus qu'à l'ordinaire, sans néanmoins faire d'excez, Dieu permit, pour lui faire connoitre la suggestion de l'ennemi de son salut, que cet artificieux adversaire lui apparût en songe la nuit suivante et lui dit d'un ton railleur en le pressant un peu de la main sur le ventre : *Vous voila maintenant fort bien.* Cette fade raillerie d'un ennemi qui présumoit deja de sa victoire, ouvrit les yeux de notre jeune combattant, qui pour le confondre et se vaincre lui même s'imposa durant quelques jours une abstinence trois fois plus rigoureuse que celle qu'il avoit pratiquée auparavant, il la porta si loin et la soutint avec tant de constance, que le tentateur désespérant de le pouvoir entamer une seconde fois de ce côté là, résolut de prendre de nouvelles voies pour réussir à l'abattre en quelque manière que ce pût être. Il se travestit premièrement en ours, pour l'épouvanter lorsqu'il alloit à l'église ; puis en géant armé d'un chandelier de fer, dont il lui présentoit la pointe, comme pour le percer ; une troisième fois enfin il s'empara de la porte du chœur pour lui en deffendre l'entrée, mais inutilement. Filbert comme un autre David terrassa cet ours et renversa ce philistin, sans autres armes que le signe de la croix, par lequel Dieu le fît triompher en toutes rencontres de cet infatigable ennemi. Tant de victoires ne servirent qu'à rendre notre jeune religieux plus humble, plus vigilant sur soi-même, plus fidèle à Dieu et plus exact à ses devoirs.

Il vivoit ainsi dans la pratique de toutes les vertus depuis environ douze ans, sous la discipline du bienheureux Agile, qui l'avoit fait ordonner prêtre, lorsqu'il plût à Dieu d'attirer à lui ce saint abbé, pour couronner ses travaux. Il mourut le trentième jour d'aout, vers l'an 650, âgé de 66 ou 67 ans au plus, puisqu'il n'en avoit que sept lorsqu'il fut mis à Luxeu, [1] qui ne fut bâti qu'en 590.

[1] Luxeu, aujourd'hui Luxeuil, départ. de la Haute-Saône. Saint Colomban y fonda un célèbre monastère en 590, où Ebroin, en 670, et

S. Filbert fut élu d'un consentement universel des religieux de Rebais pour le remplacer. Sa nouvelle dignité dans laquelle il fut confirmé par S. Ouën, alors archevêque de Rouen, ne lui enfla point le cœur. Il se regarda toujours comme le dernier, quoique par sa charge et l'excellence de ses mérites il fut en effet élevé au dessus de tous. Il fit paroitre dans son gouvernement beaucoup de prudence et de zèle pour l'extirpation des vices, dès qu'il les connoissoit, pour le maintien de la discipline qu'il avoit trouvée si bien établie; pour les exercices de la charité tant à l'égard de sa religieuse famille qu'envers les pauvres du dehors, et de l'hospitalité envers les étrangers. Il s'acquittoit de toutes les obligations de son ministère avec une integrité si égale et si uniforme qu'il ne faisoit aucune acception des personnes. Il ne voulut employer dans les diverses fonctions du monastère, soit pour le spirituel, soit pour le temporel, que ceux en qui il remarqua plus de capacité et d'amour pour le bon ordre; ce qui lui attira sans doute la haine de quelques mécontents, qui ne cherchèrent dès lors qu'à le décrier, traitant toutes ses vertus d'hipocrisie, et son zèle d'une indiscrétion impérieuse que l'on verroit bientôt dégénérer en tirannie, si l'obéissance aveugle de ses religieux la laissoit affermir. Ces murmures ne produisant aucun effet sur l'esprit de ceux qu'ils s'efforçoient de

---

S. Léger, évêque d'Autun, en 673, furent tour à tour emprisonnés. — Luxeuil est l'ancien Luxovium des Romains. L'abbaye subsista jusqu'à la Révolution. Elle sert aujourd'hui de séminaire.

corrompre, ils se soulevèrent contre lui jusqu'à vouloir le chasser de son église ; mais cet attentat ne demeura pas impuni : Dieu prit lui même la défense de son serviteur injustement opprimé, et arma les créatures pour le venger de ses ennemis. Un d'entre eux périt par la foudre dont il fut écrasé ; un second se sentant pressé de quelque nécessité naturelle, entra dans un lieu destiné à se soulager, et y finit sa malheureuse vie par une mort tout à fait semblable à celle du traître Judas[1] et du perfide Arius.

Filbert n'eut pas de peine à gouverner ensuite sa communauté. Ses religieux épouvantés de l'effroiable punition de leurs confrères rebelles, lui promirent de nouveau et lui rendirent en effet une entière et parfaite obéissance. L'abbaïe de Rebais devint en peu de tems un paradis terrestre sous la conduite d'un si bon père ; mais l'idée de la justice divine sur les deux malheureux dont nous venons de parler l'importuna si fort, qu'attribuant leur perte à son indignité, il crut que Dieu ne l'avoit pas appelé à une charge dont les commencements avoient été marqués par un évènement si tragique. Il paroit néanmoins par l'auteur de sa vie, que le désir d'une plus grande perfection fut la seule cause de la démission qu'il en fit peu de temps après, au grand étonnement de ses frères, qui pour le mettre dans la nécessité de reprendre sa place après ses courses, ne voulurent point lui donner de succes-

---

[1] Allusion à ce passage des Actes des apôtres : *Et suspensus crepuit medius et diffusa sunt omnia viscera ejus.* (1, 18).

seur. Quoi qu'il en soit, il abandonna le monastère de Rebais pour suivre l'esprit de Dieu partout où il voudroit le conduire. Il alla visiter l'abbaïe de Luxeu [1], celle de Bobio [2], et la plus part des autres monastères de la France, de la Bourgogne et de l'Italie, surtout ceux que S. Colomban avoit fondés ou qui avoient embrassé son institut. Son dessein étoit d'observer par lui même quelle en étoit la discipline, et de recueillir à l'exemple des abeilles, ce qu'il y remarqueroit de plus louable et de plus parfait, pour l'imiter. C'étoit dans la même vue qu'il lisoit assiduement les règles de saint Basile, de S. Macaire, de S. Benoit et de S. Colomban.

Après s'être ainsi rempli du suc de tant de fleurs, il revint dans son abbaïe de Rebais, pour y former ces rayons de miel, que goûtèrent dabord ses premiers disciples, avec lesquels il demeura encore quelque temps ; et ensuite un nombre presqu'infini de personnes de l'un et de l'autre sexe, dans les abbaïes de Jumièges, de Nermoutier [3] et de Quinçai [4], qu'il fonda pour les hommes ; dans celles de Pavilly et de Montivilliers, qu'il bâtit pour des filles, et en beaucoup d'autres monastères, dont on lui confia le gouvernement.

[1] Luxeuil faisait partie de la Franche-Comté, au pied du mont de Vauge.

[2] Bobbio, dans le Milanais, situé sur une colline des Apennins. C'est là aussi que S. Wandrille, l'émule et l'ami de S. Philibert, alla se former à l'esprit monastique.

[3] Noirmoutier, dans une île de l'Océan atlantique, près de la côte de Vendée.

[4] Quincey, près Poitiers.

FONDATION DE L'ABBAÏE DE JUMIÈGES

Il y avoit près de six mois que de retour des voïages, Filbert, devenu l'objet de la consolation de ses religieux, les instruisoit familièrement sur leurs devoirs, lorsqu'une voix du ciel le leur enleva une seconde fois, pour établir ailleurs la même forme de vie qu'il leur avoit prescrite. Cette voix fut entendue avec plaisir et reçue avec soumission de la part du serviteur, mais quelque grand que fût le désir qu'il avoit d'y répondre, il se trouva fort embarassé sur les moïens d'exécuter un ordre, qui, à n'en juger qu'humainement, lui paroissoit impossible.

An 654. — Plein de ces pensées il se souvint d'avoir vu dans les bois de Jumièges un vieux château, dont l'assiette lui parut propre à son dessein. Il l'obtint du roi Clovis II et de la reine Bathilde qui tenoit alors plus que le roi le timon des affaires, et il y jetta les fondements de l'abbaïe, en 654, selon l'opinion la plus communément reçue et la plus vraisemblable, quoique nos manuscrits par trop de respect pour quelques anciennes légendes, contredites même par d'autres non moins anciennes, mettent son commencement en l'an 638, sous Dagobert I qu'ils prétendent en être le fondateur. Nous ne répéterons point ce que nous avons dit dans la préface pour détruire ce sentiment. Ceux qui ne liront que pour s'instruire pourront y recourir, s'ils ont négligé de la lire.

Le plus ancien auteur qui favorise notre opinion touchant la fondation de l'abbaïe de Jumièges sous le règne de Clovis II, étoit religieux de l'abbaïe même, et ne vivoit que vingt ou vingt-cinq ans après la mort de S. Filbert, dont l'abbé Cochin lui commanda d'écrire la vie. Il la composa dans un stile simple, mais vrai, dit Harcufle, moine de S. Riquier, dans la chronique de son abbaïe (a). Son témoignage ne doit donc pas être suspect. Le voici rendu en abrégé du latin en notre langue (b) : « Dieu voulant élever
« S. Filbert sur le chandelier de son église, pour
« éclairer les peuples par l'éclat de sa sainteté,
« lui inspira le désir de bâtir un monastère, et le ser-
« viteur fidèle, pour l'exécution de ce dessein, obtint
« du roi Clovis et de la reine Bathilde le lieu appelé
« anciennement Jumièges au diocèse de Rouen *.

Je trouve dans la vie de cette sainte reine, écrite par un auteur contemporain, à la suite d'une longue énumération des biens que cette princesse avoit faits à l'église, qu'elle donna aussi à S. Filbert de grosses

---

(a) T. Ier. c. 26.

(b) *Vit. S. Filb.* apud . *Mab.*

* On voit par cette ancienne dénomination du païs que l'étymologie de Jumièges ne vient pas, comme quelques-uns l'ont prétendu, des gémissements des moines dans ce saint lieu ni de l'histoire des jumeaux de France, fils de Clovis et de Ste Bathilde, dont nous aurons occasion de parler dans la suite.

sommes d'argent avec plusieurs bois et prairies dépendantes de son domaine, pour y bâtir un monastère ; à la vérité il n'y est point fait mention de Clovis, comme dans la vie de S. Filbert ; ce qui pourroit donner lieu de croire que Ste Bathilde seroit seule fondatrice de l'abbaïe de Jumièges ; auquel cas il faudroit reculer la fondation jusqu'en 656, qui fut l'année de la mort de Clovis. Mais on répond à cette objection que l'auteur de la vie de Ste Bathilde ne s'étant proposé que d'écrire les actions de cette sainte, n'a rapporté qu'à elle ce qui lui étoit commun avec le roi son mari ; peut être, dit le père Mabillon (a), parce que cette donation n'avoit été faite que sur les instances et à la sollicitation de la reine.

Un de nos manuscrits, ancien de plus de sept cents ans, lève ainsi la difficulté : « Après que S. Filbert « eut obtenu du roi Clovis et de la reine Bathilde la « terre de Jumièges, il y bâtit un monastère, où il mit « d'abord jusqu'à soixante-dix religieux. » Ce que Guillaume de Jumièges, qui vivoit vers le XIIIe siècle, confirme en ces termes : « L'abbaïe de Jumièges fut « bâtie par S. Filbert du temps de Clovis, à la « sollicitation de la reine Bathilde ». Gabriel du Moulin, dans son Histoire de Normandie (b) est du même sentiment, ainsi que le sieur de Bourgueville, page 31 des « Recherches et antiquités de la province de Neustrie, » où il assure sans hésiter que l'abbaïe

(a) *Ann.*, l. XIV, p. 430.
(b) p. 7.

de Jumièges fut fondée par Clovis II en 654. Dom Mabillon (*a*), Mr Fleury (*b*), Mr Baillet (*c*), et dom Bouquet (*d*) n'en ont pas écrit autrement. Meyer, que tout le monde sçait avoir été partisan de nos légendaires touchant les années de Dagobert, n'attribue qu'à Clovis seul et à Ste Bathilde la fondation de Jumièges ; en quoi nous voions qu'il a été précédé et suivi par Orderic Vital, dans son « *Histoire ecclésiastique* » (*e*) ; S. Antonin, archevêque de Florence et religieux de S. Dominique (*f*) ; Vincent de Beauvais (*g*) ; Guillaume Gazét (*h*) et le célèbre Adrien Le Valois dans sa notice des Gaules, que l'on sçait être un des plus précieux fruits de ses veilles.

Il y avoit dans la presqu'isle de Jumièges, avant la fondation de l'abbaïe, un vieux château presque ruiné (*i*), depuis que nos rois avoient cessé d'y faire faire garde pour défendre la France contre les peuples de la grande Bretagne qui avoient lontemps désolé ces contrées dans les siècles précédents. Clovis et Ste Bathilde ne donnèrent pas seulement les matériaux à S. Filbert pour bâtir son monastère, ils lui donnè-

---

(*a*) *Ann.*, l. XIV.
(*b*) *Hist. eccl.*, t. VIII, p. 494.
(*c*) *Vie de S. Filbert.*
(*d*) T. III, p. 598.
(*e*) L. V *ad ann.* 1080, ubi *de S. Audoeno.*
(*f*) 2e part., *Sum. hist.*, tit. 13, c. 6, sect. 18.
(*g*) L. XXIII, *Spec. hist.*, c. 94.
(*h*) *Vie des Saints*, 20 août.
(*i*) Anonym., *in vita* S. F. *Ann.*, l. XIV. *ad ann.* 655. — Yepez, t. II, *an* 684.

rent encore, avec des sommes considérables, le fief, terre et seigneurie du lieu, sans se rien réserver de tout ce qu'ils y avoient possédé, soit en terre, soit en bois. C'est ce que nous apprenons de l'auteur de la vie de Sainte-Bathilde, dont nous avons déjà parlé, et de dom Jacques Flament, qu'il faut entendre de Clovis tout ce qu'il rapporte des donations de Dagobert à l'abbaïe de Jumièges.

Après que S. Filbert eut obtenu du roi des lettres de concession, il vint aussitôt se rendre auprès de S. Ouën son ancien ami, et de là à Jumièges, où la divine providence l'appelloit si visiblement. Il en choisit le lieu le plus propre pour l'habitation et pour le pâturage sur le bord de la Seine, et il y bâtit avec une diligence extraordinaire trois églises de différente grandeur. La première en forme de croix fut dédiée à la Sainte Vierge ; un autel enrichi d'or et d'argent, et relevé par l'éclat de plusieurs pierres précieuses dont la reine avoit fait présent à S. Filbert, fit l'ornement sensible de la partie supérieure. Chaque aile du milieu eut aussi son autel ; l'un sous le nom de Saint-Jean-Baptiste, l'autre sous le titre de S. Colomban. La seconde Basilique, du côté du septentrion, n'avoit qu'un autel dédié au martyr S. Denis et à S. Germain. La troisième au midi, sous l'invocation du prince des apôtres, renfermoit à main droite, dans l'enceinte du chœur même, une petite chapelle en l'honneur de S. Martin, sur laquelle le saint abbé fit pratiquer une chambre et un escalier qui subsistent encore aujourd'hui, afin de pouvoir plus facilement et plus librement, dans le secret de la nuit, satisfaire sa dévotion au très saint sacrement et aux saints particuliers qu'il avoit choisis pour les anges tutélaires de sa nouvelle abbaïe.

Pendant qu'on travailloit à l'église et aux deux oratoires de S. Pierre et de S. Denis, S. Filbert qui n'avoit pas moins à cœur de voir finir en même temps les murs de clôture et le logement des religieux, qu'il destinoit à louer Dieu dans cette paisible retraite, donna tant de soins à l'un et à l'autre, qu'on vit en fort peu de temps élever, du côté du midi, dans une enceinte prodigieuse de murs de pierre * flanquée de petites tours de distance en distance, deux dortoirs de 290 pieds de longueur sur 50 de largeur. Il les rendit commodes autant qu'il fut possible. Chaque lit avoit sa fenêtre et étoit éclairé durant la nuit d'une lampe qui n'éteignoit qu'au jour, pour la commodité de ceux qui vouloient lire. Il fit divers retranchements dans le bas, pour servir de réfectoire, cellier et autres officines, où l'on préparoit tout ce qui pouvoit être nécessaire à la vie, sans que l'on fut jamais obligé de sortir du monastère pour y pourvoir.

Les Basiliques achevées et le monastère rendu habitable (a), le saint architecte ne pensa plus qu'à le peupler de religieux capables d'entrer dans le dessein

---

* Cela fait assez sentir l'illusion de ceux qui jugent de l'état ancien de Jumièges par son état moderne.

(a) *Act. S.S. ord. Bened.*, t. II, p. 691, c. 16.

qu'il avoit d'y servir Dieu dans la plus sublime et la plus éminente piété. Il en trouva dabord jusqu'à soixante-dix qu'il tira, selon l'opinion commune, des abbaïes qu'il avoit été visiter peu de tems auparavant. Il leur proposa la règle de S. Benoit qu'ils embrassèrent volontiers, et qu'ils observèrent toujours avec d'autant plus de zèle qu'il ne leur prescrivoit jamais rien, dont il ne fut le premier à leur donner l'exemple. Tous à l'envi s'efforçoient de marcher sur ses traces et d'imiter sa ferveur et sa pénitence. Leur détachement de toutes les choses de la terre, et leur amour pour la pauvreté étoient si grands, que quand il leur manquoit quelque chose, c'étoit alors que ces serviteurs de Dieu étoient les plus satisfaits et les plus contents. Leur unique soin consistoit à le servir et à lui plaire. Ils regardoient comme perdu tout le temps qui n'étoit pas employé à quelqu'acte d'obéissance, à l'office divin, à la prière, à l'action de grâces, à la contemplation ou à l'étude. Ils trouvoient tant de douceur dans la retraite qu'ils ne se lassoient jamais d'être seuls, et ceux là s'estimoient les plus heureux qui avoient plus de loisir de demeurer dans leurs cellules.

Telle étoit la ferveur et la gloire de cette maison naissante, que l'auteur de la vie de S. Filbert loue singulièrement sa charité, son abstinence, son humilité, sa chasteté : « Charitas ibidem fulget mira, absti-« nentia magna, humilitas summa, castitas per omnia ». Lorsque Dieu fit connoître au saint abbé qu'il lui seroit agréable de voir travailler ses religieux à la conversion des peuples, dont plusieurs se perdoient pour n'être pas suffisamment instruits des vérités de l'Evangile (les longues incursions des peuples barbares avoient occasionné cette ignorance), S. Filbert y remédia par la prédication, à laquelle il employa plusieurs de ses religieux sous le bon plaisir de S. Ouën, sans l'agrément du quel il ne faisoit jamais rien. Leur mission fut le salut de la Neustrie. La province retentit de la voix de ces hommes apostoliques, qui jusque là n'avoient été attentifs qu'à travailler à leur propre sanctification, et le tout Puissant répandit tant de bénédictions sur leurs travaux spirituels, qu'en moins de dix ans ils eurent la consolation non-seulement d'annoncer Jésus-Christ dans la Neustrie et aux environs, mais de voir augmenter leur communauté de 800 religieux, tous convertis par la force de leurs discours et par la sainteté de leur vie.

Les plus riches d'entre eux qui se convertissoient, donnoient leurs biens au monastère, ou en apportoient le prix aux pieds de S. Filbert, qui se servoit d'eux et de leurs aumônes pour racheter des troupes de captifs dans les païs étrangers et barbares, où il les envoioit tantot sur des vaisseaux marchands, tantot sur des vaisseaux équipés aux dépens de l'abbaïe, travailler à une si bonne œuvre (a). Ils ne délivrèrent pas seulement de ces malheureux esclaves qui étoient vendus souvent pour être remis à la boucherie et mangés,

---

(a) *Act. SS. ord. Bened.*, t. II, p. 691, c. 21.

comme le porc et le bœuf ; ils firent encore passer à la liberté des enfants de Dieu un grand nombre de personnes libres selon le monde, mais esclaves du péché et du démon, sur qui l'exemple d'une charité si rare et leurs discours édifiants firent une impression très-vive pour leur salut. La plus illustre de leurs conquêtes fut celle de S. Saens, qu'ils amenèrent d'Irlande à Jumièges (a). S. Filbert le reçut avec bonté, et sçachant qu'il avoit été élevé dans les principes de la religion et les exercices de la piété chrétienne, il lui accorda volontiers la grâce qu'il lui demanda d'être admis au rang des frères. Dès que Saens en eût pris l'habit, il se montra si exact et si zélé dans l'observance de la règle, qu'il devint en peu de temps un modèle de régularité pour cette grande communauté. Personne ne paraissoit plus humble ni plus mortifié que lui. Il mangeoit peu, macéroit son corps par diverses austérités, et lui laissoit prendre peu de repos la nuit. Il veilloit continuellement sur lui même pour conserver une pureté parfaite dans la chasteté dont il faisoit profession. Tant de vertus déterminèrent S. Filbert à lui donner l'office de cellerier, dont il s'acquitta dignement jusqu'en 678, que S. Ouën, qui l'honoroit de son amitié et de sa confiance, l'établit abbé d'un monastère de son diocèse bâti par le roi Thierry III dans le païs de Caux, à quatre lieues[1] de Rouen, où il mourut en odeur de sainteté vers l'an 689.

(a) *S. Saens*, (abrégé de sa Vie), Bult., t. III, c. 24.
[1] Il faut lire huit lieues (32 kilomètres).

Les sciences sont cultivées à Jumièges. — On ne sçauroit douter après ce que nous venons de dire de la conversion des peuples de Neustrie et du soin de S. Filbert pour la rédemption des captifs dans les païs étrangers et barbares, qu'on ne cultivât les lettres à Jumièges avec un soin particulier. Autrement on n'auroit pu y former des prédicateurs pour annoncer la parole de Dieu non-seulement aux gens du païs, mais dans des royaumes dont la langue sans ce secours leur auroit été inconnue. On peut même assurer, et je ne l'avance que sur le témoignage des auteurs qui nous ont donné l'état des lettres dans les Gaules au septième siècle, qu'il n'y avoit guère que cette école et celle de Fontenelle en réputation dans toute la Neustrie. Nous aurons occasion de parler dans la suite des grands hommes qu'elle a produits, tels qu'ont été Saens, S. Eucher évêque d'Orléans, S. Hugues archevêque de Rouen, S. Thierry, S. Gontard, et les auteurs des vies de S. Filbert, de S. Aicadre, de Ste Austreberte, et autres écrivains à la fin du septième siècle et dans les suivants.

Après la mort de Clovis, qui arriva, comme nous l'avons dit, en 656, Ste Bathilde gouverna le roiaume durant la minorité de Clotaire III, et n'oublia pas dans les aumônes qu'elle fit abondamment couler dans le sein de plusieurs églises, l'abbaïe de Jumièges qu'elle avoit toujours affectionnée. Le malheur des tems ne nous permet pas de mettre au jour les titres originaux des donations qu'elle y fit pendant les neuf années de sa régence ; mais deux chartes très anciennes nous ont conservé la mémoire de quelques unes de ses libéralités, qui serviront au moins à entretenir jusqu'à la fin notre reconnoissance et notre vénération pour cette pieuse princesse. La première est de Drogon ou Dreux comte d'Amiens, donnée à Meulant en 1030, la 42ᵉ année du roi Robert à compter du premier Janvier 988, où il fut sacré à Orléans et associé à Hugues Capet son père dans le gouvernement de la Monarchie francoise. Dreux reconnoit par cette charte que Ste Bathilde avoit autrefois donné à l'abbaïe de Jumièges la terre de Genès-ville avec toutes ses appartenances, maisons, églises, moulins, etc., et qu'injustement Gautier son ayeul, sous la sauve garde duquel l'abbé Robert avoit mis cette terre dans des temps de troubles, avoit abusé du titre d'avoué ou protecteur pour imposer aux vassaux, à son profit, des charges indues qu'ils ne pouvoient porter (a). Nous expliquerons cette charte plus en détail en parlant de l'abbé Thierri qui l'avoit sollicitée trois ou quatre ans plustot qu'elle n'est dattée, et qui mourut avant de l'avoir pu obtenir. La seconde est du roi Robert en 1028, comme il paroit par la signature de Henri premier son fils, qui ne fut couronné qu'en 1027, et de Richard III, duc de Normandie, que l'on sçait n'avoir gouverné cette province que dans l'espace de deux années, 1027 et 1028. Ce qui rend cette datte incontestable, c'est le nom de l'abbé Guil-

(a) *Neustra pia*, p. 331. — Voiez aussi les preuv. Just. art. 1ᵉʳ, et *Act.* SS. ord. SS. B. S, 5, p. 909.

laume emploié dans la charte, personne n'ignorant qu'il ne fut élu qu'à la fin de Mai de l'an 1028. Quoiqu'il en soit de la datte et des signatures de cette charte, elle ne sert pas moins à justifier les libéralités de Ste Bathilde envers l'abbaïe de Jumièges. En voici le sujet. L'abbaïe possédoit dès le tems de Ste Bathilde (ce sont les termes de la charte) un bien dans le Beauvaisis nommé Montaterre. Ce bien passa en main séculière vers la fin du dixième siècle, par la faute d'un moine de la maison qui l'afferma à un chevalier nommé Hermann; et le tems de la ferme étant expiré, Albert seigneur de Criel en Valois s'en empara à force ouverte. Guillaume alors abbé de Jumièges et ses moines en portèrent leurs plaintes au roi Robert, qui cita Albert à comparoitre dans la ville de Senlis, où aiant reconnu l'injustice commise par ce seigneur, il le condamna à restituer la terre, et en resaisit l'abbé par cette charte (a).

Jumièges devenoit de jour en jour plus florissant. La vie admirable qu'on y menoit, répandoit une odeur de sainteté dans tous les lieux, qui enlevoit l'estime et les louanges de tous les peuples; mais rien ne contribuoit davantage à sa réputation que S. Filbert, que ses grandes lumières, sa sagesse et sa prudence, enfin le don des miracles et de prophétie le faisoient plustot regarder comme un ange, que comme un homme revêtu d'un corps mortel (b). S. Ouën l'honoroit de son amitié,

---

(a) *Collect. amp.*, t. Ier col. 389 et Preuv. art. 2.
(b) *Act. SS. ord.* S. B. t. II, p. 820. c. 9. et seq.

et venoit souvent s'entretenir avec lui et Saint Vandrille dans un hospice dépendant de Fontenelle (a) où l'on voioit encore avant la destruction de cette abbaïe par les Danois, les chaises et les lits qui avoient servi à ces grands hommes dans leurs conférences [1]. S. Lambert successeur de S. Vandrille le respectoit comme son père, malgré le différent qui s'éleva entre eux touchant ce partage de la forêt de Jumièges, où leurs abbaïes étoient bâties. S. Ouën qui avoit été chargé de leur partager par moitié (b) ne l'avoit pas fait avec une égalité si parfaite, que S. Filbert n'eut quelque lieu de se plaindre; mais pour assoupir dans sa naissance cette division, qui auroit pu avoir des suites odieuses, S. Ouen transféra à l'abbaïe de Duclair ce qu'il avoit donné de trop au monastère de S. Vandrille, et moiennant ce nouveau partage, la paix fut rétablie entre les deux saints abbés. L'abbaïe de Duclair [2], que nous ne connoissons que par cette dispute, étoit dédiée sous l'invocation de S. Denis, et c'est encore l'église parois-

---

(a) *Spicil*, t. III p. 193.
(b) Mabil. *Ann. Ben.* t. I, p. 506.

[1] Il s'agit probablement ici de la chapelle de saint Amand, sise au hameau de Gôville ou Gauville (paroisse de Saint Wandrille), chapelle qui subsistait encore au commencement de ce siècle, puisque M. Lesage a pu la dessiner en 1828 dans des *Monuments civils ou religieux de la ville de Caudebec-en-Caux* (bibl. de Rouen, ms Y).

[2] Tous les historiens de la Normandie font mention de cette abbaye au VIIe siècle, elle se composait de moines et a été gouvernée par un abbé du nom de Lidoald, mais aucun ne donne sur ce monastère des renseignements précis. On conjecture qu'il aura été détruit lors de l'invasion des Normands au IXe siècle.

sialle du bourg, à laquelle l'abbaïe de Jumièges présente[1]. S. Lambert n'étoit pas le seul qui eut de la vénération pour la vertu de S. Filbert : plusieurs abbés non-seulement de Normandie (a), mais aussi des autres provinces le regardoient comme l'oracle de leur siécle, et venoient eux-mêmes, ou envoioient sous sa direction des religieux ou des prêtres, qui retournant ensuite dans leur cloîtres y établissoient la même observance et la même forme de vie qu'il leur avoit enseignée.

Tandis que S. Filbert donnoit à ceux qui le venoient voir des instructions utiles pour leur salut et pour l'avancement de ceux qui leur étoient confiés, ses soins et sa vigilance pour son troupeau ne faisoient qu'augmenter. Les jours paroissoient à peine suffire pour remplir à son égard tous les devoirs de sa charge. Les exercices publics n'étoient pas plustot finis, qu'il falloit éclaircir les doutes de l'un, calmer les inquiétudes de l'autre, lever les scrupules de celui-cy, adoucir les peines de celui-là, et comme il avoit un don particulier pour bien entendre l'écriture sainte, et en faire l'application à son usage et à celui des autres, avec une sagesse admirable, il fournissoit à tout sans paroitre embarassé, au point que lorsqu'on le croioit surchargé de tant d'occupations, sa charité s'étendoit encore aux

(e) Act. SS. Ben., t. II. in vita S. F., p. 822. C. 20

[1] On conserve au grand séminaire de Rouen un curieux recueil de pièces provenant de l'abbaye de Jumièges où se trouvent des mémoires judiciaires relatifs aux droits des moines dans l'église de Duclair. Cet édifice offre encore deux chapiteaux fort curieux, contemporains peut-être de S. Filbert.

personnes du dehors, dont il étoit devenu l'arbitre dans toutes leurs contestations. Il n'y avoit ny procez qu'il ne terminât, ni division qu'il n'appaisât. Il sembloit dans ces occasions qu'il ne vivoit que pour le prochain ; et c'est peut-être en effet l'idée qu'on en auroit eûe et à laquelle on se seroit trop étroitement borné, si l'on n'avoit découvert qu'à l'exemple du Sauveur, après les travaux de la journée, il passoit la plus grande partie des nuits en prières et en adoration.

Il n'est pas possible de rapporter toutes les faveurs qu'il plut à Dieu d'accorder à son serviteur dans ses communications avec lui ; mais on ne doit pas non plus les dissimuler toutes. Un jour qu'il faisoit oraison dans la basilique de S. Pierre avant matines, un religieux qu'un semblable motif y avoit arrêté, vit tout à coup l'église éclairée d'une si grande lumière qu'il jugea d'abord qu'on y avoit allumé plusieurs flambeaux. Surpris de cette nouveauté, il tourne la tête, regarde de tous côtés et aperçoit le saint abbé, le corps immobile, le visage brillant comme un éclair et les yeux baignés de larmes, mais étincelants comme deux lampes ardentes. On l'a vu plusieurs fois depuis au chœur avoir des ravissements, dans lesquels son âme sembloit avoir rompu toute union avec la matière et posséder Dieu, comme les bienheureux, par la claire vision, mais une grâce que le Seigneur se plaisoit davantage à verser dans cette âme fut le don des larmes, dont le saint paroissoit absolument le maître de les exciter à son gré, dès qu'il se disposoit à quelqu'action, particulièrement lorsque la nécessité le contraignoit à donner à son corps les soulagements dont l'humanité et la loi même ne lui permettoient pas de le priver.

An 662. — Tel étoit S. Filbert, un homme de prière, de mortification, de charité, uniquement occupé des intérêts de Dieu et du salut des âmes. Lorsqu'il forma le dessein de bâtir un monastère de filles, où il pût mettre à couvert de la corruption du siècle les premières conquêtes qu'il avoit faites à la religion, parmi les personnes du sexe, et présenter un port assuré à celles qu'il pourroit faire dans la suite, il en jeta les fondements à Pavilly, dans le pays de Caux, à trois lieues et demie de Rouen, vers le nord-ouest, et à une égale distance de Jumièges, sur un fonds qu'Amalbert Ketelbutre lui abandonna en 662. Il y reçut dès la fin de l'année suivante la fille de ce seigneur, nommée Anne, avec quelques jeunes filles de la province, et leur donna pour supérieure l'illustre vierge, Ste Austreberte, qui étoit alors prieure de l'abbaïe de Port, sur la Somme, au-dessous d'Abbeville, et qui souhaitoit depuis longtems être sous la direction de ce grand serviteur de Dieu (*a*). Il y avait trois églises dans l'enceinte de l'abbaïe de Pavilly : la première sous le nom de la sainte Vierge ; la seconde sous le nom de S. Pierre, la troisième sous le nom de S. Martin. Cette sainte maison aiant été détruite pendant les horreurs du neuvième siècle, fut rétablie seulement en forme de

---

(*a*) Mabill., *Ann., Ben.*, t. I, p. 469.

prieuré pour quatre religieux vers l'an 1090, et soumise en même temps à l'abbaïe de Ste Catherine de Rouen. Le prieuré a été converti depuis en bénéfice simple, et est maintenant uni à la mense des chartreux de Rouen, qui vinrent à bout en 1717 d'en faire prononcer la suppression en leur faveur.

On admiroit la promptitude avec laquelle S. Filbert avoit construit le monastère de Pavilly, et l'on ne pouvoit considérer sans étonnement le grand nombre de filles qui embrassèrent l'état monastique sous sa direction. Il les conduisit pendant près de huit ans avec une sagesse qui ne fit qu'étendre sa réputation. Il s'appliqua surtout à y maintenir la même régularité qu'il faisoit observer à Jumièges ; mais par malheur pour ces deux saintes communautés, l'impie Ébroïn, qui avoit été renfermé à Luxeu lors de l'avènement de Childéric II à la couronne, trouva moïen d'en sortir quatre ans après sous Thierry, et de se faire rétablir dans sa charge de maire du palais, par les seigneurs mêmes qui l'en avoient si justement dépouillé pour ses crimes et ses cruautés. Devenu plus furieux par le souvenir d'un châtiment qui lui auroit été salutaire, s'il l'avoit reçu dans un esprit de soumission et de pénitence, il il ne songea qu'à se venger de ceux qu'il crut avoir été les auteurs de sa disgrâce et les principaux obstacles de sa fortune. Le comte Guérin et S. Léger, évêque d'Autun furent les premières victimes de sa haine, sans qu'aucun prélat du roïaume osât prendre sa défense, ni même paroitre communiquer avec lui, de peur qu'on ne lui en fît un crime et qu'on ne le chassât de son siège. La plupart même des évêques flattoient le tyran dans ses injustices, parce qu'ils le craignoient ou qu'ils y avoient part [1].

An 674. — S. Filbert fut le seul qui entreprit de lui faire des remontrances. Prêt à faire à Jésus-Christ le sacrifice de son repos, de sa liberté et de sa vie, il alla trouver Ebroin, et l'aborda avec cette noble hardiesse qu'inspire la piété ; également respectueux et intrépide, il lui reprocha son irréligion et ses violences, et lui remit devant les yeux les justes et terribles jugements de Dieu, s'il n'expioit par de dignes fruits de pénitence sa désertion de Luxeu et les violences dont elle avoit été suivie. Il le conjura même avec larmes de faire cesser la persécution et de rentrer dans son monastère (a).

Un homme altéré de sang, et qui n'avoit à la bouche que des menaces contre ceux qui ne l'approuvoient pas, dut souffrir bien impatiemment une remontrance si vive ; et celui qui la faisoit devoit s'attendre à n'être pas écouté favorablement. S. Filbert l'avoit pensé de même ; mais le désir de ramener cet homme à récipiscence, ou de mériter auprès de lui le sort de S. Léger, l'empêcha de faire attention aux suites fâcheuses d'une démarche aussi délicate. Cependant Ebroin, qui tout peu mesuré qu'il étoit dans ses procédés, ne laissoit

(a) *Vita S. Filb.*, c. 22.

[1] On peut consulter à ce sujet l'*histoire de Saint Léger* de Dom Pitra. 1846, in-8°.

pas d'affecter encore quelques dehors de religion, n'osa le faire arrêter ; il feignit même de ne point s'offenser de ce que ce saint homme lui avoit dit, et il le laissa retourner en paix après l'avoir inutilement tenté par des présents, bien résolu de le perdre aussitot qu'il pouroit en trouver le spécieux prétexte. Son imagination féconde en toute sorte de malices, ne tarda guères à lui en fournir une dont le mystère le mit d'abord à l'abri du soupçon, mais qui ne servit ensuite qu'à faire mieux connoitre la noirceur de son procédé. Il se servit de quelques clercs de l'église de Rouen qui décrièrent le saint abbé dans l'esprit de son archevêque. Filbert assure même (a) qu'il le chargea d'une lettre qu'il supposoit avoir été écrite par notre saint au roi Thierri par laquelle il accusoit S. Ouen de le trahir, et prioit le roi de le mettre à sa place sur le siège épiscopal de Rouen, lui offrant pour cela une somme considérable, qu'il avoit recueillie des aumônes de plusieurs seigneurs du royaume. Si cette fausse lettre fut jamais écrite par Ebroin et remise à S. Ouën par les ecclésiastiques qu'il avoit subornés, et qui s'étoient rendus les instruments de sa vengeance et de sa perfidie, c'est ce que nous n'osons assurer ; mais il est constant que ces indignes ministres surprirent tellement la religion du saint archevêque par leurs calomnies, que tout ami qu'il étoit de S. Filbert, et tout persuadé qu'il devoit être de son innocence et de sa sainteté, il le fit

(a) *Vita. S. Aicadri* apud *Surium.*

arrêter et conduire dans une noire prison de la ville de Rouen, en un lieu appelé aujourd'hui la Poterne, où l'on a depuis bâti une chapelle en l'honneur du saint, dans laquelle tous les ans au jour de sa fête on célèbre une messe solennelle pour faire réparation à son innocence [1].

L'horreur de la prison ne parut à S. Filbert ni plus déshonorant pour lui, ni plus insupportable qu'elle n'avoit paru aux martyrs et aux confesseurs du nom de Jésus-Christ dans les premiers siècles de l'Eglise. Il y entra comme eux avec la joie du St-Esprit, et chantant des psaumes. La divine sagesse descendit avec lui dans ce lieu d'obscurité, et remplit son âme de tant de consolations célestes, qu'il n'apprit qu'avec peine les ordres de S. Ouën pour le mettre en liberté. Nous n'avons aucuns mémoires qui nous marquent précisément en quel tems elle lui fut rendue, ni com-

[1] La chapelle de St Filbert ou Philbert avait été construite en 1218, sur l'emplacement d'une tour, appelée au xɪᵉ siècle, tour Alvarède, qui dépendait des anciennes fortifications. Elle subsista jusqu'en 1791. Une maison de la rue de la Poterne qui portait avant la Révolution le nom d'hôtel de Jumièges, conserve encore des vestiges de la tour d'Alvarède qui aurait servi de prison à St Philbert. On voyait encore, en 1840, des traces de la chapelle St Philbert dans deux maisons qui ont été démolies. Il y avait dans cette chapelle un tableau représentant la délivrance de ce saint. L'hôtel de Jumièges, appelé autrefois le manoir de la chapelle de St Philbert ou de la tour d'Alvarède était un hospice de l'abbaye de Jumièges, à laquelle appartenait tout le terrain qui s'étendait depuis cette tour presque vis à vis du Marché-Neuf, et qui formait alors une grande place vide, sur laquelle fut bâti plus tard l'hôtel de la Présidence. L'hôtel de l'abbaye de Jumièges figure dans les plans de 1655 et de 1724. (*Voir* Periaux. Dictionnaire des rues et places de Rouen 1870-71, p. 492.)

ment le saint archevêque de Rouen reconnut son innocence et la part qu'Ebroin avoit eue à la flétrir. Fulbert dit seulement que le saint abbé fut quelque tems en prison, et que St Ouën aiant sçu les motifs de la haine d'Ebroin contre le saint n'eut pas plustot découvert que l'accusation intentée contre lui n'avoit d'autre principe que cette injuste haine, qu'il conçut un extrême regret d'avoir persécuté un innocent et que l'aiant fait sortir avec honneur, il le rétablit dans son monastère.

Mais en adoptant les conjectures de Fulbert[1] sur la détention de notre saint pendant quelque tems, *per aliquod tempus*, nous ne pouvons souscrire à ce qu'il ajoute que S. Ouën le fit sortir avec honneur et le rétablit dans sa dignité. Qu'il l'ait dû faire, c'est ce qu'on a droit de penser ; mais qu'il l'ait fait, c'est ce que Fulbert a supposé gratuitement et ce que nous ne pourions croire que par le même esprit qui l'a porté lui même à l'avancer. Quel que soit donc notre respect pour S. Ouën, nous ne croions pas y manquer en préférant à l'autorité du panégyriste de ses miracles, qui ne vivoit qu'à la fin du onzième siècle, celle de l'anonyme qui écrivoit la vie du saint fondateur de Jumièges à la fin du septième siècle, quinze ans au plus après sa mort. Or nous apprenons de cet auteur que S. Filbert aiant été mis hors de prison sur une lettre de l'ar-

---

[1] Fulbert, moine de Saint-Ouen de Rouen vers la fin du xie siècle, retoucha la vie de Saint Achard (ou Aicadre), *Hist. litt. de la France*, T. VIII, pp. 379-385.

chevêque, s'en alla dans l'Aquitaine, vers Ansoald, évêque de Poitiers, sans avoir pu obtenir de S. Ouën, selon le père Martin, minime, dans la vie de Ste Austreberte, la permission de retourner à Jumièges, ni de voir l'abbesse de Pavilly, avec laquelle on l'avoit accusé, dit le père Pommeraie, d'avoir de secrètes intelligences, et de n'être pas l'un et l'autre aussi saints qu'ils le faisoient accroire.

Ceux qui auront quelque connoissance des liaisons de S. Ouen avec Ebroin jusqu'au dernier moment de la vie de celui-cy, n'auront aucune difficulté à croire ce que nous disons de sa conduite à l'égard de S. Filbert, lorsqu'il le fit délivrer de la prison. Ils déploreront avec nous, comme fit depuis cet illustre prélat, la misère de l'homme ; mais ils reconnoitront en même tems que l'amitié du tyran, dont il se servit à la vérité dans plus d'une rencontre pour exécuter quelques entreprises de piété, pour empêcher de funestes divisions, et pour procurer la paix tant au dedans qu'au dehors du royaume, lui fit porter trop loin la complaisance, et le rendit coupable d'une injustice, qui ne peut être excusée que par le désir d'arrêter les violences d'Ébroin, qui avoit juré la ruine de l'abbé et de l'abbaïe de Jumièges, dont il ne cessa pendant huit ans d'outrager les domestiques, battre les fermiers et ravager les terres, en sorte qu'il ne tint pas à lui que cette religieuse famille ne fût dispersée, ou qu'elle ne trouvât la mort dans son berceau.

Ce fut donc incontinent après être sorti de prison

que S. Filbert se retira par forme d'exil auprès d'Ansoald, qui le reçut avec beaucoup d'humanité. Comme il n'ignoroit pas l'injustice de la persécution que le saint abbé souffroit, et qu'il n'avoit d'ailleurs rien à craindre d'Ebroin dans une ville où la domination de son maître ne s'étendoit pas, il traita le serviteur de Dieu, non comme un banni, mais comme un juste pour lequel il avoit beaucoup de respect, et qu'il étoit bien aise d'entendre. Ansoald vivoit alors dans un luxe et une mollesse peu conformes au ministère épiscopal; il en fut repris par son saint hôte, et aiant reconnu par l'évènement que l'esprit de prophétie étoit en lui, il renonça de bon cœur et sincèrement aux vanités du siècle et ne suivit plus que ses avis. Il eut souhaité le retenir auprès de lui; mais ses représentations et ses instances à cet effet furent inutiles. Tout ce qu'il put faire pour l'avoir au moins dans son diocèse, fut de l'engager lui-même à se charger de la construction d'un nouveau monastère, où il pût vivre en paix le reste de ses jours, et lui procurer la consolation de le voir de tems en tems. On choisit pour l'exécution de ce dessein l'isle de Her ou Héria aux extrémités du Poitou et de la Bretagne, vers le midi de l'embouchure de la Loire, dans la mer de Gascogne. S. Filbert la trouva plus propre encore que Jumièges au désir qu'il avoit de jouir des avantages de la vie solitaire, et par les libéralités d'Ansoald il y bâtit l'abbaïe qui porte aujourd'hui le nom de Nermoutier[1]. Il en fit le lieu de son

---

[1] Noirmoutiers.

exil, après que l'évêque de Poitiers lui en eût donné la conduite, et qu'il y eût fait venir des religieux de Jumièges pour y établir plus facilement l'observance et la pureté de la discipline. La fondation de cette nouvelle abbaïe fut suivie peu de temps après de celle de S. Michel en Lerm [1] et de la réforme des monastères de S. Benoit-de-Quinçai et de Notre-Dame-de-Luçon, que le saint abbé gouverna jusqu'à la mort.

Cependant S. Ouën, toujours prévenu contre lui, résolut de lui donner un successeur à Jumièges. La difficulté étoit de trouver un religieux qui voulût accepter sa dignité. Les conjonctures n'étoient pas favorables. La régularité s'y soutenoit et l'exil du saint abbé n'avoit pas ralenti le zèle de ses disciples. Le souvenir de la promesse qu'il leur avoit faite de les revoir dans huit ans, les fortifioit de plus en plus dans la fidélité qu'ils lui avoient jurée, et modéroit la douleur que leur causoit son absence. Ils ne s'étonnèrent ni des menaces, ni des caresses qu'on leur fit : ils protestèrent toujours avec fermeté qu'ils ne recevroient qui que ce fût pour les gouverner, que de l'agrément de leur père spirituel.

Plusieurs croient que ce fut pendant ces contestations que S. Filbert envoia S. Aicadre pour tenir sa place, mais que St Ouën ne voulut pas le recevoir. Son embarras néanmoins étoit grand, mais il ne fut pas long. Un misérable moine nommé Chrodobert, qui étant encore dans le monde avoit eu un fils, dont saint

---

[1] S.-Michel en l'Herm, petit port dans le département de la Vendée, sur le canal de Fontenelle, affluent de la baie d'Aiguillon.

Filbert avoit été le parrain, et qui depuis avoit été reçu par le saint abbé à la profession religieuse, n'eut point honte de s'offrir pour commander à des hommes, dont il n'étoit pas même digne de la compagnie. Le besoin rendit ses offres nécessaires. Le saint archevêque les agréa; mais Dieu pour venger l'injure faite à son serviteur punit sans délai l'ambition du téméraire, qui fut frappé de peste le jour même et mourut dans de si étranges douleurs, que ses os se séparèrent les uns des autres par la violence du mal.

Sans doute que S. Ouën ne fut pas instruit des circonstances d'une mort si terrible; il est à présumer qu'il y eût reconnu le doigt de Dieu, et qu'il n'auroit osé donner un successeur au malheureux Chrodobert, dont le châtiment effroiable étoit une preuve bien évidente que S. Filbert n'étoit pas véritablement déposé, comme il paroit que le saint archevêque se l'étoit imaginé. Quoi qu'il en soit, il mit à sa place, pour gouverner la maison de Jumièges, Ragentran archidiacre de sa cathédrale; mais celui-ci ayant été fort à propos et presque en même temps pourvu de l'évêché d'Avranches, il sortit de Rouen sans avoir voulu prendre possession de son abbaïe.

L'an 681. — Ainsi le prieur claustral demeura chargé de son administration jusqu'à ce qu'enfin l'impie Ebroïn aiant été assassiné l'an 681 par un seigneur françois nommé Ermenride, qu'il menaçoit de mort, après l'avoir dépouillé de tous ses biens, S. Filbert revint à Jumièges à la prière de S. Ouën même, qu'une charité plus éclairée avoit entièrement désabusé.

Nous sçavons, et ce n'est pas la première fois que nous en avertissons, que quelques auteurs excessivement indulgents et touchés d'un respect religieux pour ce saint prélat, ont prétendu que sa réconciliation avec S. Filbert, et le rétablissement de celui-ci dans son abbaïe avoient immédiatement suivi sa sortie de prison ; mais ce tour plus favorable et moins odieux ne convient point à la vérité de l'histoire. « Après le massacre
« de l'apostat Ebroïn, le Saint-Esprit *commença*
« d'éclairer l'âme du bienheureux Ouën, et lui pénétra
« le cœur d'une charité si tendre pour le bienheureux
« Filbert, qu'il l'envoia aussitôt prier de revenir inces-
« samment à son abbaïe, et de lui donner la conso-
« lation de le voir et de renouveller ensemble leur an-
« cienne amitié ». Ce sont les propres expressions de l'auteur anonyme de la vie de notre saint, qui l'écrivait à Jumièges sous les yeux de l'abbé Cochin et des autres disciples de S. Filbert, de la bouche desquels il est vraisemblable qu'il avoit appris ces faits, puisqu'il osoit les publier de leur vivant avec tant d'assurance.

S. Ouën lui-même désavoue ses apologistes, et oppose à la fausseté de leur témoignage la sincérité de son repentir. « Il déplora, dit l'auteur déjà cité, la mi-
« sère de l'homme, qui est capable des plus grandes
« fautes avec les meilleures intentions. Ils s'embras-
« sèrent l'un et l'autre, et s'étant pardonné récipro-
« quement, ils firent connoitre à tous les assistants
« par la joie mutuelle qui éclatoit sur leurs visages que

« si le feu de la vraie charité peut être couvert de
« quelques cendres, il n'est pas éteint pour cela ».
Veut-on d'ailleurs, pour excuser S. Ouën d'une faute
que ses larmes ont expiée, affoiblir la vérité de la prédiction de S. Filbert, qui, à l'occasion du vol de la
croix de son église, qui ne fut retrouvée que le matin
du neuvième jour, dit à quelques-uns de ses religieux
que l'abbaïe seroit autant d'années sans son pasteur
qu'elle avoit été de jours sans croix : ce que l'évènement confirma, puisqu'en effet il y avoit huit ans entiers
et le neuvième commencé que le saint abbé en étoit
sorti quand S. Ouën lui envoia ses députés pour le
prier de revenir.

Le lieu de leur entrevue nous est entièrement inconnu. Toutefois le préjugé est pour la ville de Rouen.
Le silence de l'anonyme sur ce point, l'âge et la dignité
de S. Ouën, qui le rendoient comme le père et le supérieur de S. Filbert, semblent autoriser cette conjecture. Il paroit d'ailleurs que ce ne fut que sur le bruit
de l'arrivée du saint abbé dans cette capitale, que les
religieux de Jumièges, ses chers et fidèles disciples,
accompagnés d'une multitude prodigieuse de peuple,
que la joie de son retour y avoit attiré, prirent la résolution d'aller au devant de lui avec tout ce qu'ils avoient
de saintes reliques dans leur monastère. Mais la divine
providence, qui lui accordait ce triomphe pour le récompenser de sa patience dans une longue et injuste
persécution, ne permit pas qu'ils eussent le temps
d'aller jusques là. Ils le rencontrèrent en chemin avec

S. Ouen, et les conduisirent l'un et l'autre, au chant des psaumes et des himnes et aux applaudissements de tout le peuple jusqu'à Jumièges, où le saint archevêque voulut lui-même l'installer de nouveau.

Presqu'en même temps l'évêque de Poitiers vint à Jumièges dans le dessein de faire valoir ses droits sur S. Filbert et de le ramener en Poitou. S. Ouën y était encore, suivant le P. Mabillon, qui croit que ce fut alors que l'option fut donnée au saint abbé de demeurer à Jumièges, ou de retourner à Nermoutier, qu'il ne pouvoit gouverner en même tems, vu la distance des lieux et son grand âge. L'amour de la solitude que S. Filbert avoit goûté à Nermoutiers durant son exil le détermina au choix de ce monastère pour y finir ses jours, et il seroit parti dès le moment avec les deux prélats, que le devoir de pasteur rappelloit à leur troupeau, si Varaton, qui avoit succédé au maire Ébroïn, n'eût dérangé le projet par la donation qu'il fit au saint abbé de sa terre de Villiers, au pais de Caux, à l'embouchure de la Seine, pour y bâtir un monastère de filles (*a*). C'est celui qu'on a appelé depuis Montivilliers, et qui subsiste encore aujourd'hui avec éclat et titre d'exemption.

(*a*) *Vita S. Filber.*

S. AICADRE, DEUXIÈME ABBÉ DE JUMIÈGES (L'AN 682).

S. Filbert n'attendit pas que l'ouvrage fût achevé pour reprendre la route du Poitou. Ansoald, toujours plus pénétré que jamais de l'idée qu'il s'étoit formée de sa sainteté, depuis qu'il l'avoit vu opérer la guérison d'un démoniaque à Jumièges, sollicita son retour avec tant d'instances, que le saint fut obligé d'abandonner la conduite de ce nouvel édifice, pour se rendre auprès de lui. Lorsqu'il fut arrivé à Poitiers, il pria l'évêque Ansoald d'agréer qu'Aicadre, qui était pour lors abbé de Quinçai, allât gouverner en sa place l'abbaïe de Jumièges, dont il avoit disposé les religieux à le recevoir. Ansoald y consentit sans s'arrêter à l'intérêt qu'il avoit de conserver dans son diocèse un homme qui faisoit tant d'honneur à son église. Aicadre, de son côté, se fit un devoir d'obéir à son évêque et à S. Filbert, son supérieur, quoiqu'il dût lui être fâcheux de quitter un climat où il étoit né, et une maison dont il étoit en quelque sorte le fondateur.

En effet, Auxaire et Ermène, ses père et mère, issus l'un et l'autre des meilleures familles du Poitou, flattés de le voir prendre le parti du cloître, lui donnèrent quelques terres, qu'il offrit aussitôt à l'église de Quinçai, en se mettant sous la discipline de S. Filbert, qui l'en établit le premier abbé. L'odeur de sa piété et de ses autres vertus attira à lui les personnes les plus spirituelles et les plus religieuses des autres monastères du païs, dont les uns se contentoient de conférer avec lui et de le consulter sur les moiens les plus assurés du salut, les autres cherchaient à demeurer sous sa direction pour prendre sur lui-même le véritable esprit de religion. Tel étoit S. Aicadre, lorsqu'Ansoald et S. Filbert le tirèrent de Quinçai pour le faire passer à Jumièges. L'évêque voulut être du voiage, et avec S. Filbert introniser le nouvel abbé. Ils allèrent d'abord le présenter à l'archevêque de Rouen, qui le reçut avec joie, et de là ils marchèrent au lieu destiné. Toute la communauté sortit au devant d'eux, et reçut le nouvel abbé avec respect, sçachant qu'il étoit du choix de S. Filbert, et qu'elle le tenoit de sa main. S. Filbert, de son côté, leur donna à tous les témoignages les plus tendres de son amour et de ses soins. Il pourvut à tout, et fut d'un secours et d'une consolation infinie à son successeur, dans les commencements épineux d'un gouvernement qu'il ne connaissoit point, et laissa ses religieux convaincus par expérience du mérite de celui qu'il mettoit à sa place. La présence d'Ansoald leur fut encore à tous d'une grande satisfaction.

Sur le point de se séparer, et après avoir assemblé une communauté florissante à Montivilliers, dont un de ses disciples s'étoit chargé de finir les bâtiments, S. Filbert les assembla pour la dernière fois, leur remit en peu de mots devant les yeux ce qu'il leur avoit enseigné durant tout le temps qu'il avoit été avec eux, les exhorta à la persévérance dans la sainteté de leur vocation, les recommanda à Dieu, leur donna sa bénédiction et partit avec Ansoald, qu'il reconduisit à Poitiers, où ayant pris lui-même sa bénédiction, il se retira à Nermoutiers, et y finit ses jours deux ans après dans la pratique de toutes les vertus et dans le sein de la vérité, qu'il avoit toujours aimée jusqu'à fuir le plus léger mensonge comme un poison mortel, capable de déparer la plus belle vie. Il mourut le vingtième jour d'août de l'an 684, âgé d'environ soixante-huit ans, dont il avoit passé seize à Rebais, vingt-deux à Jumièges et dix ou environ à Nermoutiers et à Saint-Benoît de Quinçai. Dieu fit encore mieux connaître aux hommes la sainteté de son serviteur et la gloire dont il l'avoit couronné, tant par les miracles qui s'opérèrent à son tombeau, que par ceux qu'il avoit faits de son vivant. Leur éclat et leur multitude ne permirent pas que l'on différât longtemps de lui rendre les honneurs publics d'un culte religieux par toute l'Église. Il devint en peu de temps très célèbre, non seulement dans ses abbaïes de Jumièges, de Nermoutier, de Quinçai, de Pavilli, de Montivilliers et autres qu'il avoit fondées ou gouvernées, mais encore dans toute la France, comme il paroît par un distique qu'Alcuin, qui vivoit en 794, vit gravé sur un autel dédié à notre saint [1], et par les

---

[1] Voici ce distique :
  Hanc pater egregius aram Filibertus habebit
   Plurima construxit qui loca sancta Deo.
    (Alc. Epigr. 253).

calendriers et martyrologes du neuvième siècle, qui en font tous mention au 20 août, comme au jour de sa mort.

Après le départ de S. Filbert pour Nermoutier, S. Aicadre, demeuré seul à Jumièges pour conduire cette nombreuse famille, donna toute son application à la bien gouverner et s'en acquitta avec tant de prudence, de zèle, de vigilance, d'exactitude et d'équité, qu'il honora son ministère beaucoup plus par sa sagesse et sa vertu, que par son autorité. Il donnoit à tous ses disciples l'exemple de tout ce qu'il leur prescrivoit : il se faisoit à tous, il accommodoit la règle à leurs forces pour les fortifier davantage et les faire toujours avancer dans la perfection ; et usant du don de discernement qu'il avoit reçu de Dieu, il diversifioit sa conduite selon les besoins différens de ses religieux pour les conduire à Jésus-Christ.

Sa réputation devint si grande en moins de deux ans dans presque toute la France, qu'on voioit tous les jours arriver de nouveaux disciples à Jumièges. De ce nombre fut Astase, noble citoien de la ville de Poitiers, qui en se consacrant à Dieu entre les mains de S. Aicadre, fit présent au monastère de sa terre de Tourtenai en Poitou (*a*) et vécut saintement avec les saints jusqu'à ce qu'il plut à Dieu de le récompenser par une mort précieuse à ses yeux du sacrifice qu'il lui avoit fait de sa liberté et de ses biens. La communauté

(*a*) *Ann.*, t. I., p. 568.

étoit alors composée de 900 religieux (*a*) et de 1,500 serviteurs, tous également zélés pour la discipline régulière, et tellement soumis à l'obéissance qu'il ne se faisoit rien que par ordre du saint abbé qui n'en usoit ainsi que pour ne surcharger personne par un travail excessif. Sa vigilance ne se borna pas là ; il entretint dans le goût et la culture des lettres ceux qu'il trouva en état de s'y appliquer ; et comme il en avoit été lui-même parfaitement instruit, il passoit pour très-habile dans la science ecclésiastique (*b*). Il ne put manquer d'y perfectionner plusieurs de ses religieux, déjà fort avancés si l'on en croit l'auteur de sa vie, qui n'a pas fait difficulté de dire qu'avant l'arrivée de S. Aicadre à Jumièges, il y avoit en cette école une si profonde doctrine et une telle fécondité (*c*) de génie, que la source en étoit intarissable : *indeficiens fecundia*.

Le démon ne put souffrir longtemps la vigilance infatigable du maître, et l'inviolable fidélité des disciples à y répondre. Il leur livra de fréquens et rudes combats pour les faire tomber dans le relâchement ; mais ne pouvant en venir à bout par ses suggestions et ses artifices, il résolut d'en écraser une partie sous la chute d'un gros arbre auprès duquel ils travailloient. Ce moien ne lui aiant pas mieux réussi par l'attention de S. Aicadre à faire avertir ses religieux à propos, il voulut s'en venger sur lui même, ne pou-

---

(*a*) *Act. SS.*, *ord. S. Ben.*, t. II., p. 963, num. 21.
(*b*) *Ibid.*, p. 956, n. 18.
(*c*) *Ibid.*, p. 962, n. 18.

vant faire pis. Le fait que nous avons à rapporter, a quelque chose de merveilleux qu'on ne croit pas volontiers dans notre siècle, dit l'auteur de l'Histoire ecclésiastique de la province de Normandie (a), mais nous ne croyons pas devoir le passer puisqu'il l'a lui-même donné au public sur le témoignage de deux écrivains de ces tems là (b). Nous emploirons jusqu'à ses termes [1]. Un jour de samedi que les moines avoient coutume de se faire la tonsure, le saint abbé aiant dit à un frère qui le servoit de lui faire la sienne, comme il étoit dans cette action, il aperçut dans un coin de la salle une figure humaine qui écrivait sur du papier. Le saint, accoutumé à ces tours de l'esprit malin, ne le méconnut pas. « Que fais-tu là, lui dit-il, mauvais « ennemi ? que viens-tu chercher dans nos retraites ? « — J'écris, lui répliqua le démon, qu'un serviteur de « Dieu occupe le sien à le servir dans une heure qu'il « n'est plus permis. » C'étoit en effet après l'heure de none, c'est-à-dire à trois heures après midi, où, selon l'usage du tems, au moins parmi les moines, commençoit le repos du dimanche, et le bon abbé, distrait d'autres pensées, n'y avoit pas fait attention. « Hé « bien ! l'heure est passée, dit-il à cet accusateur, j'ay

---

(a) *Anonim.* apud *Mab.*, sœc. 2, c. 352; *Ibid.* apud *Sur.*, 15 sept.

(b) *Anonim.* apud *Mab.*, sœc. 2, 6, p. 352. — Fulb., *Ibid.*, et apud *Sur*, 15 sept.

[1] La citation qui suit est empruntée au 2ᵉ volume de Trigan, ce qui prouve que l'histoire de l'abbaye de Jumièges que nous éditons n'a pu être écrite ni corrigée qu'en 1760 : la partie citée de l'ouvrage de Trigan n'ayant été publiée qu'en 1759.

« péché il faut cesser; mais toi, va toujours où il
« t'appartient d'être, et laisse en repos les serviteurs
« de Dieu. » Le fantôme à ces mots disparut, et le
saint homme à demi rasé courut à l'église, confessa sa
faute devant tous les frères, prosterné sur le pavé, et
en signe de pardon, ses cheveux furent rétablis
en l'état qu'ils étoient auparavant. Il ne paroit ici
qu'une de ces fautes d'inadvertance, qu'on ne laisse pas
de punir dans les cloîtres par des humiliations ; le saint
en voulut donner l'exemple, et quand on en ôteroit le
merveilleux, le fait seroit toujours instructif.

Peu de temps après il en arriva un autre beaucoup
plus extraordinaire et plus difficile à croire ; cependant
la tradition n'en étoit pas de vieille datte quand il fut
écrit et il étoit de nature à ne pouvoir être aisément
snpposé. Nous avons vu que la communauté de Jumièges sous S. Aicadre étoit de 900 religieux, sans
compter les domestiques dont le nombre montait à
1,500. L'abbé devenoit vieux, et la charge étoit
pesante, il en faisoit quelque fois à Dieu ses complaintes,
et d'ailleurs il craignoit qu'après sa mort il ne s'introduisît quelque relachement dans une si nombreuse
famille. Dieu voulut soulager sa peine, et un jour qu'après avoir béni ses frères selon la coutume et les avoir
conduits au dortoir, il s'étoit lui-même retiré pour
veiller et prier, comme il étoit en oraison, il vit à la
porte deux personnages fort différents ; l'un d'une belle
figure et revêtu d'une robe blanche, l'autre fort sale et
hideux dont les yeux étinceloient comme le feu. Le pre-

mier dit à celui-ci : « Il t'est donné pouvoir de frapper
« ici les corps, mais non de rien entreprendre sur
« les âmes ; ton glaive ne servira pourtant pas jusqu'à
« l'anéantissement de ces corps, car ceci n'est point
« un chatiment sur ces frères, mais un effet de sa divine
« bonté pour la conversion de plusieurs infidèles, de-
« meure-là, ne touche à personne ; dans un moment je
« reviendrai te dire ce que tu devras faire » (a). L'ange
aussitôt s'avança vers l'abbé et lui dit : « Serviteur de
« Dieu, prenez courage et priez le Seigneur pour vous
« et pour votre troupeau. Ce troupeau trop nombreux
« pour vos forces, Dieu va dans trois jours le réduire
« à moitié ; mais ne craignez rien, cette disposition
« n'est point pour la ruine d'aucun de vos enfants, c'est
« un effet de son amour pour le nombre d'élus qu'il va
« appeler à lui des misères de ce siècle. Présentez-
« vous donc avec eux devant sa face, dans une humble
« confession, et que chacun se dispose à un heureux
« passage. » Fulbert, moine de S. Ouën de Rouen,
dit icy que l'ange marqua avec sa baguette, passant
devant chaque lit du dortoir, ceux que Dieu devoit
appeller, et c'est ainsi que l'histoire est encore repré-
sentée sur une muraille du cloître. L'anonyme n'en dit
rien. Le discours de l'ange fini, le saint se prosterne
avec larmes, et se *lamente avec amertume* sur un tel
évènement. Il s'accuse d'être la seule cause d'un fléau
qui va désoler sa communauté : demande d'être frappé

(a) *Act. SS. ord. S. Ben.*, t. II, p. 968, n. 32.

lui seul, ou le premier, il prie qu'au moins l'épée n'aille pas jusqu'à l'extinction, enfin il entend une voix qui dit : « C'en est assez, que la main qui frappe s'arrête. » La-dessus il se lève, et muni du signe de la croix il va faire sonner pour appeler les frères à l'office. Après matines, il les assemble tous et leur dit : « Le Dieu de
« paix soit avec vous, mes frères, et que son ange soit
« à votre aide, courage, mes chers enfants, veillez, il
« est tems, sondez le fond de vos âmes, purifiez-vous
« par une entière confession. Vous avez heureuse-
« ment travaillé dans la vigne, faites en sorte de rece-
« voir à la fin du jour le denier qui vous est promis.
« Venez, recevez avec pureté de corps et de cœur le
« sacré viatique du corps et du sang de Jésus-Christ.
« Enfin, mes frères, celui qui nous appelle est à la
« porte ; aujourd'hui, demain et après demain, c'est
« pour plusieurs d'entre vous le souper du Seigneur. »
Il leur raconta ensuite ce qui lui avoit été dit, et à peine avoit-il cessé de parler que l'évènement commença de justifier ses discours. La paleur du visage indiqua la maladie, chacun prosterné aux pieds du saint abbé lui fit sa confession, reçut l'absolution, le saint viatique, et avec sa bénédiction l'obédience pour passer de ce monde à l'autre. Une partie s'endormit dès ce jour comme dans un doux sommeil ; le jour suivant enleva la seconde et le troisième la dernière, de façon que dans les trois jours il en fut enlevé 442. L'anonyme (a)

(a) T. II, p. 11.

dit que ce fut en un jour, aux heures de tierce, sexte, none et vêpres, et qu'ils moururent dans les douleurs les plus aigües, mais sans aucun trouble dans la raison, Dieu l'aiant ainsi permis pour leur faire sentir sa présence et la faiblesse de leur ennemi, qui se retira couvert de confusion. Cette différence fait voir que ces deux auteurs ne se sont pas copiés, et conséquemment qu'il y avoit une tradition sur ce fait, qui d'ailleurs ne peut guères être imaginé en entier.

On enterra tous ces corps en un même cimetière, dans autant de cercueils de pierre, dont on les a depuis retirés pour les cacher dans un coin du cloître, si l'on en croit la chronique de Jumièges, trouvée par extrait dans le portefeuille de dom Martenne, fol. 20 verso, avec ce titre : *Breve chronicon abbatiæ gemmeticensis ex m^s cod. Bibliothecæ Catharinæ reginæ Sueciæ, notato,* 322. Leur tombeau devint si glorieux par la multitude des miracles, qu'on y accouroit de toutes parts pour implorer leur assistance. S. Aicadre désigna sa sépulture au milieu d'eux : S. Hugues, archevêque de Rouen, y choisit aussi la sienne, et vers le milieu du ixe siècle, plus de cent cinquante ans après leur mort, la communauté de Jumièges les invoquoit encore contre les tentations et les embûches du démon, qu'ils avoient si généreusement surmontées pendant leur vie et à leur mort.

S. Aicadre, après l'heureuse fin de cette partie de ses enfants, eut à consoler ce qui lui en restoit. Tous regrettoient de n'avoir point été trouvés dignes d'être admis parmi cette troupe d'élus, tous gémissoient de leur exil, tous appréhendoient que ce retardement ne fût un signe de leur réprobation, et que l'ange ne les eût épargnés que parceque Dieu étoit plus en colère contre eux. Le saint abbé rétablit la tranquillité dans leurs âmes et leur fit tirer de leur trouble même de nouveaux motifs de courage et de persévérance, pour tendre et arriver à ce port assuré. Ce fut alors qu'il reçut avis de la mort de S. Filbert son prédécesseur qui venoit de finir ses jours dans la solitude de Nermoutier. Il ressentit cette perte avec la douleur la plus amère ; en effet, elle lui ravissoit un père, et le privoit en même tems du plus solide appui et du meilleur conseiller qu'il eût au monde. Il lui fit rendre à Jumièges tous les devoirs dus à la mémoire d'un tel père, et dont de tels enfants se trouvoient portés à s'acquitter par reconnoissance et par amour.

Il ne lui survécut que trois ans, pendant lesquels il travailla avec une nouvelle ferveur, à instruire et à perfectionner le troupeau qui lui avoit été confié. Il mourut de la mort des justes et muni des sacrements de l'Église le quinze de septembre 687, âgé d'environ soixante-quatre ans, et fut inhumé dans le cimetière avec ceux de ses diciples que la peste avoit enlevés trois ans auparavant. Son corps en a été retiré depuis et transféré à Hapres[1], entre Cambrai et Valenciennes, qui depuis sa mort étoit devenu un prieuré dépendant

---

[1] Haspres, commune du département du Nord, arrondissement de Bouchain.

de l'abbaïe de Jumièges. Son culte est d'une institution fort ancienne, puisqu'il y avoit une église consacrée en son honneur dans la péninsule avant l'établissement des peuples du Nord dans la Neustrie.

COCHIN, TROISIÈME ABBÉ (L'AN 687).

Le successeur de S. Aicadre à Jumiéges fut Cochin religieux de cette abbaïe sous ses deux premiers abbés. Son élection par les suffrages de la communauté réunie montre quel fut son mérite avant qu'il fut abbé, mais elle ne nous met pas au fait de ses actions en particulier. On ne sçait rien non plus de son païs, de sa naissance, ni de son éducation avant qu'il fut religieux. Ce fut de son tems et par son ordre qu'un moine de la communauté écrivit la vie de S. Filbert, ce qui suffit pour faire l'éloge de son zèle, et nous convaincre au moins qu'il aimoit le bien et qu'il désiroit d'en inspirer l'amour et la pratique; s'il est vrai, selon Hariulfe (a), qu'il ne fit prendre la plume à son religieux que pour exciter les autres à la vertu et s'y porter lui-même par la lecture fréquente des rares exemples que S. Filbert leur en avoit donné.

(a) *Chron. cent.*, l. Ier, c. 2. — *Spicil.*, t. IV, p. 45.

L'auteur de cette première vie du saint fondateur de Jumièges, pour ne s'être pas donné la peine de limer son ouvrage, ou pour se conformer à la sainte simplicité de Cochin, l'écrivit en un stile si rude et si grossier, qu'un autre écrivain du même tems et du même lieu, ne pouvant le souffrir, entreprit de le retoucher. Il le fit sans rien changer à la préface, ni au fond de l'histoire; mais cette vie, quoique mieux écrite, n'est pas entièrement exempte de défauts dans le stile[1]. Nous ne sçavons où ils ont puisé l'un et l'autre ce qu'ils nous apprennent de S. Filbert, ne se donnant nulle part pour témoins oculaires[2]; mais il est à croire que l'abbé Cochin, qui avoit employé l'auteur original, et sous les yeux duquel ce dernier a retouché la vie que nous avons aujourd'hui, et qui nous a servi pour l'histoire de notre saint, leur avoit fourni les mémoires nécessaires, aïant été lui-même disciple du saint et élevé à son école (a).

Le zèle de Cochin en cette rencontre n'est pas la seule preuve que nous aïons de sa piété; il en donna des marques toute sa vie, soit dans les discours de morale qu'il faisoit à ses religieux (b), soit dans la

(a) *Ibid.*
(b) *Ibid.*

[1] Cf. Prologus in *Vit. S. Austreberthœ, Virg.* apud Bolland. loc. cit. et Hariulf. in Chronii. Centulens. T. I, c. 26, apud Dacherii *Spicileg.* Tom. IV, p. 451 (Ed. in-4º).

[2] Il est néanmoins très probable que ces auteurs avaient vu une grande partie des faits qu'ils racontent, puisque cinq ans à peine séparent le départ de Saint Philibert de Jumièges de l'élection de Cochin.

pratique de toutes les vertus dont il leur donnoit l'exemple ; aussi sa réputation ne put demeurer longtems renfermée dans les bornes de son cloître. Les monastères retentirent de ses louanges au delà même de la province. Les moines de Centule[1] perdirent alors le vénérable Ocioul, que S. Riquier leur fondateur et premier abbé s'étoit substitué, et il étoit question parmi eux de lui donner un successeur. Ils le pouvoient faire sans doute comme il avoit été fait auparavant, sans sortir de chez eux, aïant des sujets capables de remplir dignement cette place ; mais ils étoient tous humbles, et d'ailleurs ils cherchoient le plus parfait. Il n'y avoit plus alors à Centule de religieux qui eussent vu S. Riquier, mais il en restoit encore qui avoient vu S. Filbert. Celui-ci étoit à la fleur de son âge dans le monastère de Rebais sous S. Agile, lorsque S. Riquier étoit sur le déclin de ses ans, et ce jeune religieux, disoient-ils, avoit été un des plus fervents amis de leur bienheureux père ; il étoit devenu fondateur et premier abbé de Jumièges, et il y avoit élevé le moine Cochin, qu'ils apprenoient être devenu un de ses successeurs et gouverner cette grande abbaïe avec beaucoup de suffisance. Un disciple de S. Filbert et un abbé tel qu'on disoit être Cochin leur fit envie. Ils se persuadèrent qu'ils retrouveroient dans lui le même esprit

---

[1] Centule, aujourd'hui Saint-Riquier, département de la Somme, arrondissement d'Abbeville, canton d'Ailly-le-Haut-Clocher. L'ancienne abbaye est en ce moment à l'usage d'un Petit-Séminaire.

qui avoit animé ces deux saintes âmes ; ils l'élurent, et Cochin ne pouvant se refuser à leurs vœux se chargea du gouvernemeut de leur monastère, mais sans renoncer à celui de Jumièges, qu'il regardoit comme son berceau et le port où Dieu l'avoit sauvé du naufrage.

Il passoit de l'un à l'autre autant que la nécessité le requéroit; son plus long séjour étoit néanmoins à Jumièges, ce qui n'empêcha pas la bonne intelligence et la parfaite union, qui commença dès lors entre ces deux célèbres abbaïes, et qu'on a vu se maintenir jusqu'à leur commune destruction par les Danois.

S. Eucher, moine de Jumièges (*An* 714). — Le trait le plus glorieux à la mémoire de Cochin et qui fait le plus d'honneur à son gouvernement, fut la réception de deux jeunes seigneurs, que l'exacte observance de la règle de S. Benoit sous sa conduite attira d'Orléans et de Champagne dans l'abbaïe de Jumièges, pour y porter le joug de Jésus-Christ sous sa discipline. Eucher [1], c'est le nom du premier de ces jeunes gentils hommes, étoit d'une famille des plus qualifiées de la ville d'Orléans; sa mère qui étoit une dame de grande piété revenant une nuit de matines dans le tems de sa grossesse, et s'étant remise au lit, crut voir pendant son sommeil un ange, qui l'assuroit que le fils qu'elle auroit seroit un jour évêque, et que ce seroit un enfant de bénédiction. Elle se souvint toujours d'une si

---

[1] Cf. *Act. S. Eucherii Aurelian. Episc. apud.* Boll. *Acta. SS. Februerii.* Tom. III, pp. 208-222.
Le commentaire et les notes sont de God. Henschenius.

agréable révélation et lorsque son fils fut né, elle l'éleva jusqu'à un âge auquel il put répondre pour lui-même au baptême, en quoy elle agit toujours de concert avec son mary. Ils crurent devoir choisir quelque saint évêque pour lui administrer ce sacrement dans la vûe de faire plus d'honneur à la vocation de leur fils. C'est ce qui fit qu'au lieu de le faire baptiser à Orléans, on alla le présenter au bienheureux Ansbert, évêque d'Autun, nouvellement sacré, qui étoit en grande réputation de sainteté. Ce prélat, sur le récit de la vision de sa mère, le reçut avec une joie très-sensible, il le baptisa et voulut être aussi son parrain, et après lui avoir donné la confirmation il le laissa retourner à Orléans près de ses parents, pour y être élevé dans la piété et dans les sciences.

On lui fit commencer l'étude des lettres dès l'âge de sept ans[1], et il y fit de si grands progrès, qu'il laissa bientôt derrière lui des gens qui avoient le double de son âge; il ne les devançoit pas moins en vertus qu'en connoissances, mais de toutes les études qu'on lui fit faire avec tant de succès, il n'en aima point à l'égal de celle des saintes écritures, pour lesquelles il se sentoit une ardeur toute particulière ; et il y joignit celle des sacrés canons et des écrits des S. Pères dans la science desquels il se rendit très habile. On a tout lieu de croire qu'il entra dans la cléricature sous l'évêque Léodebert,

---

[1] Ce fait qu'on trouve répété dans presque toutes les vies des saints les plus connus du VIIe et du VIIIe siècle, prouve que l'instruction était en honneur dans les familles aisées comme dans les monastères.

et qu'il fît connoitre sa vertu au peuple d'Orléans dans quelqu'emploi subalterne du lieu pendant quelques années. Mais comme les vérités de l'Écriture faisoient la matière continuelle de ses méditations, il pensa un jour si profondément à ce que dit S. Paul, que les biens du monde ne sont qu'une figure qui passe et que la sagesse de ceux qui les aiment n'est qu'une folie devant Dieu, qu'il renonça entièrement au siècle et à tout ce qui pouvoit l'y retenir. Il chercha la société des personnes qui ne vivoient sur la terre que pour le ciel (*a*), afin de s'en faire un modèle, et il jetta les yeux sur l'abbaïe de Jumièges, où il fit profession de la vie monastique en 714, entre les mains de l'abbé Cochin, en présence de neuf cents religieux (*b*), d'où l'on peut juger de la bénédiction que Dieu avoit versée sur cette maison depuis la mort des 442 dont nous avons parlé dans l'article de S. Aicadre 29 ans auparavant.

Eucher se mit avec joie sous le joug de l'obéissance, après s'être réduit volontairement dans une pauvreté générale, et sa chasteté se trouva dans un asile beaucoup plus sûr qu'elle n'avoit été dans la maison paternelle ou même dans la communauté du clergé d'Orléans. Il vécut dans une pénitence très rigoureuse et dans une exacte observance de tous les devoirs de sa règle pendant six ou sept ans, c'est-à-dire, jusqu'à la mort de son oncle paternel Suavaric, évêque d'Orléans qui avoit succédé à Léodebert. Le sénat et le peuple de la ville aux-

---

(*a*) *Act. S. Ben.*, sæc. 3, part. I, et apud *Boll.*, p. 217, t. III, febr.
(*b*) Boll., *Ibid*.

quels se joignit aussi le clergé députèrent vers Charles Martel, avec des présents, pour le prier de vouloir leur permettre d'élire Eucher pour leur évêque. Ce prince, qui sous le titre de Maire du palais étoit devenu le maître du roiaume, leur accorda leur demande sans peine. Il leur donna même un de ses principaux officiers pour aller avec eux de sa part prendre le saint à Jumièges, et le conduire à Orléans. A cette nouvelle Eucher parut aussi affligé que s'il lui fut arrivé quelque disgrâce extraordinaire, et il pria ses frères avec larmes et grande instance de ne pas souffrir qu'on l'enlevât ainsi de leur sainte compagnie, pour le remettre dans les dangereux engagements du siècle et l'exposer à s'y perdre.

Les religieux de leur côté parurent très sensiblement touchés de cette séparation, parce qu'ils l'aimoient tous et l'honoroient très particulièrement : mais d'autre part ils ne purent s'empêcher de marquer la joie qu'ils avoient du choix que faisoit la providence divine parmi leur compagnie, pour donner un digne pasteur au troupeau de Jésus-Christ, de sorte qu'au lieu de suivre leur inclination, et d'acquiescer à ses prières, ils contribuèrent encore par l'intérêt qu'ils prenoient au bien public de l'église à lui faire suivre sa vocation. On le mena donc à Orléans, où les évêques voisins l'ordonnèrent au milieu d'un clergé nombreux et d'une prodigieuse multitude de peuple qui s'étoit assemblé pour la solennité[1].

---

[1] La vie de S. Eucher, interrompue ici par notre auteur, est continuée plus loin.

An 721. — *S.-Hugues.* — Il y avoit alors trois ans qu'un autre jeune seigneur faisoit l'admiration de la communauté de Jumièges par sa fidélité à remplir tous les points de la règle qu'on y suivoit (*a*).

Il s'appelloit Hugues et étoit fils de Dreux ou Drogon, comte de Champagne, et d'Austrude[1], fille de Waraton, maire du palais. Par son père il étoit petit fils de Pépin de Heristal, neveu de Charles Martel et cousin germain du roi Pépin. Il fut élevé avec beaucoup de soin auprès de son aïeule maternelle Ansflède, dame de grande piété, qui s'appliqua principalement à écarter de lui tout ce qui étoit capable de corrompre ses mœurs. Elle lui inspira l'amour de la vertu ; et par ses fréquentes exhortations elle le porta à se consacrer au service de Dieu. Il méprisa ainsi de bonne heure les plaisirs, les honneurs et les richesses de la terre, pour n'en plus rechercher qu'au ciel. Il entra dans les voies étroites du salut, et distribua en divers tems aux pauvres, aux monastères et aux églises la plus grande partie des biens de son riche patrimoine. Il donna toute son étude à l'Écriture sainte, méditant jour et nuit la loi du Seigneur pour la suivre.

N'étant encore que laïque il donna des terres considérables aux abbaïes de Saint-Vandrille et de Jumièges. Nous en avons la preuve dans la chronique de Fontenelle, où l'auteur renvoie aux chartes de Jumièges (*b*)

(*a*) *Chron. fonta.*, cap. 8, t. 3, *spicil.*
(*b*) *Spicil.*, t. III, p. 206 et 208.

[1] On trouve aussi Aveltrude. *Chron. Fontenel.*

pour connoître en détail les grands biens dont ce jeune seigneur avoit gratifié cette abbaïe. Il ne nous en reste maintenant que le souvenir. Tous les titres ont été brûlés par les Normans ou perdus par les religieux eux-mêmes en voulant les dérober à la fureur de ces barbares. Un de nos légendaires qui vivoit vers le milieu du xe siècle, et après lui le père Pommeraie (a), nous ont néanmoins conservé le nom de quatre de ces terres ; *fiscum apud Liacum* dans le territoire de Rouen ; *fiscum segiam* dans le païs de Caux, et les fiefs de Belniac et d'Amblide dans le Talon [1], du côté d'Arques et de Dieppe. Charles le Chauve fait mention des trois premiers dans un diplôme accordé aux religieux de Jumièges en 849. Nous dirons ailleurs qu'elle en fut l'occasion.

Après la distribution de ses biens, Hugues, pour se délivrer absolument des distractions du monde, se retira dans le monastère de Jumièges en 718 et y embrassa la profession religieuse sous l'abbé Cochin. Il vécut quatre ans dans ce saint repos, se donnant tout entier aux exercices de pénitence, à la prière et à la contemplation divine ; mais le siège épiscopal de la ville de Rouen étant venu à vaquer en 722, on le retira de sa sollicitude pour l'obliger à le remplir. L'année suivante,

---

(a) *Hist. des archevêques de Rouen*, p. 191 et 192.

[1] Le pays de Caux était divisé dans l'origine en deux comtés principaux : le Caux et le Talon. Le Talon était un territoire assez vaste dont Arques fut regardé pendant quelque temps comme la capitale. Dom Pommeraye s'est efforcé d'élucider cette question encore obscure. *Descrip. Géogr. de la Haute-Normandie.* Tom I, pp. 46 et suiv.

il fut abbé de S.-Vandrille et un an après évêque de Paris.

Il se chargea encore presqu'en même tems de l'évêché de Bayeux et de l'abbaïe de Jumièges, vacante par la mort de l'abbé Cochin, dont le gouvernement avoit été de trente-six ans entiers.

S. HUGUES, QUATRIÈME ABBÉ (L'AN 724).

Ce ne fut point par avarice ou par ambition que S. Hugues posséda ainsi tant de bénéfices à la fois, mais voyant que de son tems on commençoit à en donner à des séculiers qui en dissipoient les revenus, il accepta sans répugnance ces cinq avec des terres du domaine du roi, qui lui furent confiées par son oncle Charles Martel. Il s'appliqua avec beaucoup de zèle et de vigilance à la conduite de ces trois évêchés et de ses deux abbaïes, et après avoir pourvu selon l'étendue de sa charité pastorale aux besoins spirituels de tant de peuples, en même tems qu'il travailloit à rétablir et conserver les droits et les biens temporels de leurs églises, il se retira une seconde fois dans son abbaïe de Jumièges, pour reprendre ses premiers exercices et vaquer plus librement à l'oraison.

730. — Il y mourut de la mort des justes le 9 d'avril

de l'an 730 et fut enterré fort honorablement dans l'église de Notre-Dame, où ses religieux lui élevèrent un superbe monument, sur lequel ils suspendirent une grande couronne (a), richement composée de divers métaux, tant pour marquer l'opinion qu'on avoit de sa sainteté, que pour laisser un témoignage de la reconnoissance qu'on avoit des bienfaits dont il avoit comblé la maison. Il y demeura pendant l'espace d'environ cent trente ans, jusqu'à ce que la crainte des Normans obligea les moines de Jumièges à prévenir les effets de leur fureur, en transportant son corps à Haspres avec celui de S. Aicadre. Le martyrologe romain en fait mention au jour de sa mort.

Je ne dois pas dissimuler icy que les sçavants sont partagés sur la naissance et le temps de notre saint. Les uns veulent avec l'auteur de la chronique de S. Vandrille (b), d'après lequel nous avons parlé jusqu'icy de notre saint abbé, qu'il ne soit autre que le fils de Dreux établi duc de Champagne par son père Pepin de Héristal, et d'Anstrude, fille de Waraton, maire du palais, ainsi que nous l'avons remarqué; d'autres au contraire le confondent avec un autre Hugues, qu'ils font fils de Charlemagne et d'Austrude, fille de Tassillon, duc de Bavière, et qu'il ne vint au monde que plus de cent ans après lui. Ils prétendent que celui-cy ayant été élevé à S.-Denis dans sa première jeunesse, fut fait abbé de Rebais et de la Croix-S.-Ouen; qu'aiant été ensuite à

(a) *Chron. Font.*, p. 207 et 208.
(b) *Ibid.*, p. 205.

Rome, il y fut ordonné clerc par le pape Léon III, admis dans le clergé de cette ville et promu au diaconat par le même pape ; que de retour en France, il fut demandé pour évêque par le clergé, la noblesse et le peuple de Rouen, et sacré en 762, par ordre de l'empereur, son père, à Aix-la-Chapelle, avec son frère Drogon ou Dreux, que la clergé de Metz avoit aussi demandé ; qu'aiant gouverné l'église de Rouen durant vingt-six ans, il se retira à Jumièges, où il mourut dix ans après, le 9 avril 798, âgé de soixante-quatorze ans. Telle est l'histoire que des moines de S.-Vaast et de Jumièges ont fait de notre saint vers le milieu du xe siècle, et que Baudri, évêque de Dol, s'est contenté de mettre en un meilleur stile au commencement du xiie (*a*). Les éditeurs du bréviaire de Rouen l'ont inséré dans les leçons de son office en 1309, sur le témoignage de ces nouveaux légendaires, auxquels Baudri, évêque de Noyon, a cru lui-même devoir déférer en cette rencontre, quoique d'ailleurs très exact (*b*).

Il est fâcheux d'être forcé de désavouer ses propres historiens ; mais l'amour de la vérité nous y oblige. Nous le ferons néanmoins de la manière la plus mesurée, et en conservant aux auteurs la réputation qui leur est justement due, d'avoir été dans la bonne foi en tout ce qu'ils ont écrit sur ce sujet. Ils ont été trompés, sans vouloir tromper personne, ni ravir à notre saint les honneurs que l'église lui a décernés, mais comme leur

---

(*a*) *Neust. pia ubit de Gemet.*, c. 9 et 10.
(*b*) *Chron. camerac*, t. II, c. 29.

opinion a donné lieu à plusieurs de dire que le fils de Dreux, comte de Champagne, n'étoit point regardé comme saint, parce que l'abbaïe de S.-Vandrille et les églises de Paris et de Bayeux qu'il avoit gouvernées n'en faisoient point la fête, il est à propos de faire connoître que c'est de lui précisément dont il s'agit, et non du fils de Charlemagne :

1° De toutes les femmes et concubines que les auteurs donnent à l'empereur, il ne s'en trouve aucune du nom d'Austrude (a).

2° Charles n'est né qu'en 747, et n'a commencé à régner qu'en 768 : il n'a donc pas pu avoir un fils capable d'être évêque de Rouen en 762.

3° Le pape Léon III, qu'on dit l'avoir ordonné diacre, n'est monté sur le siége de S. Pierre qu'en 795 : comment donc a-t-il pu lui conférer le diaconat en 762, et peut-être même auparavant ?

4° Drogon ou Dreux, son frère, évêque de Metz, avec lequel on assure qu'il fut sacré à Aix-la-Chapelle, n'a été décoré de ce titre, selon Thégan [1], que par Louis-le-Débonnaire, qui ne succéda à Charlemagne qu'en 814.

5° Enfin nul auteur avant eux n'a reconnu d'autre Hugues, pour fils de l'empereur Charlemagne, que celui qu'il eut de Régine ou Reine, une de ses maî-

(a) Eginhart, *Vita Carol. mag.*

[1] Thégan a écrit en 837 la vie de l'empereur Louis le Débonnaire, et son ouvrage a été compris par Du Chesne, dans son recueil des historiens de la France.

tresses, qui lui avoit déjà donné Drogon ou Dreux, et dont il eût encore un troisième fils, nommé Thierry. Or, cet Hugues n'a pu voir le jour avant l'an 783, puisque, selon la chronique de S.-Nazaire, ce ne fut qu'en cette année que la reine Hildegarde mourut, et que Charles eût encore successivement deux femmes légitimes Fastrade et Luidgarde, avant de prendre Régine, mère de Dreux, d'Hugues et de Thierry. Nithard[1], dans la vie de Louis-le-Débonnaire, dont il était contemporain, assure que ces trois princes furent élevés au palais roial et qu'ils eurent l'honneur de manger à sa table jusqu'à ce que Louis, devenu empereur, craignant que l'exemple de son neveu Bernard ne les portât à la révolte, les fit enfermer dans des monastères (a), d'où il les tira dans la suite pour les pourvoir honorablement. Dreux eut l'évêché de Metz, et Hugues plusieurs abbaïes (b). L'auteur eût-il oublié de faire mention de l'archevêché de Rouen, si Hugues en eût jamais été pourvu? Mais comment auroit-il pris possession de cette église, tandis que son siége étoit occupé par Vilbert[2], et que lui-même étoit trop jeune pour le remplir?

Ajoutons à tant de preuves que ce fils de Charlemagne et de Régine ne fut jamais qu'un simple

(a) Nithard, *Vit. Lud. pii*
(b) Thegan, *ibid.*, DE GESTIS LUD., c. 24.
[1] Les quatre livres de Nithard sont imprimés dans Pithou, seconde partie de son recueil des douze historiens contemporains.
[2] Gilbert ou Vilbert, archevêque de Rouen en l'an 800.

prêtre vivant fort séculièrement, et que bien loin d'être mort à Jumièges, d'où l'on suppose que son corps fut depuis transféré à Haspres, il fut tué dans un combat en Angoumois le 7 ou le 13 de juin de l'an 844 (*a*). Quelle peut donc avoir été la cause de cette erreur? Voici en peu de mots ce que nous en pensons : cette fable n'a de fondement que sur la ressemblance de deux noms, Dreux et Anstrude, qui furent certainement les père et mère de S. Hugues, archevêque de Rouen et abbé de Jumièges, etc. Ces noms étoient connus; l'attribution seule en a été mal faite, et il n'en faut point être surpris. Les religieux de Jumièges aiant perdu dans la destruction de leur abbaïe tout ce qu'ils pouvoient avoir de titres et de mémoires, leurs successeurs, à qui la paix avoit été rendue par le baptême de Rollon, chef des Normans, firent de nouveaux actes de la vie de S. Hugues sur ce qu'ils crurent avoir appris de leurs ancêtres et sur des traditions populaires. Or, comme Hugues, dit l'abbé, étoit plus récent et qu'il avoit eu un frère du nom de Dreux, fils naturel de Charlemagne comme lui, il ne fut pas difficile de prendre le change, et, supposant à Charlemagne une femme du nom d'Anstrude, les nouveaux auteurs de la vie de S. Hugues ont cru de bonne foi devoir lui donner comme frère celui qui étoit véritablement son père. *Drogo Campaniæ dux in Drogonem*

(*a*) Ann., Mettens. et Fuldens. et Bertin.

Mettensem episcopum confusus : et qui Hugonis pater, ejus germanus creditus est (*a*).

Quant à ce qu'on nous objecte que l'abbaïe de S. Vandrille et les églises de Paris et de Bayeux n'ont jamais fait la fête de notre saint, quoiqu'elles le reconnoissent pour un de leurs prélats, il est certain que cette omission ne peut faire un titre contre nous, et qu'elle ne vient que de l'usage où l'on étoit dans ces tems là de ne célébrer la fête des saints que dans le lieu de leur sépulture et dans les églises où l'on avoit quelque portion de leurs reliques (*b*), ce qui devient évident par l'exemple de celle de Rouen, où l'on n'a commencé à lui rendre un culte public qu'en 1309, après que les religieux de S. Vaast d'Arras l'eurent gratifiée d'un bras de ce saint archevêque.

HILDEGARD, CINQUIÈME ABBÉ (L'AN 730).

Hildegard succéda à S. Hugues dans le gouvernement de l'abbaïe de Jumièges. Il étoit religieux de la maison et avoit fait profession sous l'abbé Cochin. C'est tout ce que nous sçavons de lui. Nos manuscrits ne nous en apprennent pas davantage ; ce qui

---

(*a*) Mab. *Act. SS.*, Sæc. 3, part. I, p. 449.
(*b*) San-marthani *Gall. Christ.*, t. I, p. 566.

ne doit pas surprendre après ce que nous avons dit de la perte presque générale des titres de cette abbaïe ; néanmoins comme la proximité de la source rend les ruisseaux plus purs, il est à présumer que son gouvernement ne fut pas sans fruit, et qu'il marcha fidellement sur les traces de ses prédécesseurs, particulièrement du dernier sous lequel il avoit vécu. On ne sçait pas mieux quelle fut la durée de son gouvernement. Ce qu'il y a de certain, c'est qu'il vivoit encore lorsqu'en 743, les religieux de S. Tron[1] mandèrent à ceux de Jumièges la mort de S. Eucher, leur ancien confrère.

Ce digne prélat [2], dont nous avons donné la vie jusqu'à son sacre, mérite encore que nous la donnions jusqu'à son décez. Ses éminentes vertus dans l'épiscopat pourront servir de modèle aux ecclésiastiques persécutés pour la justice. Il ne fut pas plus tôt ordonné évêque que ce changement d'état lui parut d'autant plus dur, qu'il avoit plus de lumières que le commun des prêtres et des évêques mêmes pour connoître les obligations du ministère ecclésiastique. Il regardoit l'épiscopat (a) non pas comme une dignité et un honneur, ainsi que faisoient les autres, mais comme une charge très difficile et environnée de dangers. Au lieu de s'en épouvanter ou de tomber dans le découragement, il eut recours à

(a) Baillet, *Vie des Saints*, t. I, p. 261.

[1] S. Trond ou Truyen. Abbaye de l'ordre de S. Benoit, en Belgique, au diocèse de Liège, fondée par S. Trond en l'an 662.

[2]. SEucher.

l'assistance du souverain pasteur qui l'avoit mis dans cet engagement, et il se donna tout entier aux soins que demandoit le gouvernement de son église. Il s'appliqua à y bien régler la discipline autant pour les mœurs que pour la manière de servir Dieu dans le culte qui lui est dû. Comme il avoit une affection particulière pour son clergé, dont il avoit peut-être été membre autrefois, il en procuroit l'accroissement et tous les avantages avec beaucoup de zèle; il travailloit avec une ardeur infatigable à instruire les peuples par lui-même, à déraciner les vices et à faire régner Jésus-Christ dans leurs cœurs, il animoit aussi souvent de sa présence toutes les maisons religieuses de son diocèse, ne pouvant oublier l'habitude qu'il avoit contractée à Jumièges pour un genre de vie dans le repos duquel il s'étoit autrefois promis de pouvoir acquérir la souveraine félicité. Il se comportoit à l'égard de tout le monde avec tant de douceur et de bienveillance qu'il gagna bientôt les cœurs de tout le monde; de sorte que chacun lui obéissoit avec une affection sincère et une parfaite soumission.

Cette union admirable qui se forma entre le pasteur et le troupeau et qui mit l'église d'Orléans dans un état très florissant, fut traversée enfin par l'envie que les méchants portèrent au bonheur des pauvres de ce diocèse, qui profitoient non-seulement des biens de l'évêque, mais encore de ceux des riches que l'exemple et les exhortations de leur saint prélat rendoient charitables comme lui. Dieu les fit servir d'instruments pour éprouver la patience de son serviteur, et il permit qu'ils l'attaquassent par des calomnies atroces. Par ce moien il s'éleva sur lui, sur son église et sur sa famille même un grand orage qui troubla entièrement la paix dont il jouissait au milieu de son peuple depuis près de seize ans. On le rendit suspect à Charles Martel, et pour aigrir son esprit contre lui, on décria d'une manière odieuse le zèle et la fermeté que le saint fit paroitre pour s'opposer aux laïques qui usurpoient les biens de l'église. C'étoit toucher Charles Martel par son endroit le plus foible et le plus sensible ; car ce fut lui qui introduisit ou du moins qui fit augmenter ce désordre pendant les guerres diverses qu'il eut à soutenir pour sa propre défense ou contre les Sarrazins et les autres ennemis de l'état. On enveloppa aussi dans la même accusation tous ceux de la famille d'Eucher, qui étoit une des plus considérables du païs, et qui en possédoit les principales charges.

L'an 737. — Charles n'eut pas le loisir ni peut-être même la volonté d'examiner la qualité de ces accusations, parce qu'il marchoit* contre les Sarrazins en Aquitaine ; mais aussi il ne les oublia point. Ayant heureusement défait ses ennemis, il passa par Orléans à son retour, et ordonna au saint évêque de le suivre à Paris, et de là au palais de Verneuil qui étoit une maison royale sur la rivière d'Oyse au diocèse de Beauvais. Quand il y fut arrivé, il l'envoia en exil à Cologne, et y relégua aussi tous ses parents sans vouloir les entendre dans leurs défenses. Eucher, qui regardoit toute la terre comme un lieu de bannissement pour les vrais chrétiens, s'attendoit effectivement à ne vivre à Cologne que comme un banni, mais dès qu'on vint à le connoître on cessa de le regarder comme un étranger. Sa vertu fut un charme qui lui attira l'affection et les respects de tout le monde ; il fut traité avec honneur par tout le clergé et le peuple de la ville. Les principaux habitants firent paroitre tant d'empressement pour l'assister dans tous ses besoins, que Charles en conçut de l'ombrage, de sorte qu'il envoia à Chrodebert ou Robert, duc de Hasbengaw [1], ordre de faire sortir Eucher de Cologne, et de le transporter dans une des places fortes du païs de Hasbain, pour empêcher ses intelligences avec les étrangers ; mais Dieu lui fit encore trouver grâce dans l'esprit de ce seigneur, qui, loin de le maltraiter en exécutant ce qui lui étoit ordonné, eut grand soin qu'il ne manquât de rien, et lui offrit encore de l'argent pour le distribuer aux pauvres ou aux monastères, selon qu'il le jugerait à propos. Le saint, usant de la liberté que le duc lui laissoit de se choisir une demeure dans tel endroit qu'il lui plairoit dans la contrée du Hasbain, se retira dans l'abbaïe de S. Tron, qui portoit encore le nom de Sareing [2] au diocèse de Mastricht, dont le siège épiscopal avoit été transferé depuis quelques années à Liège par S. Hubert.

[1] Il s'agit ici de la contrée d'Hasbaye, dans l'évêché de Liège, en latin Hasbahia, dont il est fait mention dans le partage que Charles-le-Chauve et Louis-le-Germanique firent des états de Lothaire en 880.

[2] *Sacrimiun* en latin.

L'an 743. — Lorsqu'il s'y fut renfermé, il ne songea plus qu'à se sanctifier dans le repos que lui procuroit cet heureux séjour, et à se tenir uni à Dieu par la contemplation et par la prière continuelle. Il persévéra dans ce divin commerce jusqu'en 743, qui fut l'année de sa mort. On ne sçait pas positivement si ce fut le 20 ou 21 de février qu'elle arriva. Les martyrologes les plus anciens font mémoire de lui le 20. Celui qui porte le nom de Bède le met au 21, mais il n'est pas aisé de conjecturer de quel temps est cette addition, ne pouvant être du texte de Bède, qui était mort huit ans avant notre saint. Son corps fut enterré dans l'église de S. Tron avec une solennité religieuse, et Dieu fit connoitre non-seulement l'injustice de ses ennemis, mais encore sa sainteté et sa gloire par divers miracles qui se firent à son tombeau.

DROCTEGAND, SIXIÈME ABBÉ.

Le successeur d'Hildegard dans le gouvernement de l'abbaïe de Jumièges fut Droctegang. La succession est certaine, mais l'époque ne l'est pas à sept ou huit ans près. Qu'importe, au reste, qu'il ait gouverné huit ans plus tôt ou huit ans plus tard? La chose est de trop peu de conséquence pour mériter qu'on s'y arrête, mais il n'en est pas de même de quelques actions de sa vie, dont plusieurs auteurs graves ont cru devoir lui ravir la gloire, pour la reporter à un autre du même nom et du même tems, qui fut premier abbé de Gorze[1], dans le païs Messin. Voicy le fait.

L'an 750. — Aistulfe, roi des Lombards, marchant sur les traces de Luitprant, de Childebran et de Rachis, ses prédécesseurs, commença son règne en 750 par une grande irruption sur les terres de l'Église. Le pape Etienne III députa vers lui les diacres Paul et Ambroise (*a*), et par des présents dont il les avoit chargés pour ce prince, il obtint la paix pour quarante ans; mais le roi barbare oublia dès l'année suivante ce qu'il avoit promis, il prit Ravenne et tout le reste de l'Exarchat, qui jusques là avoient été tenus par des vicaires de l'empereur; il s'empara en 752 de plusieurs villes près de Rome même, et envoia sommer les Romains de lui paier le tribut d'un écu d'or par tête. Le pape implora en vain le secours de l'empereur Copronyme, et voiant qu'Aistulfe se moquoit de l'un et de l'autre, il eut recours au roi Pepin, à l'exemple de Grégoire III et de Zacharie, qui dans un semblable besoin avoient réclamé la protection de Charles Martel. Il lui écrivit en 753 une lettre pleine des plus vives expressions de sa dou-

---

(*a*) Anast. biblioth., *De Vit. pont.*, p. 81.

[1] Gorze, en latin *Gorzia*, abbaye dans le chef-lieu de canton de [ce] nom, département de la Moselle, arrondissement de Metz. — Cette [a]bbaye, plus connue sous le nom de Saint-Grégoire, fut fondée en 749 [p]ar S. Chrodegang, ou Droctegand, évêque de Metz.

leur, qu'il envoya secrettement par un pélerin ; puis par une autre lettre il le pria de lui envoyer des ambassadeurs pour l'engager à passer dans les Gaules sous le prétexte de l'aller voir.

Le roi Pépin lui fit une réponse telle qu'il l'avoit demandée et en chargea l'abbé Droctegang, que le père le Cointe et Mr Fleury (a) prétendent être le premier abbé de Gorze et que le père Mabillon et Dom Bouquet soutiennent être l'abbé de Jumiéges (b), parce que le monastère de Gorze, dont Chrodegang, évêque de Metz, avoit jetté les fondements en 749, étoit à peine achevé ; ce qui nous détermine à donner la préférence à ce dernier sentiment, avec d'autant plus de liberté que Mr Fleury, en suivant l'opinion du père le Cointe, l'a crûe étayée du témoignage du célèbre auteur des actes des saints des Bénédictins, dont le texte lui est contraire, ainsi que nous venons de le remarquer. Le pape le reçut avec distinction, et le renvoya quelques jours après vers le roi avec une lettre, qui ne contient que des actions de grâces, se rapportant du surplus à Droctegang, avec lequel il s'était expliqué de vive voix (c). Il écrivit en même temps et par la même occasion aux ducs de France, pour les exhorter à venir au secours de S. Pierre, qu'il nomme leur protecteur, et à appuyer sa demande auprès de Pépin, qui lui envoya en

---

(a) Coint, an. 753, n, 52. — *Hist. eccl.*, l. XLIII, p. 369.
(b) *Ann.*, t. II. c. 70, p. 162, et *Collect. scrip. gall.*, t. V, p. 434.
(c) *Epist.* 10^a cod. *Carolini* et *Collect. concil. antiq. Gall.*, op. et stud., *Sirm.*, t. II, p. 9 et 10.

effet deux des principaux seigneurs de sa cour pour le conduire en France, tandis qu'il marcha lui-même contre le roi des Lombards, qu'il força enfin d'exécuter ce qu'il avoit promis.

La paix ainsi rendue à l'Italie par la présence de Pépin, le pape repassa les monts et revint à Rome, où il mourut le 6 avril 757. Paul I lui succéda et ne manqua pas de donner avis de son élection à Pépin, auquel il adressa presque toutes les lettres qu'il écrivit dans la suite pour demander du secours, tantôt contre les Grecs, qui d'intelligence avec les Lombards vouloient reprendre Ravenne, tantôt contre les Lombards et le roi Didier, qui chicanoit toujours sur la restitution des places promises par le traité de son prédécesseur. Ce fut le sujet d'un second voyage de Droctegang à Rome au nom de Pépin. Il partit en 758, et rapporta deux lettres du pape, l'une au roi dans laquelle le souverain pontife le félicite de sa bonne santé, et de l'heureux succez de ses armes en Saxe; l'autre à Charles et à Carloman dans lesquelles il les exhorte d'être fidèles à S. Pierre à l'exemple de leurs ancêtres et de deffendre l'église de Rome (*a*). Ces deux ambassades de Droctegang nous font regretter avec raison la perte des mémoires de l'abbaïe. Ils nous auroient sans doute appris de quelle manière sa réputation fut portée jusqu'à la cour, et comment il mérita l'affection et la confiance du roi Pépin, le premier de nos Rois de la seconde race.

(*a*) *Ibid.*, *Epist.* 38 et 41.

An 759. — L'année 759 fut remarquable par l'exil de S. Sturme, abbé de Fulde, en Allemagne. La considération où il étoit dans le païs, jointe au zèle avec lequel il travailloit à l'instruction des peuples, donna de la jalousie à S. Lulle, évêque de Mayence, auquel S. Boniface, en renonçant à l'épiscopat, avoit recommandé l'abbaïe de Fulde, quoique le pape Zacharie l'eût exemptée de la juridiction de l'évêque diocésain. Le prélat, se croyant méprisé dans Fulde par les conseils de l'abbé, porta ses soins ailleurs. Trois faux frères s'en aperçurent les premiers, et espérant que l'évêque les protégeroit contre leur abbé, ils allèrent à la cour de Pépin, et l'accusèrent de n'être pas affectionné au service de sa majesté. Le Roi, surpris par cette calomnie, que S. Lulle ne chercha sans doute pas à détruire, se fit amener S. Sturme, et peu satisfait de la réponse que son humilité et le désir qu'il avait de souffrir lui firent faire, il l'exila avec quelques-uns de ses disciples dans un célèbre monastère du Royaume, que l'auteur de sa vie appelle *unnedica,* que dom Mabillon dit absolument être *gimedica seu gemeticum* Jumièges au diocèse de Rouen (a). M. Le Vallois dit la même chose. Le père Brower, jésuite et recteur du collége de Fulde, reconnoit qu'il y a de l'erreur dans le nom d'*unnedica,* qui est entièrement inconnu, mais il se fait scrupule d'en supposer un autre. Il insinue cependant que ce pourroit être l'abbaïe d'Inde (b) ; mais la chose

---

(a) *Ann.*, t. II, p. 192, et Mr *Levallois* apud *Mab.*, sæc. 4, part. II, p. 25.

(b) Antiquités de Fulde.

est impossible, parce que cette abbaïe n'étoit pas même fondée du tems de S. Sturme, et qu'elle ne le fut que plus de 50 ans après sa mort. Mr Fleury et le père Rivet ont été plus réservés, et n'ont point parlé du lieu de l'exil de notre saint. Dom Bouquet et M. de Mésangui (a) ont suivi le père Mabillon, et M. Le Vallois, et nous nous rangeons nous même à leur avis non-seulement pour le respect qui leur est dû, mais par la seule considération, qu'encore qu'il y eût en France plusieurs monastères célèbres à qui l'on pouvoit donner le nom de grand, *magnum cœnobium quod dicitur unnedica* (b), le nom toutefois ne convenoit à aucun autre préférablement à Jumiéges, où il y avoit encore alors près de 900 religieux et un plus grand nombre de serviteurs. D'ailleurs il ne doit pas paroitre étonnant qu'un auteur bavarois, tel qu'étoit celui qui a écrit la vie de S. Sturme, ait corrompu les trois premières lettres du véritable nom latin de Jumièges, et qu'il se soit servi du mot *unnedica* pour *gimedica*. Sera-t-on plus surpris que Pépin, qui avoit pris en affection l'abbé Droctegang, dont il connoissait la fidélité, lui ait confié un sujet qu'on avoit accusé auprès de lui de ne lui être pas fidèle? Non sans doute. Il paroit donc plus que probable que Jumiéges fut le lieu du bannissement du saint abbé de Fulde. Quoi qu'il en soit, il fut très bien reçu par l'abbé et les religieux, qui, pendant deux ans qu'il

---

(a) *Collect. scrip. gall.*, t. V, p. 429, et *Vies des Saints*, in-4º, t. II, p. 460.

(b) Mab., *Vit. SS. Ben.*, sæc. 3, supp^t.

demeura dans leur cloître, lui rendirent toutes sortes de respects et tous les devoirs de charité qui étoient dus à son mérite. Il fui rétabli dans sa charge vers le milieu de l'année 761.

L'an 765. — Quatre ans après, le roi Pépin fit tenir un concile ou assemblée générale de la nation française (*a*) à Attigni-sur-Aine, dans le diocèse de Reims. Il n'en reste que les noms des évêques qui y assistèrent au nombre de ving-sept avec dix-sept abbés, dont nous avons les souscriptions à la fin d'un acte d'union fait entre eux, pour s'assurer des prières après leur mort. Ils convinrent et ordonnèrent que quand quelqu'un d'eux seroit décédé, chacun feroit dire pour lui cent psautiers par ses clercs et célébrer cent messes par ses prêtres, et que l'évêque ou abbé diroit lui-même trente messes ou les feroit dire par un de ses collègues en cas d'infirmité. Entre les abbés qui se trouvèrent au concile, Droctegang tient le quatrième rang, comme abbé de Jumièges. Son nom se trouve encore dans un autre acte d'association spirituelle (*b*) avec les moines de l'abbaïe d'Auge, au diocèse de Coutance. L'histoire ne nous fournit autre chose sur ce qui le regarde.

(*a*) T. VI, *Conc.*, p. 1701.
(*b*) *Analect.*, t. IV, p. 642 et 644.

LANDRIC, SEPTIÈME ABBÉ.

Après sa mort, dont le temps et le lieu ne nous sont pas connus, les religieux s'assemblèrent pour lui donner un successeur, et choisirent d'une voix unanime Landric, que Charlemagne en 787 nomma commissaire avec le comte Richard, pour dresser un état des biens de l'abbaïe de S. Vandrille (*a*), dont il vouloit pourvoir son chapelain.

L'an 783. — L'année suivante, 788, le roi Charles convoqua une assemblée en son palais d'Ingelheim, où il manda Tassillon, duc de Bavière. Ce prince étoit fils d'Odilon et de Cheltrade, sœur du roi Pépin. Griffon, son oncle maternel, l'avoit chassé de la Bavière. Pépin l'y avoit rétabli, et Tassillon, en reconnoissance, lui en avoit fait hommage ainsi qu'à Charles et Carloman, ses fils, et leur avoit prêté serment de fidélité sur les châsses de S. Denis, de S. Martin et de S. Germain de Paris; mais trop complaisant pour sa femme, qui étoit ennemie de la France, et trop ambitieux lui-même pour être fidèle, il avoit plusieurs fois violé ses serments, et, autant de fois révolté que soumis, il avoit fatigué le roy et ses propres sujets. Ceux-ci, las des

---

(*a*) *Chron. font, spec.*, t. III, p. 227.

guerres que leur attiroit sans cesse sur les bras ce prince trop inquiet, avoient averti le roy des nouvelles menées que le duc pratiquoit contre son service avec les Huns, Avarois et les Sclaves, au mépris des serments qu'il lui avoit tant de fois réitérés. Ce fut la raison pour laquelle il le manda à l'assemblée d'Ingelheim. Tassillon, croiant ses pratiques secrettes, s'y rendit sans difficulté ; il y fut arrêté et convaincu par témoins, et les opinions allèrent à la mort ; mais Charles ne put se résoudre à verser le sang d'un prince qui étoit son proche parent ; il lui accorda la vie en considération de la parenté et lui permit de se retirer dans un monastère. Il fut rasé à S.-Goar, et transféré à S.-Nazaire-de-Lauresheim, où l'on envoya bientôt après son fils Théodon, qu'on avoit renfermé dans le monastère de S.-Maximin de Trèves. Liutberge sa femme (*a*) et Theotberg son second fils avec ses deux filles eurent le même sort.

L'orage des afflictions poussa Tassillon dans le port du salut. Il s'accoutuma peu à peu au dépouillement involontaire de ses états, et aiant enfin effacé de son esprit dans une espace de six ans l'idée trompeuse des grandeurs de la terre qui lui avoit fait faire tant d'écarts, il vint se présenter en 794 dans la posture d'un pénitent au milieu de l'assemblée de Francfort (*b*) et demander humblement pardon de sa perfidie contre les rois Pépin et Charles, remettant de sa part tout

(*a*) Duchesne, t, II, p. 23.
(*b*) T. VII, *Conc.*, p. 1057, can. 3.

ressentiment du passé et tout le droit que lui ou ses enfants pouvoient prétendre au duché de Bavière. Le roy lui pardonna, et le reçut en ses bonnes grâces, après quoy le pieux infortuné passa à Jumiéges, et s'y consacra à Dieu par le vœu d'une perpétuelle solitude (a).

Théodon ne put se résoudre à abandonner son père. Il fit demander à Charlemagne la permission de le suivre; et le roy, qui avoit intérêt de l'éloigner de la Bavière (b), la lui accorda. Leur vie fut très pieuse dans cette nouvelle retraite. Quelques auteurs modernes ont même donné le titre de saint à Tassillon (c), mais nous ne voyons pas que les raisons qui les ont porté à le croire soient suffisantes pour nous décider; ils moururent l'un et l'autre à Jumièges durant le gouvernement de Landric, et furent enterrés avec honneur dans le chapitre, s'il est vrai, comme l'a cru dom Mabillon (d), que le fameux tombeau des énervés qu'on transféra du premier lieu de leur sépulture dans l'église de S.-Pierre, après la restauration de l'abbaïe, ne soit autre que celui de ces deux illustres bannis, qu'on auroit depuis métamorphosés en deux fils de Clovis II et de Ste Bathilde.

(a) Labbe, t. II, p. 736, *Annal. Nazariani*; *Chr. Font. Mezerai et Moreri*.
(b) Mab., *Ann. Ben.*, t. II, p. 290. — Paul Æmil., p. 43. — Daniel, nouv. edit., t. II, p. 89 et *alii*.
(c) Raderus, *in Bav. sanct. et menolog. Ben.*, t. II, p. 848.
(d) *Ann.*, t. II, p. 313, c. 33.
(e) Legend. SS. C. 93.

Un manuscrit de la fin du dixième siècle ou du commencement du suivant a donné naissance à cette nouvelle histoire. L'auteur y fait premièrement l'éloge de Clovis et de Ste Bathilde, à qui il donne deux fils, qu'il ne nomme pas, parce que leur nom lui est échappé, et dont les historiens qui l'ont précédé et suivi ne font aucune mention. Parlant ensuite des œuvres de piété, auxquelles il suppose que le roy s'exerçoit, il lui fait concevoir le désir de visiter les lieux saints de Jérusalem et d'y passer le reste de ses jours. La reine y consent quoiqu'avec peine, et se charge avec l'aîné de ses enfants de la conduite du royaume, mais à peine le monarque arrivé en Palestine a satisfait aux premiers mouvements de sa dévotion, que ses deux fils, jaloux de l'autorité de leur mère, profitent de son absence pour la maltraiter et s'ériger en souverains.

Bathilde, outragée, donne avis à son mari de ce qui se fait au mépris de ses ordres. Le roy repasse les mers, et ses enfants rebelles vont au devant lui défendre l'entrée de son royaume. Cependant ils laissent la reine en liberté dans son palais au milieu de ses États. Elle en profite pour ordonner des prières par toutes les églises, et le ciel protecteur de l'innocence se déclare en sa faveur. Le roy présente la bataille, on l'accepte. Les François révoltés, quoique supérieurs en nombre, ne peuvent soutenir le premier choc. Les princes sont abandonnés, pris et emmenés à Paris, pour y être jugés par les Barons, selon toute la rigueur des loix. Le Conseil assemblé, la sainte et vertueuse reine leur mère, voiant que personne ne vouloit prononcer contre les enfants de son roy, les condamne elle-même, au grand étonnement des assistans, à avoir les jarrets brûlés. Après une opération si douloureuse, on les renferme dans une chambre du palais; mais Clovis, touché de leur état, prie la reine de les éloigner de sa présence. On les expose donc, par ordre de leur mère, dans un bateau sur la Seine, avec toutes les provisions nécessaires à la vie et un domestique pour les servir et en rapporter des nouvelles sûres au roy et à la reine. En partant de Paris le bateau est emporté par le courant de la rivière jusqu'à Jumiéges, où S. Filbert, qui en étoit abbé, les reçut avec beaucoup de douceur, et les revêtit même de l'habit religieux, qu'ils lui demandèrent avec instance. Ils persévérèrent jusqu'à la mort dans son monastère, expiant par de continuelles souffrances l'énormité de leur crime.

Voilà l'histoire quant au fond, mais débarrassée d'un fatras d'entretiens spirituels, où l'on suppose l'écriture sainte aussi familière aux divers personnages qui ont quelque rôle à y jouer qu'elle le pourroit être à ceux qui en auroient fait toute leur vie une étude particulière. On la trouve dans Belleforêt (a), dans les chroniques de l'ordre de S. Benoit, par dom Antoine Yepez, abbé de Valladolid (b), et dans une apologie des énervés, par dom Adrien Langlois, premier prieur de Jumièges depuis la réforme de S. Maur. Longtemps auparavant

(a) *Hist. de France*, t. I, p. 104 et 105.
(b) *Yepez*, Chron., t. II, p. 784 et suiv.

un moine de la même abbaïe en avoit fait l'abrégé en quatre vers qui furent mis autour du tombeau, lorsque, vers le douzième siècle, on y fit jetter une couleur d'azur, et semer quelques fleurs de lis d'or, qui n'avoient jamais entré dans les armoiries de nos rois avant ce douzième siècle.

> Hic in honore Dei requiescit stirps Clodovœi :
> Patris bellica gens, bella salutis agens.
> Ad votum matris Bathildis pœnituere
> Scelere pro proprio, proque labore patris.

Il y a dans le second tome de la description de la haute Normandie (*a*) une ample dissertation sur le tombeau de ces *Énervés*. Elle est d'un Bénédictin de nos jours, qui, en frayant une route différente des trois premiers écrivains, n'a fait qu'embarasser le chemin pour parvenir plus facilement à la connoissance de ce point d'histoire. Si l'on veut supposer, dit cet auteur, à la suite de l'extrait qu'il a fait du manuscrit déjà cité, que les *Énervés* de Jumiéges avoient réellement outragé leur mère, rien n'empêche de s'en tenir simplement à quelques paroles injurieuses et diffamantes ; on peut les soupçonner encore d'avoir poussé l'audace et l'insolence jusqu'à lever la main sur elle ; et tout cela joint à une révolte ouverte contre leur père, a dû les rendre suffisamment criminels pour mériter le châtiment dont ils ont été punis. Mais qui sont ces deux coupables ?

(*a*) p. 260.

ils ne peuvent avoir été fils de Clovis II : cela est hors de toute contestation. Clovis II, mort en 662, à l'âge de 25 ou 26 ans (il auroit pu dire en 656 à l'âge de 22 ans), n'a laissé que trois fils (*a*) qui lui ont succédé. Ni ceux-ci ni quelqu'autre de leurs frères qu'on veuille leur supposer, contre la foi de l'histoire, n'a pu être assez âgé pour se noircir d'aucun crime pendant son règne, Ste Bathilde n'aiant épousé Clovis qu'en 649, selon Mézerai et le père Bouquet (*b*).

Cette observation est juste, ainsi que l'inscription en faux contre le voïage de Clovis outre mer, puisqu'il est sans doute que ce prince n'a jamais mis les pieds hors de son royaume. L'auteur n'a pas moins bien réussi en nous représentant comme une chose impossible que le bateau sur lequel on mit les deux *Enervés* ait pu être emporté au fil de l'eau depuis le port de Paris jusqu'à l'abbaïe de Jumièges, c'est-à-dire pendant plus de soixante lieues de course, sans être arrêté ni par les ponts, ni par les isles, ni par les diverses sinuosités de la rivière de Seine, ni enfin par les habitants des villes et des bourgades qui se trouvèrent sur son passage. Mais il ne devoit pas, en parlant du sentiment de dom Mabillon sur l'ancienne maison de Bavière, faire paroitre ce sçavant homme comme aïant douté que Tassillon I, qui en a été le dernier duc, soit mort à Jumièges. Ce n'est pas pour lui-même que dom Mabil-

---

(*a*) *D. Bouquet*, t. II, p. 669.

(*b*) Mezerai, t. I, p. 79, de l'abrégé de l'*Hist. de France*. — Bouquet, t. III, p. 572.

lon dit, au second tome des *Annales de l'ordre de S. Benoit* (a), qu'il est vraisemblable que Tassillon et Théodon, son fils, moururent à Jumièges ; c'est pour ses lecteurs, qu'il suppose avoir lu l'éloge qu'il avoit fait de ce prince plusieurs années auparavant, et dans lequel il assure sans hésiter qu'il mourut en cette abbaïe : *Gemetici eum obiisse ex superioribus satis colligitur* (b). Il est vraisemblable que l'auteur en produisant ce texte appréhendoit de rencontrer quelques obstacles à la nouvelle opinion qu'il vouloit établir; il a néanmoins respecté le prétendu doute de son confrère, et feignant d'admettre avec lui que Tassillon et Théodon seroient morts à Jumièges comme religieux, il s'est rejeté sur l'habillement des *Énervés*, qui ne fut jamais celui dont on se couvre dans le cloître, et sur la tradition qui les honore du titre de fils d'un de nos rois ; d'où il conclut que l'ancienne maison de Bavière n'étant ni de la première, ni de la seconde race, le tombeau des *Énervés* ne peut être celui des derniers ducs de cette famille.

Il continue et propose ainsi ses conjectures. Ne seroit-ce pas plustôt les enfants de Carloman, fils aîné de Charles Martel et frère de Pépin-le-Bref? Ce Carloman étoit un grand guerrier ; il a eu bien des guerres à soutenir contre Odilon, duc de Bavière, contre les Saxons, contre les Allemans. Dégouté du théâtre du monde et de la corruption du siècle, il abdiqua la puis-

---

(a) P. 313.
(b) *Act, SS. B.*, sæc. 3, part. ii, p. 446.

sance mondaine pour se dérober aux yeux des hommes à la faveur de l'obscurité du cloître ; son dessein étoit même d'y ensevelir jusqu'à son nom s'il l'avoit pu. On rapporte plusieurs causes de sa retraite, en même tems qu'on avoue que celle qui y influa le plus est ignorée. Quelques chagrins domestiques ne pourroient-ils pas y avoir eu bonne part ? Il avoit plusieurs enfants selon deux anciennes chroniques (a). Ces enfants ont été tondus, c'est-à-dire dégradés et inhabiles à monter jamais sur le trône. Pourquoi tondus ? Peut-être pour satisfaire à l'ambition démesurée de Pépin ; peut-être aussi pour les punir de quelqu'attentat réel dont ils se seroient trouvés coupables. N'auroient-ils pas en effet levé l'étendart contre leur père, pendant que celui-ci étoit occupé au-delà du Rhin à soumettre ou les Bavarois, ou les Saxons, ou les Allemans ? Gripon, autre frère de ce prince, se déclara contre lui ; il en fut puni de mort. Or Gripon pourroit bien avoir entraîné dans sa révolte quelques-uns de ses neveux qui seroient les fils de Carloman, ou les *Énervés* dont nous cherchons à éclaircir l'histoire. La princesse leur mère se sera attiré pour ce sujet-là même quelqu'outrage sanglant de leur part ; ils auront été punis sévèrement, et de cette insulte et de leur révolte, d'abord par le supplice de la brûlure des nerfs, ensuite par la dégradation. Tout cela paroit assez vraisemblable, et je ne vois en effet dans toute notre histoire que les fils de Carloman, frère de Pépin-le-Bref, à qui celle des *Énervés* puisse

---

(a) *Chron. Fonten.*, c. 14, p. 226, et Duchesne, *Hist. Franc.*, t. II.

convenir. Le nom de leur mère est demeuré inconnu, mais leur épitaphe ne nous l'auroit-elle pas conservée ? On lui donne là le nom de Bathilde, et ce pourroit bien être celui de la femme de Carloman. Si cela est, il ne seroit pas surprenant que dans les siècles postérieurs on eût fait les *Énervés* fils de Clovis II, parce que la femme de ce prince, plus connue et plus célèbre que l'autre, s'appeloit Bathilde.

Nous estimons et respectons l'auteur de cette conjecture, et celui des observations sur les écrits modernes, à qui elle paroît assez heureuse ; mais qu'il ne leur en déplaise, nous la trouvons trop légère pour y souscrire. Que signifient en effet toutes ces expressions de *peut-être, ne seroit-ce pas, ce pouroit bien être* et autres semblables dont ce récit est plein ? De quel secours une pareille découverte peut-elle être pour la vérité de l'histoire des *Énervés?* Doit-on jamais faire quelque cas d'un jugement qui ne se fait que par conjecture ? Quoi ! parce que la chronique de Fontenelle nous apprend que Carloman, après sa retraite au mont Cassin, vint en France et que ses enfants furent tondus, il sera permis de supposer que ce fut en punition d'une révolte contre leur père, à laquelle ils se seront laissés entroiner, dix ans auparavant, par Grippon leur oncle ; que leur mère, par sa fermeté à demeurer fidèle à son mari, se sera attirée pour ce sujet-là même quelqu'outrage sanglant de leur part ; et qu'enfin après la brûlure des nerfs, ils auront été relégués à Jumiéges, où l'on verroit encore aujourd'hui leur tombeau sous le nom de deux enfants de Ste Bathilde, parce que la femme de Carloman pouvoit s'appeler de ce nom ? Il faut avouer que ce peu de mots : *Carloman vint en France en* 753 *et ses enfants furent tondus;* il faut, dis-je, avouer que ce peu de mots est bien fécond, pour y avoir trouvé tant de choses, ou que le microscope dont on s'est servi pour les découvrir a extraordinairement grossi les objets.

Mais pourquoi, si les enfants de Carloman avec leur oncle Gripon étoient coupables de révolte contre leur père, avoir attendu dix ans à les punir ? Pourquoi plustôt après que Carloman fut religieux, que lorsqu'il étoit plein des idées du monde, et possédé de la passion de régner ? Gripon, mécontent des partages que Charles Martel avoit faits de l'état, comme s'il en eût été le véritable maître, se révolta contre Carloman et Pépin ; ses deux frères le firent enfermer dans Châteauneuf, en Ardenne. Pourquoi laisser libres ses complices, s'il en avoit ? Après la retraite de Carloman, Pépin mit Gripon en liberté et lui donna même quelques comtés pour son entretien. Si l'ambition de ce jeune mécontent le porta ensuite à fuir en Saxe, pour émouvoir ces peuples et les obliger de prendre son parti, il n'étoit plus question de Carloman, qui avoit déjà pris le ciel pour son partage, et ce fut Pépin seul qui, aiant réduit les partisans de son jeune frère, l'emmena lui-même en France et lui donna la ville du Mans et douze comtés en Neustrie. Enfin, lorsque, s'étant dérobé une troisième fois, Gripon se retira près de Gaiffre, duc d'Acquitaine, et qu'allant en Italie, en 753, il fut assassiné, par ordre de ce duc ou de Pépin, dans la vallée de Maurienne, il n'avoit aucun de ses neveux avec lui et il y a beaucoup d'apparence que Pépin ne fit tondre ces jeunes seigneurs que pour s'assurer davantage la couronne que le pape Etienne venoit de lui mettre sur la tête. Quand à leur destination, nous n'osons la déterminer après le silence du chroniqueur de Fontenelle qui, étant tout proche de Jumièges, et écrivant sous le règne de Pépin, c'est-à-dire dans le tems que les neveux de ce prince furent tondus, n'auroit point ignoré leur retraite à Jumièges si véritablement ils y eussent été relégués. Au reste, s'il y a de l'heureux et du vrai dans la conjecture de l'auteur de cette dissertation, le lecteur en jugera ; c'est dans ce dessein qu'on l'a rapportée.

Revenons à Tassillon et à son fils. L'histoire des *Enervés* leur convient mieux qu'à tout autre, en la débarrassant de certaines fictions et de quelques termes pris trop à la rigueur. Ces deux princes sont constamment[1] venus à Jumièges et ils y ont été religieux, ils y sont morts. Ce qu'on ne peut prouver ni des enfants de Clovis et de Ste Bathilde pour les raisons qu'en a donné l'auteur même de la dissertation, ni de ceux de Carloman pour les motifs que nous en avons allégués nous-mêmes. Pourquoi donc ne seroient-ils pas ceux que nous cherchons ? Dom Mabillon dit qu'il est permis de

---

[1] C'est-à-dire certainement.

le présumer, *suspicari licet* (a) ; qu'il est porté lui-même à le croire, *facile inducor*. C'est aussi le sentiment de dom Bouquet (b), et la présomption est pour nous jusqu'à ce que le contraire nous ait été démontré. Que leur manque-t-il en effet pour être presque tout ce que l'on veut que les *Enervés* aient été ? Ils sont fils de Clovis, puisqu'ils en sont descendus à cause de Chiltrude, mère de Tassillon, fille de Charles Martel et sœur de Pépin-le-Bref, qui, selon Adémar de Chabanois, moine de saint Cibar d'Angoulême (c), tiroit son origine des rois de France. On sçait d'ailleurs que sous les rois Pépin et Charlemagne on n'eût jamais osé dire ni écrire publiquement qu'ils ne descendoient pas du grand Clovis. Ainsi l'on a pu mettre autour du tombeau de Tassillon et de son fils, *hic in honore Dei requiescit stirps Clodovii*, comme on dit de Jésus-Christ qu'il est fils de David, parce qu'il tient sa naissance temporelle d'une Vierge qui étoit de la famille de ce saint roy.

On veut que les deux princes enterrés dans l'église de Saint-Pierre ou transportés depuis dans cette chapelle aient été énervés en punition de leur révolte. Nous le disons aussi de Tassillon pour le même sujet, et nous le prouvons. Ce prince fut condamné dans l'assemblée d'Ingelheim à perdre la vie, et ce ne fut que par commisération que Charlemagne se contenta de le faire

---

(a) *Act. SS. B.*, sæc. 3, part. II, p. 446.
(b) *Collect. scrip. Gall.*, t. V, p. 650.
(c) L'Abb. Biblioth., Nov., t. II, p. 156.

tondre avec son fils Théodon, et de les renfermer dans le cloître, après les avoir privés de tout droit sur la Bavière et déclarés inhabiles à jamais rien y posséder. Mais, dira-t-on, l'énervation ne consiste pas dans une simple condamnation. On applique le feu sur les jarets et les genoux du coupable ; c'est ainsi que l'auteur du manuscrit de Jumièges et Yepez s'en sont expliqués, et jamais les ducs de Bavière n'ont été punis de ce supplice. Nous avouons que l'énervation prise à la rigueur signifie ce que l'on vient de dire, mais on doit aussi nous accorder qu'elle ne signifie quelquefois qu'affoiblir et comme ôter les nerfs, *debilitare quasi nervos auferre* (a). Or, Tassillon et Théodon ont été punis de la sorte quand on les a tondus. La souveraineté dont ils jouissoient dans leurs états faisoit toute leur force. L'incision des cheveux suivie de la dégradation les affoiblit et les énerva en les réduisant à la condition de sujet, selon l'usage de ces tems-là, où la chevelure étoit tellement une marque et une prérogative de la royauté, que quand il s'agissoit de déposer un roy, ou d'empêcher un prince de succéder à la couronne, on commençoit par lui couper les cheveux, afin de le mettre au niveau du peuple et de ruiner ainsi sa puissance temporelle (b). L'incision des cheveux a donc été à l'égard de Tassillon et de son fils une espèce d'énervation, et l'on peut dire d'eux qu'ils ont été énervés quand ils ont été tondus ; d'où nous concluons

(a) Furetière.
(b) Greg. Furon., l. III, c. 18.

qu'étant impossible de trouver aucun autre prince du sang dans lequel les circonstances se trouvent plus favorablement réunies, ils doivent être regardés à l'avenir comme les seuls à qui la vérité de l'histoire puisse convenir.

Si les figures en plein relief élevées de deux pieds au-dessus du pavé, et distinguées par des ornements royaux, comme le bandeau, l'agraphe, la ceinture semée de pierres précieuses, et les brodequins, ne représentent pas deux religieux, c'est qu'on a mieux aimé conserver au public, par ces signes extérieurs qu'ils avoient peut-être apportés avec eux, la mémoire de leur illustre naissance, que le souvenir du Monachisme dont ils avoient fait profession, et dans lequel le lieu de leur sépulture faisoit assez foi qu'ils étoient morts. Qu'on ouvre leur tombeau, nous sommes persuadé qu'on y trouvera la vérité qu'on cherche depuis si longtemps [1].

Landric vécut encore cinq ou six ans et plus depuis la mort des ducs de Bavière.

[1] M. Hyacinthe Langlois a publié, en 1838, sous le titre : *Essai sur les Enervés de Jumièges,* une dissertation dont nous croyons devoir rappeler ici les conclusions. Il regarde la légende des *Enervés* comme une fiction imaginée par les moines, pour ajouter à la célébrité de leur abbaye, postérieurement à la conquête de Philippe-Auguste en 1204. Il s'appuie, entr'autres raisons, sur le silence de Guillaume de Jumièges, qui, en parlant de la fondation de Jumièges dans sa chronique, ne fait aucune mention de l'aventure des Enervés. Le tombeau des Enervés, qu'il a étudié avec soin au point de vue archéologique, ne peut remonter au delà de la moitié du XIIIe siècle, surtout si l'on considère le type des figures et l'art de leur sculpture. Selon lui, c'est la légende qui a donné naissance au monument. M. Déville ajoute : « Les observations de

ADAM, HUITIÈME ABBÉ.

Adam lui succéda et gouvernoit encore l'abbaïe de Jumièges au commencement du règne de Louis le Débonnaire, qui monta sur le trône en 814. La preuve que nous en avons, et qui met la chose hors de doute, est une charte de ce prince où Adam est qualifié abbé de Jumièges, et par laquelle le monarque, à la prière de cet abbé, confirme pour son monastère l'exemption générale accordée par Charlemagne, son père, Pépin et autres rois, ses prédéces-

---

M. E.-H. Langlois, sur l'âge et le style des figures des Enervés, si judicieuses et si sûres, se sont trouvées parfaitement confirmées par la découverte des débris de leur tombeau. » Cette découverte a été faite par M. Casimir Caumont. Il reste toutefois à savoir si le tombeau du xiiie siècle n'a pas été fait pour remplacer un tombeau précédent ruiné par l'invasion des Normands. On ne voit pas trop comment les moines auraient pu accréditer une tradition purement imaginaire, et comment des hommes graves, de saints abbés, auraient consenti à sanctionner pendant de longs siècles une supercherie, au point même de fonder et de célébrer chaque année un obit solennel pour les Enervés, comme le prouve le nécrologe de Jumièges. Nous préférons penser, quant à nous, qu'il y a là un point d'histoire qui, comme beaucoup d'autres, demeure obscur et parviendra à être éclairci par les recherches des érudits de l'avenir.

M. l'abbé Cochet, pour lequel nous professons le plus tendre respect, s'est trop hâté en qualifiant de *fable* la légende des Enervés. M. Emile Savalle, dans une dissertation historique sur la *Chronique des Enervés*, écrite en 1868, soutient la légende monastique et réfute l'opinion de M. H. Langlois à l'aide d'arguments qui méritent l'attention.

seurs, de ne payer aucun droit de péage, ni entrées dans tout le royaume pour quelque provision que ce soit, et de quelque manière qu'elles soient apportées, soit par voitures, chariots, bateaux ou bêtes de charge (a). Comme c'étoit la coutume en ces tems-là de faire ratifier sous chaque nouveau monarque les immunités qu'on tenoit de la libéralité des rois pour se mettre à couvert des tracasseries des officiers du domaine, on ne peut guère reculer la date de ce privilège au-delà de 815, pendant la première année de Louis-le-Débonnaire.

HÉLISACAR, NEUVIÈME ABBÉ.

C'est le seul acte que nous aions pu trouver où il soit fait mention de l'abbé Adam, si l'on en excepte le catalogue des abbés et le nécrologe où sa mort est marquée au 13 décembre. Il eut pour successeur Hélisacar qui étoit déjà abbé de Saint-Riquier. Ce qui a fait dire à Hariulfe, auteur de la chronique de Centule (b), que l'union étroite qui régnoit entre les religieux de Jumièges et de Saint-Riquier depuis que Cochin avait gouverné les deux monastères à la

---

(a) Voyez les preuves, art. 3.
(b) *Spicil.*, t. IV, p. 488.

fois, avoit eu toute la part dans son élection. Quoi qu'il en soit, Hélisacar étoit homme de lettres, et en avoit instruit Fréculfe, évêque de Lisieux, et beaucoup d'autres; ce qui a fait dire à quelques auteurs que Fréculfe avoit été moine de Jumièges, mais c'est une conjecture purement hazardée et destituée de toute vraisemblance, qui ne peut tromper que ceux qui seront capables de vouloir tromper les autres. Fréculfe, en reconnaissance, lui dédia la première partie de sa chronique, et la lui envoia même toute entière pour la corriger avant de la rendre publique. Amalaire, prêtre de l'église de Metz, dans la préface de son traité intitulé *De l'Ordre de l'Antiphonier*, relève par de grands éloges (*a*) le mérite d'Hélisacar, qu'il qualifie d'homme scavant, studieux et zélé pour le culte divin; il reconnoit en même temps qu'il l'a beaucoup aidé dans son travail.

Hélisacar étoit prêtre et chanoine; il entra fort avant dans la confiance de Louis le Débonnaire, qui, n'étant encore que roi d'Aquitaine, le fit son chancelier, comme il paroit par un diplôme que ce prince accorda en 807 à l'abbaïe de Cormery[1], où Albon signe comme secrétaire d'Hélisacar (*b*). Il fut continué dans cette charge à l'avènement de Louis à l'empire, et souscrivit en cette qualité, comme il fit et fit faire en une infi-

---

(*a*) Amal., *de Ord. antip.*
(*b*) Cartulaire de S.-Martin de Tours.

[1] Cormery, abbaye fondée en 780, par Ithier, abbé de S.-Martin de Tours. Elle est située dans le département d'Indre-et-Loire.

nité d'autres rencontres, à une charte de l'empereur en 814 en faveur du monastère de Donzère[1], que le père Chifflet nous a conservée dans ses preuves des abbés de Tournus[2] (a). Il étoit cher au roy, dit Ernol de Nigelle, et dans toutes les cérémonies publiques il marchoit à sa gauche (b), aussi lui donna-t-il plusieurs abbaïes, notamment celles de Saint-Aubin d'Angers et de Saint-Maximin de Trèves, peut-être même celles de Saint-Riquier et de Jumièges, dont en ce cas la nomination n'auroit pas été si libre qu'Ariulfe semble l'insinuer. S. Benoît d'Aniane avoit pour lui une amitié particulière et le regarda toujours comme son plus fidèle ami et le plus affectionné à son ordre. C'est ainsi qu'il en écrivoit la veille de sa mort, dans le monastère d'Inde, à ses frères d'Aniane, les exhortant d'avoir recours à lui dans tous leurs besoins (c). Hélisacar n'avoit pas moins d'affection pour le saint abbé; il le visita dans sa dernière maladie, et nonobstant ses grandes occupations à la Cour, il ne le quitta qu'à sa mort qui arriva l'onze février 821.

L'an 822. — L'année suivante 822, Louis tint un parlement à Attigni, où, par le conseil d'Hélisacar, des

---

(a) *Hist. de Tournus*, p. 260.
(b) *Nigel* apud. *D. Bouquet*, t. V, p. 58.
(c) *Act. SS. B.*, sæc. 4, part. I, p. 217.

[1] Donzère, en latin *diescra*, était autrefois dans l'ancien diocèse de S.-Paul-des-Trois-Châteaux, aujourd'hui dans le diocèse de Valence, département de la Drôme.

[2] Tournus, abbaye située autrefois dans l'ancien diocèse de Châlon-sur-Saône, aujourd'hui département de Saône-et-Loire.

évêques et des seigneurs du royaume, il se réconcilia avec ses trois jeunes frères, Drogon, Hugues et Thierry (a), qu'il avoit fait tondre en 818 et renfermer dans des monastères. Agobard, archevêque de Lion, parla fortement dans cette assemblée contre les laïques qui usurpoient les biens ecclésiastiques, et dit dans une lettre à un ami, qui est la 4e parmi ses œuvres (b), que, aïant aussi parlé pour corriger ce qui avoit été mal fait par l'empereur et par son père, Adalar et Hélisacar répondirent avec beaucoup de piété et conformément à ses vues. Dans un autre endroit, il les qualifie de très saints personnages et fort zélés pour le service de Dieu. Deux ans après cette assemblée, il leur écrivit pour les consulter touchant le baptême des esclaves payens achettés par les Juifs, qui, comptant que la Cour leur étoit favorable, ne vouloient point les rendre, lorsque l'évêque, pour les tirer de servitude, leur en offroit le prix. Nous ne sçavons quelle fut leur réponse, mais une lettre de l'empereur portant défense de baptiser ces esclaves contre la volonté de leur maître, et une lettre de Dagobert à l'empereur même sur ce sujet, nous font bien voir que s'ils entrèrent dans les sentiments de l'archevêque, le crédit des Juifs prévalut auprès du prince.

L'an 827. — Louis ne laissoit pas néanmoins d'avoir toujours de la confiance dans Hélisacar ; il l'envoya même en 827 avec les comtes Hildebrant et Donat pour

(a) Eginhart.
(b) T. I, p. 268.

arrêter les mouvements de la marche d'Espagne, et le venger d'Aizon, seigneur goth, qui, s'étant retiré mécontent de sa cour l'année précédente, s'étoit saisi de la ville d'Ossone, en Catalogne, et ligué avec le roi des Sarrasins ; mais Hélisacar ne fit point assez de diligence, et Pépin, à qui l'Empereur avoit envoié une armée capable d'écraser Aizon et tous ses alliés, différa trop longtemps son départ, en sorte qu'Aizon ravagea les comtés de Barcelone et de Girone, avant que les troupes françoises pussent s'y opposer.

Ces pertes, quoique sensibles à l'Empereur et à Hélisacar, qui en étoit en quelque sorte la cause, ne furent pas les plus grands sujets de chagrin qu'ils eurent à essuier l'un et l'autre. Louis fut enfermé à Saint-Médard de Soissons par ses enfants du premier lit, et Hélisacar condamné au bannissement par son bienfaiteur et son roy, après avoir travaillé avec les seigneurs de Germanie à son rétablissement dans l'assemblée de Nimègue, tenue au mois d'octobre de la même année. Il avoit accusé l'impératrice Judith d'un commerce scandaleux avec le comte Bernard, qu'elle avoit fait venir de Barcelone pour se fortifier contre ses beaux fils, et auxquels son mariage avoit déplu (a). Ce fut son crime et la cause de sa disgrâce, qui ne finit qu'en 833, à l'occasion des nouvelles divisions de Louis-le-Débonnaire avec ses enfants. Ce prince s'en servit encore depuis dans quelques rencontres. Il l'envoia en 835 avec le comte Vidon pour connoître la

---

(a) *Vit. S. Frederic.* apud Boll., 18 juill., p. 461.

vérité des plaintes d'Aldric, évêque du Mans, dont on avoit réuni quelques terres au domaine, qui lui furent restituées sur le rapport des deux commissaires (a). La piété d'Hélisacar, son mérite et ses vertus sont amplement rapportées dans les histoires de Saint-Riquier et de Saint-Maximin de Trèves, dont il mourut l'an abbé 837. C'étoit le seul bénéfice qu'il possédât alors, aiant été dépouillé des autres au tems de sa disgrâce.

ANGILBERT ET ANGÉSISE [1], DIXIÈME ET ONZIÈME ABBÉS, FOULQUES, DOUZIÈME ABBÉ.

Les manuscrits de Jumièges suivis par Messieurs de Sainte-Marthe lui donnent pour successeurs Angilbert et Angésise, sur lesquels l'histoire ne nous a rien laissé [2]; il nous paroit même assez probable que ni l'un ni l'autre n'ont jamais gouverné l'abbaïe et que Foulques succéda immédiatement à Hélisacar, il était prêtre et d'une famille distinguée. En 830,

---

(a) Baluz., l. III Miscel., p. 165 et 166.

[1] On trouve plus communément *Anségise*.

[2] Une grande obscurité s'étend en effet sur toute la période depuis Charlemagne jusqu'à la restauration du monastère, après les invasions normandes. La *Neustria pia* ne donne que quelques noms et les doctes auteurs de la *Gallia Christiana* (t. XI, vol. 190-191) n'osent rien affirmer; ils nomment à peine Hélisacar.

lorsqu'il était abbé de Jumièges, l'empereur le pourvut de la charge d'archichapelain ou grand aumônier de France, qui vaquoit par l'exil de Hilduin, abbé de Saint-Denis, qu'un zèle imprudent avoit jetté dans le parti de Lothaire (*a*). Son gouvernement fut de peu de durée. Elbon, archevêque de Reims, le choisit peu de temps après pour corévêque, et afin de le mettre plus à portée de le soulager dans ses fonctions, il lui fit avoir l'abbaïe de Saint-Remi, dans la même ville.

De son tems un moine de Jumièges écrivit la vie de S. Aicadre, mort en 687. C'est la plus ancienne et la plus exacte que nous aïons. L'ouvrage n'est cependant pas sans défaut : il y a trop de merveilleux et plus de crédulité qu'une juste défiance ne permet. Les prières et les harangues dont il est chargé nous ont aussi paru hors d'œuvre. Au reste, les actions du saint y sont si bien circonstanciées, que l'auteur paroit avoir travaillé sur de bons mémoires, et mériter plus de créance que ne lui en accorde M. Baillet, qui s'est contenté de dire que cette vie est la plus supportable de celles qu'on a publiées, mais qu'elle n'a point grande autorité (*b*). Pour lui en donner encore moins, il en a reculé l'époque d'un siècle entier, ne faisant pas assez de réflexion sur ce que l'auteur dit que les reliques du saint abbé reposoient encore dans son monastère avec celles de S. Hugues, lorsqu'il écrivoit son histoire, car on sçait

(*a*) Hincmar, *de Ordin. palatii*. — Bouquet, t. VI, p. 216, et ap. Mabill. *Ann.*, t. II, p. 532.

(*b*) Baillet, *Tabl. critiq.*, 5 sept., 5.

que ces deux saints corps ne furent transférés qu'au tems des Normans, et immédiatement avant la destruction de l'abbaïe.

Cent ans auparavant un autre anonyme, aussi religieux de Jumièges (*a*), composa la vie de Ste Austreberte, première abbesse de Pavilly, à quatre lieues de Rouen, fondée par S. Filbert. Il la dédia à Julie, qu'on croit être la même que Julienne, troisième abbesse de Pavilly après Ste Austreberte. Tout ce qu'il rapporte, il l'avoit appris de témoins dignes de foi, entre lesquels il cite une compagne de la sainte, qui vivoit encore lorsqu'il écrivit sa vie. Le style en est quelque fois majestueux et fait voir que l'auteur avoit du talent avec beaucoup d'humilité et de piété.

L'an 833. — Foulques étoit encore abbé de Jumièges, lorsque Angésise, abbé de Fontenelle, de Luxeu et de Saint-Germer, mourut à Fontenelle en 833. Il avait gouverné cette abbaïe pendant dix ans, cinq mois et huit jours. Étant tombé en paralysie l'année qui précéda sa mort, il appella ses plus intimes amis, et fit en leur présence une distribution générale de tout ce qu'il avoit de biens entre leurs mains aux pauvres et aux lieux de piété. Ce fut Hildeman, évêque de Beauvais, qui dressa l'acte de ses dernières dispositions. On trouve dans l'extrait de cet acte le détail des lieux et des personnes qui eurent part à ses largesses. Le premier objet de son attention fut sa propre maison. Il

---

(*a*) Bolland., t. II, *Februarii*, p. 418.

laissa 90 livres à ses religieux, 10 livres à ses domestiques, 10 sols aux vieillards qui étoient dans l'hôpital du monastère et à 53 églises et abbaïes, au moins une livre chacune. Il légua en particulier à l'abbaïe de Jumièges 5 livres d'argent. Ces livres étoient de douze onces, poids de marc, valant vingt sols de ce tems là, ce qui revient environ à 300 livres de notre monnoie.

RICBODON ET BAUDRI, TREIZIÈME ET QUATORZIÈME ABBÉS:

Depuis cette même année 833 jusqu'en 836, l'abbaïe de Jumièges eut successivement deux abbés, Ricbodon et Baudri, dont nos tables chronologiques et autres monuments ne nous ont conservé que les noms.

HÉRIBERT, QUINZIÈME ABBÉ.

Au dernier de ces deux abbés succéda Héribert, homme sage, aimant le bien et fidèle observateur de la règle. Il s'appliqua dès le commencement à en maintenir la pratique, et ne se porta pas avec moins d'ardeur à éloigner tout ce qui pouvoit l'affoiblir, ou à procurer ce qui pouvoit lui donner quelqu'accroissement. Sa communauté avoit souffert depuis plusieurs années une diminution notable dans ses revenus, par la soustraction de plusieurs terres qu'elle avoit été obligée d'abandonner pour les besoins de l'État. Il craignit que la disette, quoique supportée avec joie, n'introduisit peu à peu le murmure et le relâchement, il prévint l'un et l'autre en sollicitant la restitution de ces biens, et le succès fut heureux. Il est vrai que Pépin, roi d'Aquitaine, qui les avoit usurpés et donnés en récompense à quelques seigneurs de son royaume, avoit été ébranlé, dès l'an 834, par les ordres de son père, et par les exhortations d'Aldric, évêque du Mans, et d'Erchanrad, évêque de Paris, que le concile d'Aix-la-Chapelle avoit députés vers lui, en 836, pour le même sujet ; mais comme on ne rendoit qu'à ceux qui se plaignoient, il est probable que sans les soins et le crédit d'Héribert à la cour, Pépin n'eût expédié de longtemps les lettres qu'il lui accorda enfin le 9 des calendes de may, indiction première, c'est-à-dire le 23 avril 838, pour la restitution de la terre, fief et seigneurerie de Tourtenai, dans le comté de Thouars en Poitou, et de six fermes et métairies dans le comté d'Anjou. On ne sçait comment ni en quel tems ces six terres que nous n'avons connues que par la charte de Pépin, ont passé depuis en d'autres mains. Tourtenai presqu'aussi ancien que S. Aicadre dans l'abbaïe de Jumièges, fut échangé, en 1012, avec les Bénédictins de Bourgueil[1] pour leurs droits et possessions dans la terre de Dongueville au diocèse d'Evreux.

THIERRY, SEIZIÈME ABBÉ.

Héribert ne survécut que peu de tems à la restitution, que Pépin venoit de faire à son abbaïe, des possessions dont elle avoit été injustement dépouillée sous les abbés précédents. Il eut pour successeur Thierry, qui assista en 843 à l'assemblée de Germigni, près d'Orléans, où se trouvèrent trente-trois évêques et dix abbés.

L'an 843. — Les religieux de Saint-Lomer-le-Moutier s'y présentèrent par députés et obtinrent d'eux un privilège pour la liberté de se choisir un abbé. L'acte en fut dressé au commencement d'octobre et confirmé par Charles-le-Chauve, le jour de devant les ides d'octobre de la même année 843. La signature d'Héribert se trouve avec celle des évêques sans aucun égard au rang ni à la dignité. C'est tout ce que nous sçavons de lui. Il vécut cependant jusqu'en 847, peut-être même jusqu'en 848 ; car nous ne prétendons pas sans mé-

---

[1] Bourgueil, dans le département d'Indre-et-Loire.

moires nous rendre garants de ces époques, à quelques années près. Elles sont enveloppées dans une telle obscurité, que si la succession n'étoit certaine, nous aurions mieux aimé nous arrêter tout court, et témoigner par un religieux silence notre respect pour la vérité que d'aller ainsi à tâtons et ne proposer que des conjectures.

RODOLPHE, DIX-SEPTIÈME ABBÉ (VERS L'AN 848).

L'abbaïe de Jumièges fut donnée à Rodolphe, fils de Guelfe ou Welpon, comte de Revensbergen, en Bavière, frère de l'Impératrice Judith et oncle de Charles le Chauve. Il vint en France avec sa sœur (*a*), que l'empereur Louis-le-Débonnaire avait épousée à Francfort en 819. Il se fit aimer du prince et entra si avant dans ses bonnes grâces, qu'il se reposoit uniquement sur lui du soin de toutes les affaires. Cette confiance sans bornes donna de la jalousie aux trois fils aînés de l'empereur, qui étoient déjà fort mécontents du mariage de leur père avec Judith. Ils en conçurent du chagrin, et ce chagrin les porta jusqu'à la révolte, surtout quand ils virent démembrer leurs états pour faire un partage à Charles-le-Chauve, leur

---

(*a*) Bucelin, *German. topoc.*, l. II, p. 372.

cadet. Dans ce soulèvement général, Rodolphe et Conrad son frère furent pris et relégués en Aquitaine sous la garde de Pépin, qui les fit tondre aussitôt et renfermer dans des monastères (*a*). Hariulphe en parle comme aiant pris alors l'habit de religion, et dit expressément qu'ils firent profession de la vie monastique (*b*); ce qui n'empêcha pas l'empereur, après avoir repris son autorité, d'agir en maître et de le retirer des mains de son fils. Rodolphe ainsi délivré fut rétabli dans son emploi de premier ministre, mais après la mort de Louis-le-Débonnaire, il se dégouta des grandeurs du siècle et se retira à Saint-Riquier, dont il fut abbé en 844.

Les religieux de Jumièges ayant perdu le leur le choisirent aussi pour le remplacer. Il accepta la dignité et les revenus qui y étoient attachés; mais il ne put résider avec eux, tant à cause de ses engagements à Saint-Riquier, qu'à cause des commissions fréquentes que sa profonde intelligence dans les affaires séculières et ecclésiastiques lui attiroit. Les religieux s'en plaignirent, parce qu'ils craignoient que son absence ne fît tort à la régularité, et que son prévôt, qui étoit un homme dur et intéressé, ne les laissât manquer du nécessaire. Il écouta leurs plaintes avec bonté, et pourvut à leur subsistance par des partages qu'ils firent eux-mêmes, et qu'il fit ratifier par Charles-le-Chauve, son oncle maternel, afin qu'aucun abbé à l'avenir ne pût

---

(*a*) Nithard, l. I, *de dis. filiorum Lud. pii.*
(*b*) *Chron. Centul.*, t. IV. *Spicil.*, p. 497.

les troubler dans la jouissance de la portion qu'ils s'étoient faite eux-mêmes.

L'an 849. — La charte est du 22 de février 849, indiction 12ᵉ, la 9ᵉ année du règne de Charles-le-Chauve. On voit par cette pièce, ce que nous n'avions pu connoître auparavant, les grands biens dont l'abbaïe de Jumièges jouissait alors, puisqu'on y trouve jusqu'à trente-sept seigneuries et terres destinées uniquement pour les nécessités des religieux, sans que l'abbé puisse dans la suite rien prendre ni changer en d'autres usages, aiant lui-même ses revenus assignés sur d'autres objets (*a*). C'est le premier partage que nous aions trouvé entre l'abbé et les moines de Jumièges, où l'on n'avoit point encore connu, comme en plusieurs autres monastères, les noms de mense abbatiale et conventuelle. Aussi doit-on croire, quoi qu'en dise l'auteur de la chronique de Saint-Riquier, que Rodolphe étoit abbé séculier, et que les religieux de Jumièges ne l'avoient choisi que par honneur.

Cependant les Normans, sous la conduite de différents chefs, également cruels et barbares, ravageoient nos provinces depuis dix ans. Ogier, en 841, pilla la ville de Rouen, mit le feu à l'abbaïe de Jumièges, rançonna celle de Fontenelle et se rembarqua après avoir pillé ou brûlé toutes les églises et les villages le long de la Seine. Regnier débarqua à Rouen, en 845, avec une flotte de six vingt vaisseaux, mais cette ville et le païs des environs tout récemment ravagés ne lui offrant

(*a*) Voyez les preuves : art. 5 et ann. Bened., t. II, p. 754.

pas un aussi riche butin qu'il auroit souhoité, il tenta de s'étendre plus au loin et ne trouvant point de résistance il monta jusqu'à Paris, qu'il fut obligé d'abandonner à cause d'une dissenterie meurtrière qui se mit parmi ses troupes.

L'an 850. — Ogier revint une seconde fois en 850 et recommença ses pillages et ses incendies à Rouen, d'où il les porta au monastère de Saint-Germer et à Beauvais, qui n'en est éloigné que de cinq lieues. Il seroit allé plus loin ; mais un parti de François l'aiant attaqué au retour de cette ville et lui aiant tué beaucoup de monde, il regagna ses vaisseaux avec le reste de son armée, et quitta la Seine pour retourner à Bourdeaux, dont il s'étoit rendu maître trois ans auparavant.

L'an 851. — A peine sa flotte en étoit-elle sortie que, le 9 octobre de l'année suivante, 851, une nouvelle y rentra et vint camper devant Rouen. Le prieur de Jumièges, informé de l'arrivée de ces barbares et de la cruauté de leur chef, assembla sa communauté, qui étoit encore alors de près de neuf cents religieux, parmi lesquels, si nous en croions Guillaume de Jumièges, il y avoit plusieurs évêques et autres ecclésiastiques de distinction, et un grand nombre de gentils hommes qui avoient préféré le service de Jésus-Christ dans le cloître à la milice temporelle et aux vanités du siècle. Comme il n'y avoit dans la maison ni or ni argent pour se rachetter, il leur proposa la mort ou la fuite. Plusieurs historiens sont d'avis qu'ils préférèrent la mort (*a*) ;

(*a*) Wion, l. III, *Yepez*, t. II, in-4º.

mais Guillaume de Jumièges nous assure qu'ils choisirent tous le dernier parti, aimant mieux sans doute souffrir plus longtemps le martyre de la pénitence, que de s'exposer à perdre la foi, ou à céder à la violence des tourments. Le père Mabillon et tous les modernes ont suivi ce sentiment (a). Dom Hugues Ménard en particulier (b) a fait voir que Wion, qui paroit être auteur de l'opinion contraire, n'a pas fait assez de réflexion au texte de Mathieu de Wesmonster[1], dont il s'autorise, ou qu'il ne l'a lu qu'en dormant. Nous rapporterons dans la suite ce fameux passage, afin qu'on juge si c'est la même chose de dire qu'un monastère de neuf cents religieux fut réduit en cendres par les Danois, ou que les neuf cents religieux furent brulés avec leur monastère.

Avant de quitter le païs, les religieux de Jumièges pourvurent à la sûreté de ce qu'ils avoient de plus précieux. Ils creusèrent la terre dans une chapelle de Saint-Clément, et y cachèrent deux châsses pleines de saintes reliques; ils en déposèrent deux autres dans la chapelle de Saint-Jean-Baptiste, et l'on prouve sans réplique qu'ils enterrèrent de même les corps de S. Filleul, archevêque de Rouen, de S. Constantin et de S. Péregrin, le premier dans la chapelle de Saint-Filbert et les deux autres entre l'église de Saint-Pierre et la cha-

---

(a) *Ann. B.*, t. III, p. 13.
(b) L. I. *Observat. in martyr. ord.*, 3.
[1] Mathieu de Wesminster, surnommé Florilège, moine Bénédictin, a écrit une chronique latine des évènements qui se sont passés de 1066 à 130 , réputée généralement fidèle.

pelle de Saint-Sauveur (*a*). Ils auroient pu par une semblable précaution mettre à couvert de la fureur des barbares les reliques de S. Aicadre et de S. Hugues, qui reposoient dans leur église, mais ils aimèrent mieux les en tirer et les emporter avec eux à Haspres, qui étoit un prieuré de leur dépendance, fondé par Pépin, maire du palais en 701 (*b*), entre Valencienne et Cambrai.

Après ces soins dignes de la piété de nos pères et de notre plus vive reconnoissance, les religieux de Jumièges se partagèrent chacun de leur côté. Le plus grand nombre fut à Haspres où ils se bâtirent de nouvelles cellules (*c*), quelques-uns à Saint-Denis, en France, et les autres en divers monastères, selon que la divine Providence leur procura une retraite. Un d'entre eux se réfugia à Saint-Gal, en Suisse, portant avec lui son antiphonier, dont Notker-le-Bègue, pour lors religieux de ce monastère, témoigne avoir fait usage dans son traité des lettres de l'alphabet, qui servent au chant rapporté par Canisius (*d*).

Les Normans aiant quitté Rouen vinrent à Jumièges. L'abbaïe fut investie dès le même jour, et remplie de barbares qui ne cherchèrent qu'à assouvir leur fureur et leur avarice. Les chambres désertes furent pil-

---

(*a*) Ex. M⁵ *Cod. Biblioth. Catharinæ reginæ Sueciæ et Ord. Vit.* apud chesnicum, t. I, p. 618.
(*b*) *Mir. et Joan. Guisius.*
(*c*) *Ann. B.*, t. II, p. 620.
(*d*) Epist. Notkeri balbuli ad Lintvard, *Act. SS. B.*, sœc. 5, p. 18.

lées (*a*), les greniers et les caves enfoncés. L'ennemi se porta d'abord à prendre tout ce qui put lui tomber sous la main ; puis se laissant aller à la rage qui l'animoit, il parut avec des torches ardentes et des charbons allumés qu'il lança sur les temples, sur les dortoirs et dans tous les lieux de ces appartements augustes, dont il ne resta rien d'entier que les principaux murs de l'église de Saint-Pierre : *exinde apud Gemeticum classem dirigentes*, dit Matthieu de Wesmonster, *Cœnobium adurunt nongentorum monachorum*, où il est bon de remarquer que l'auteur ne dit pas qu'il y eut neuf cents religieux massacrés ou brûlés dans cet incendie, mais que le monastère de Jumièges, qui étoit de neuf cents religieux, fut réduit en cendres par les mêmes ennemis qui avoient saccagé et pillé la ville de Rouen.

Le chef de ces brigands aïant passé neuf mois à faire des courses en Neustrie, se remit en mer et arriva à Bourdeaux, d'où il se proposoit d'aller en Italie et de surprendre Rome, pour y terminer ses voyages et se reposer de ses fatigues (*b*). Les habitants de Jumièges, qui avoient pris la fuite à son arrivée, aïant appris son départ, se rétablirent dans le païs ; mais les religieux, informés de la faiblesse du gouvernement, qui avoit attiré les barbares et mis le royaume à deux doigts de sa perte par la facilité que ces étrangers avoient trouvée à ravager ces provinces, n'osèrent courir les risques

---

(*a*) Willelm. gem., l. I, c. 6, et *alii*, passim.
(*b*) Krantzius., *Chron. regnor. aquilon.*, p. 633.

d'une nouvelle désolation, s'ils entreprenoient de rebâtir leur monastère avant le grand ouvrage d'une paix générale et solide dans toutes les parties du Royaume. De nouveaux ravages justifièrent leur prudence.

L'an 856. — Les Normans rentrèrent dans la Seine à la mi-août de l'an 856, pillèrent les villes et villages des deux côtés, attaquèrent Paris et brûlèrent presque toutes les églises (*a*). En 861, Paris fut brûlé de nouveau par ces brigands, sous la conduite de Weland; mais aïant imprudemment remonté la Marne avec leurs barques pour saccager la ville de Meaux, ils furent enfermés à leur retour par les troupes de Charles-le-Chauve et obligés de capituler à cette condition qu'ils s'embarqueroient au plus tôt avec les autres Normans qui étoient sur la Seine, et qu'ils sortiroient du Royaume en laissant dix otages.

L'an 862. — Du lieu de la capitulation, Weland retourna à sa flotte avec sa femme et ses enfants (*b*) et fit embarquer ses troupes qui descendirent la Seine jusqu'à Jumièges, où il y avoit alors un port assez considérable et fort commode. Ils s'y arrêtèrent pour radouber leurs vaisseaux et n'en partirent qu'au printems de l'année suivante.

Rodolphe n'étoit plus abbé de Jumièges, quoiqu'il vécut encore; après plusieurs services rendus à l'Etat et au roy, son oncle, il s'étoit démis de ses deux

---

(*a*) Ann. Bertin.
(*b*) *Ibid.*

abbaïes vers l'an 859 et fixé pour toujours à Saint-Riquier où il mourut d'une colique le 29 janvier 866. (*a*)

GAUZLIN, DIX-HUITIÈME ABBÉ.

Gauzlin, qui pourroit bien être le même que l'abbé de Saint-Germain-des-Préz, frère de Louis, abbé de Saint-Denis en France, obtint du roy l'abbaïe de Jumièges et des lettres pour confirmer un échange entre lui et un seigneur nommé Varnaire, de plusieurs pièces de terre dans le Véxin, où l'un et l'autre avoient des biens. Cette charte est datée du 31 janvier 862 (*b*), et nous fait voir que l'embrasement de l'abbaïe de Jumièges, qui depuis onze ans étoit réduite en un désert affreux, et devenue la retraite des bêtes sauvages (*c*), n'empêcha pas les successeurs de Rodolphe de prendre le titre d'abbés de cette illustre maison, soit qu'ils en aient gouverné les religieux qui s'étoient établis à Haspres, soit qu'ils l'aient cru nécessaire pour toucher les revenus qui en dépendoient. Nous sommes redevables de ce diplôme aux soins du père Mabillon, qui le fit imprimer en 1681, sur l'original même qu'il avoit trouvé à Saint-Denis, où Gauzlin, qui y

---

(*a*) *Chron. adon. ann. Bertin et Duchesne*, t. III, p. 93.
(*b*) Voiez les preuves, art. 6.
(*c*) Willelm. gemet. l. I, c. 6.

avoit une partie de ses religieux, pouvoit l'avoir déposé pour le mettre en lieu sûr.

Si ce Gauzlin, dont nous n'avons rien de plus particulier pour notre histoire, est le même que celui de Saint-Germain-des-Prez, il étoit oncle du roy Charles-le-Chauve, et il remplit plusieurs postes honorables dans l'église et dans l'état. Car outre les deux abbaïes de Jumièges et de Saint-Germain, il eut encore celles de Saint-Amand et de Saint-Denis, près Paris.

Il fut fait chancelier de France en 867 et évêque de Paris en 884. La même année il signala son zèle au siége de cette ville, que les Normans attaquoient pour la quatrième fois.

Il y mourut le 16 Avril 886, universellement regretté, tant à cause de son affection pour son peuple qu'à cause de sa valeur et des périls qu'il avoit essuiés pour la défense de sa religion et de sa ville.

CODINE, LOUIS ET WELPON, DIX-NEUVIÈME, VINGTIÈME ET VINGT-ET-UNIÈME ABBÉS.

Il eut trois successeurs jusqu'à la restauration de Jumièges : Codime, Louis et Welpon ou Guelfe, qu'on a dit mal à propos avoir été tué avec les neuf cents religieux qui composoient sa communauté au tems du sac de l'abbaïe par les Normans. La fausseté de ce sentiment est manifestée par ses auteurs mêmes, qui n'ont placé ces trois abbés qu'après Rodolphe, sous lequel il est constant que Jumièges fut détruit, et même après Gauzlin, en faveur duquel Charles-le-Chauve expédia en 862 la charte dont nous avons parlé. Cette pièce, seule capable de les redresser, n'étant pas venue en leur connoissance, il n'est pas surprenant que dans l'opinion où ils étoient qu'il ne devoit point y avoir d'abbé où il n'y avoit plus d'abbaïe, ils se soient pressés de faire vivre ceux-cy, tandis qu'elle subsistoit, pour avoir un prétexte de leur donner place dans le catalogue des abbés de Jumièges, dont ils ne pouvoient raisonnablement les retrancher.

FIN DU PREMIER LIVRE.

LIVRE SECOND

Dieu, à qui tous les tems sont présents et tous les empires parfaitement soumis, aiant puni les François par des chatiments proportionnés à leurs crimes, et annoncés par des prodiges dans l'air et sur la terre longtems avant les incursions des peuples du nord (*a*), se souvint enfin de n'avoir voulu leur faire sentir le poids de sa justice et de son courroux que pour les instruire, et non pour les perdre entièrement. Rou ou Rollon, le dernier chef de ces barbares, mais le plus grand et le plus terrible ennemi de la France, après avoir pillé la Neustrie et la Bourgogne durant seize ans, écouta les exhortations de Francon, archevêque de Rouen, qui ne cessoit de le presser de finir la guerre, de songer qu'il étoit mortel et qu'il y avoit un Dieu qui le jugeroit après la mort. Comme ce prince ne cherchoit

---

(*a*) Mézerai, *Abrégé de l'Hist. de France*, in-4º, t. I, p. 163.

qu'un établissement commode et à devenir, de chef de pirates, prince légitime, il accepta les conditions de paix que le roi Charles-le-Simple et les seigneurs du royaume, ennuyés de voir leur païs ruiné depuis plus de soixante-dix ans, lui firent faire par le prélat, de lui donner Giselle, fille du roi, en mariage, et de lui céder en propriété tout le païs (a) entre la rivière d'Epte et la Bretagne, à condition qu'il se feroit chrétien. La paix ainsi résolue, on convint d'une trève de trois mois, pendant lesquels le roy et Rollon devoient avoir une entrevue pour conclure le traité.

L'an 911. — Le lieu de la conférence fut marqué à Saint-Clair-sur-Epte. Charles et Rou s'y rendirent, chacun à la tête de son monde, la rivière entre les deux. Le traité fut conclu ; tout le païs nommé depuis Normandie fut cédé à Rou, qui en fit hommage au roy, et lui promit fidélité en mettant ses mains entre les siennes, et donnant ordre à un de ses chevaliers de lui baiser le pied, selon l'usage, ne le voulant pas faire lui-même. Ceci se passa sur la fin de l'an 911.

L'an 912. — Après ces cérémonies, ce prince Normand revint à Rouen avec le duc Robert, qui lui avait offert d'être son parrain au baptême, et l'archevêque Francon, qui travailla avec tout le zèle d'un vrai pasteur à cathéchiser le nouveau duc avec ses soldats, pour les disposer à recevoir la grâce régénérante. Ce pieux archevêque ne tarda pas à se voir au dernier but de

---

(a) *Ann. Ben.*, t. III, et *Ord. Vital.*, l. III.

ses vœux. Dès le commencement de l'année suivante, (912), il le baptisa solennellement avec un grand nombre de ses gens, en présence du duc Robert, qui le leva des fonts sacrés et lui donna son nom. Incontinent après Rou, que nous n'appellerons plus que Robert de Normandie, demanda à l'archevêque Francon quelles étoient les églises les plus célèbres de ses nouveaux états, et leurs saints patrons les plus dignes de respect. L'archevêque ayant nommé les églises de Rouen, de Bayeux et d'Evreux, dédiées à la Ste-Vierge, de Saint-Ouen, dans un des faubourgs de Rouen, du Mont-Saint-Michel et de Saint-Pierre-de-Jumièges, où le duc avoit fait sa première station près d'une chapelle dédiée à S. Wast, dans laquelle il déposa le corps d'une vierge nommée Ameltrude [1], qu'il avoit apporté sur ses vaisseaux avec la châsse dans laquelle le saint corps étoit renfermé, le duc fit présent d'une terre à chacune de ces églises, pendant les six premiers jours de son candidat; et le septième, avant de quitter l'habit

---

[1] Le récit de la translation des reliques de sainte Ameltrude à Jumièges, fait d'abord par Dudon de Saint-Quentin (*De Morib. et Act. normann.* lib. II, ad ann. 876) a été reproduit par ses imitateurs, Guillaume de Jumièges (*De Gest. normann.*, lib. II, cap. 9), Mathieu de Westminster (*Histore Anglic.*, lib. II, ad ann. 897), Robert Wace (*Rom. de Rou*, vers 1151), Benoit de Saint-More (*Chron.*, t. I, p. 189), etc., etc. Cette question a été controversée; on consultera avec fruit les savantes remarques de MM. Léopold Delisle (*Normann. nov. chronic.*, p. 18, dans les *Mémoires de la Société des Antiquaires de Normandie*, t. XVIII, 4e partie); J. Lair (*Etude hist. et crit. sur Dudon de Saint-Quentin*, ibid., t. XXIII, 2e partie, pp. 58 et 152) et l'abbé Cochet (*Les Eglises de l'arrondissement d'Yvetot*, t. I, p. 56).

blanc qu'on portait au baptême, il donna la terre de Berneval [1] à l'abbaïe de Saint-Denis, que Francon lui avoit dit être le saint le plus renommé et le plus grand en mérites auprès de Dieu dans le païs voisin.

L'an 917. — Le huitième jour, le duc quitta les habits blancs; et, aiant fait le partage de ses terres, il épousa solennellement la princesse Giselle, et acheva de serrer par cette alliance les nœuds de la paix. Il mourut cinq ans après (*a*), sans laisser d'enfants de Giselle ; mais il avoit eu, d'un premier mariage avec Poppe, fille de Bérenger, comte de Bayeux, Guillaume dit Longue-Epée, et une fille nommée Gerloc ou Adèle, qui fut mariée, en 927, à Guillaume, surnommé Tête-d'Etoupes, comte de Poitiers, et depuis duc de Guienne. Il fut universellement regretté, et il semble même encore aujourd'hui que les Normans l'appellent à leur secours par le cri de haro, comme s'ils disoient *ha, Rou, secourez-nous!* et, en effet, la clameur de haro n'a lieu que chez eux.

Guillaume de Longue-Epée succéda à Robert dans le duché de Normandie. Il ne parut pas moins zélé que son père pour la réparation des églises, et la religion commença à refleurir dans toute la province. Les religieux, que la crainte des barbares avoit dispersés, revinrent dans leurs monastères, et s'y établirent autant

---

(*a*) Ord. Vital., l. III.

[1] Berneval-le-Grand, Berneval-le-Petit, communes, aujourd'hui réunies, du canton de Dieppe, dans la Seine-Inférieure. Ce pays dépendit de l'abbaye de Saint-Denis de Paris jusqu'à la Révolution.

qu'ils les trouvèrent en état d'être habités. Ceux de Jumièges étoient presque tous morts, si l'on en excepte deux, dont Guillaume de Jumièges nous a conservé les noms et le retour dans leur ancienne demeure, lorsque, plus de quinze ans après le traité de Saint-Clair, ils ne purent plus douter que leurs persécuteurs ne fussent devenus, non seulement leurs pères, mais les conservateurs de la tranquillité publique dans tout le païs. Baudouin et Gondouin, c'est le nom de ces deux respectables vieillards, restes précieux de tant de serviteurs de Dieu dans l'abbaïe de Jumièges avant sa ruine, partirent du monastère de Haspres, où ils s'étoient retirés aux approches des Normans, et vinrent revoir les ruines de leur ancienne habitation. Ils ne purent retenir leurs larmes à la vue des déplorables débris de cette sainte maison, qui n'était plus qu'une retraite de bêtes féroces et d'animaux immondes. Cent fois ils reculèrent d'horreur et délibérèrent sur le parti qu'ils avaient à prendre ; mais Dieu fixa leur irrésolution, et les fit triompher de toutes leurs répugnances. « Pourquoi, se disoient-ils l'un à l'autre, sommes-nous
« venus icy ? quelle a été notre première pensée en
« nous proposant d'y venir ? la gloire de Dieu, qui
« nous y a appelés, ne doit-elle pas nous engager à y
« demeurer ? Hâtons-nous donc de lui témoigner notre
« reconnaissance pour ce choix qu'il a fait de nous ;
« nous sommes les derniers enfants de cette maison de

(*a*) *Willem. gem.*, l. III, c. 7.

« prière ; préparons-nous à relever les marques
« publiques de la religion que nous y avons pro-
« fessée, en purifiant et en renouvellant le temple du
« Seigneur ».

Ils ne se furent pas plustot excités par ces paroles, que, se mettant au-dessus de toutes les difficultés, ils pénétrèrent à travers les ronces et les épines jusqu'au lieu du grand autel, qui étoit celui du chœur de l'église, dédiée à la Sainte-Vierge ; et, l'aiant raclé et lavé, ils formèrent au-dessus et aux environs un berceau avec les branches des arbres les plus proches, et s'en firent un oratoire où ils offraient sans cesse à Dieu leurs vœux et ceux du peuple; ils bâtirent ensuite pour eux-mêmes une petite cabane auprès de leur chapelle, afin d'y préparer ce qui étoit nécessaire à la vie, et de n'être incommodes à personne. Leur nourriture étoit de l'eau et du pain d'orge, que les païsans les plus affectionnés leur fournissoient et qu'ils apprêtoient eux-mêmes ; car, encore qu'ils eussent été les maitres du païs et que le duc Robert eût donné une terre à Saint-Pierre-de-Jumièges, ils ne profitèrent nullement de sa libéralité, soit qu'ils n'en fussent point informés, ou que quelque particulier s'en fût mis en possession en voyant la terre abandonnée.

L'an 928. — Il y avoit quelques années qu'ils vivoient dans ce détachement parfait des choses de la terre, lorsque Dieu, voulant récompenser leur zèle et leur désintéressement à son service, permit que le duc

Guillaume vint chasser, en 928 (*a*), dans la forêt de Jumièges. Les vastes ruines de l'abbaïe ne purent échapper à ses yeux. Il s'avança de ce côté, et aïant trouvé ces deux moines occupés à arracher les bois excrus sur les débris de leur monastère, il leur demanda d'où ils étaient venus là, ce qu'ils y faisoient, et ce qu'avoit été autrefois ce désert, où il voioit encore les restes de tant et de si grands édifices. Ils répondirent à ses questions et lui racontèrent par ordre tout ce qui regardoit ce lieu ; après quoy, selon la coutume des moines, ils lui présentèrent du pain d'orge et de l'eau ; c'étoit tout ce qu'ils avoient. Le duc méprisa leur civilité, et, les quittant brusquement, il s'enfonça dans la forêt. La providence voulut qu'il fut aussitôt rencontré par un sanglier furieux qui, poursuivi par ses chiens et blessé d'un trait que le duc décocha contre lui, revint sur l'aggresseur, le renversa et déchira ses habits à force de le pousser avec son boutoir. On le croioit mort ou prêt à expirer, mais, aiant repris ses sens, il déclara qu'il ne sentoit pas même de douleur, ce qu'il regarda comme un miracle et un signe visible de la protection de Dieu sur lui, par l'intercession des saints titulaires de la péninsule et des deux serviteurs qui l'y louoient jour et nuit. Relevé de sa chute et entièrement revenu à lui-même, Guillaume retourna vers les moines, reçut d'eux le rafraichissement qu'il avoit refusé, puis leur promit de rebâtir leur monastère et de s'y faire lui-même religieux.

(*a*) *Willelm. gem.*, t. 3, c. 7.

Ce ne fut point une vaine promesse que l'idée d'un danger encore récent lui eût arraché. Ses premiers soins, en arrivant à Rouen, furent d'envoyer à Jumièges une troupe d'ouvriers pour ôter les décombres et tout ce qu'il y avoit d'inutile dans l'emplacement où les deux solitaires souhaitoient que le nouvel édifice fut construit. On commença par l'église de Saint-Pierre, dont les murs, comme on l'a dit, étoient encore debout, et le duc fit des dépenses considérables pour son embellissement. Il n'épargna pas davantage l'argent de son trésor pour la réédification du cloître et des lieux réguliers, qu'il rendit habitables en les diminuant de leur première grandeur (a). L'ouvrage achevé, Guillaume ne pensa plus qu'à donner des compagnons aux deux moines qui étoient revenus d'Hâpres. Il envoia prier la comtesse de Poitiers, sa sœur, de lui en envoyer du monastère de Saint-Cyprien[1] qui fussent exercés dans la règle. La comtesse jetta les yeux sur l'abbé, qui, ne cherchant que la gloire de Dieu, se détermina sans peine à entreprendre le voiage de Normandie pour la procurer.

Vers l'an 930. — Martin, c'est le nom du pieux abbé de Saint-Cyprien de Poitiers, partit aussitôt avec douze de ses religieux, et fut reçu à Rouen avec beaucoup de joie et d'humanité par le duc même, qui le conduisit à Jumièges et le mit en possession du monastère, le

---

(a) *Ibid.* — *Ord. Vital.*, l. III. — *Ann. Ben.*, t. III, p. 447, etc.

[1] Saint-Cyprien-lès-Poitiers. Abbaye fondée en 828, par Pépin I er, roi d'Aquitaine.

20 de février 930, s'il est vrai que le jour de son arrivée soit le même que celui de la dédicace de S. Pierre, dont on fait la fête tous les ans à pareil jour [1].

MARTIN, VINGT-DEUXIÈME ABBÉ [2].

Après cette cérémonie, le duc Guillaume fit appeler les détenteurs des biens de l'abbaïe dans toute l'étendue de la presqu'isle, et, leur aiant paié à chacun la valeur de leurs héritages, il en fit don à perpétuité (a) à l'abbé Martin, que Dudon qualifie de très saint, et à ses religieux. On compte parmi les donations de ce prince Jumièges avec ses appartenances, prez, vignes, bois, eaux, pêches des deux côtés de la rivière de Seine, depuis Blicquetuit jusqu'au Val-des-Essarts [3], ou,

(a) *Willelm Gem.*, l. III, c. 8.

[1] A. Du Moustier, qui, dans sa *Neustria Sancta* (Bibl. nation. man. at. 10045, f° 182), parle assez longuement de la dédicace de la basilique de Sainte-Marie-de-Jumièges, qu'il fixe au 1er juillet, ne parle point de celle de l'église de Saint-Pierre.
Notre auteur, ne citant ici aucune autorité, se fait sans doute l'écho d'une double tradition orale du monastère de Jumièges, rapportant au 20 février la dédicace de l'église de Saint-Pierre, et au jour de cette dédicace l'arrivée de l'abbé Martin.

[2] A. Du Moustier, dans sa *Neustria Pia*, p. 306, lui donne le titre de *saint*, et, dans sa *Neustria Sancta*, il en indique la fête au 26 octobre, mais il ne justifie en aucune façon de son culte.

[3] Deux communes portent ce nom, ce qui rend assez difficile la délimitation exacte des possessions de Jumièges dans la presqu'île de Brotonne.

l'Anerie[1], Yainville[2] et le manoir du Trait-d'Avilette, aujourd'hui le hameau de Saint-Paul[3], Duclair avec toutes les dépendances, église, terre, moulins, cours d'eau et pêche jusqu'à Saint-Martin-d'Epinei[4]; le Moulin de Caudebec[5], la seigneurie et terre de Norville[6]; le port de Touit[7], Quilbeuf[8], Wambourg[9] avec les églises, port, péages et tous autres droits relevans du domaine. Il donna aussi les terres de Joui[10] et de Gauciel[11], avec le patronage des églises et les dixmes et coutumes de ces lieux. Ces deux baronnies sont aujourd'hui réunies en une.

[1] Hameau de Saint-Pierre-de-Varengeville, commune du canton de Duclair, arrondissement de Rouen.

[2] Commune du même canton, limitrophe de Jumièges.

[3] Le manoir dont il s'agit ici était sans doute situé sur le mont Davilette, aujourd'hui la côte Saint-Paul, sur le territoire de Duclair. L'abbé Cochet, *Répert. archéol. de la Seine-Inférieure*, col. 312 et 300.

[4] Aujourd'hui Epinay-sur-Duclair, au même canton.

[5] Ce moulin, qui a porté pendant tout le moyen âge le nom de *Moulin-de-Saint-Pierre* (du nom du patron de Jumièges), est celui qui est situé rue de la Cordonnerie, entre la rue de la Boucherie et la place de la Rive.

[6] Canton de Lillebonne, arrondissement du Havre, département de la Seine-Inférieure.

[7] C'est-à-dire le passage du Tuit ou du Thuit, nommé aussi port de Corval, aujourd'hui le Vieux-Port, canton de Quillebeuf, arrondissement de Pont-Audemer, département de l'Eure. Ch. de Beaurepaire, *De la Vicomté de l'Eau*, p. 189-190.

[8] *Ibid.*, p. 191.

[9] Saint-Aubin-de-Vambourg, aujourd'hui Saint-Aubin-sur-Quillebeuf, canton de Quillebeuf, arrondissement de Pont-Audemer, département de l'Eure.

[10] Joui-sur-Eure, canton d'Evreux sud; Cf. De Blosseville, *Dictionnaire topographique du département de l'Eure*, p. 120, col. 2.

[11] Gauciel, commune du même canton, *ibid.*, p. 96, col. 2.

Le dessein de Guillaume de Longue-Épée étoit, comme on l'a vu, de se donner lui même à Dieu dans l'abbaïe de Jumièges (*a*), et de l'y servir sous l'habit de S. Benoist. S. Maurille, archevêque de Rouën[1], ne nous laisse aucun lieu de douter de cette pieuse disposition ; il en parle jusque dans l'épitaphe qu'il fit graver sur son tombeau, cent ans ou environ après la mort de ce prince.

> Cænobium pulchre reparavit Gemmeticense
> Et decrevit ibi ferre jugum monachi ;
> Fervidus invicti coluit normam Benedicti,
> Cui petiit subdi, plenus amore Dei.

On dit même qu'il s'étoit engagé par vœu à se faire moine. Voicy ce que Dudon en raconte (*b*). Un jour que, dans une situation tranquille des affaires, il croioit avoir amené les choses au point de pouvoir satisfaire à la fois à sa promesse et à ses désirs, il alla faire une visite à l'abbé Martin, et dans la conversation il lui dit : « Pourquoi, mon père, la religion chrétienne a-t-elle « des hommes de trois ordres différens ? Distingués « qu'ils sont dans leurs offices, auront-ils le même « salaire ? — Chacun, lui répondit l'abbé de Jumièges, « sera payé suivant son travail ; mais, pour vous dire « quelque chose de plus précis, ces trois ordres, de

---

(*a*) Ord. Vital. L. V.
(*b*) L. III, p. 101.

[1] L'archevêque Maurice ne porte ordinairement que le titre de *Bienheureux*. Cf. Boll. *Pebr.* III, 630 ; *Aug.* II, 401 ; *Sopt.* IV, 50. (Edit. Palmé.)

« laïques, d'ecclésiastiques et de moines, sont dans
« l'église, qui n'est qu'une, une figure de la foi des
« trois personnes divines en une même substance ; et
« tous les trois ensemble marchent à pas égaux au
« même terme. Ces trois ordres ont dans le même
« chemin deux voies qui vont au même but : la voie
« active, dans laquelle est l'ordre ecclésiastique, l'ordre
« laïque sous la direction de celui-cy ; et la voye con-
« templative, dans laquelle est l'ordre monastique, qui,
« plus resserré que les deux premiers, plus séparé du
« monde et caché dans le secret de la solitude, se porte
« de toutes ses forces à ce qu'il y a de plus parfait.
« On l'appelle apostolique, et c'est celle dans laquelle,
« nous autres pécheurs nous sommes combattans. »

Le Duc reprit : « Dès la fleur de mon premier âge,
« j'ay désiré cette voie serrée dont vous me parlez ;
« mais mon père et ses princes me firent Duc contre
« mon inclination. Aujourd'hui, que je suis libre et
« maître de moi-même, je veux entrer dans cette car-
« rière et, quittant le monde, prendre l'habit de votre
« profession. » Le Saint abbé avoit de la prudence, et
sentit tout l'inconvénient d'un pareil projet : « Prince,
« lui dit-il, vous n'y pensez pas, qui seroit donc désor-
« mais le défenseur de la Patrie, le soutien du clergé,
« le père du peuple ? quel bras nous protègeroit contre
« l'invasion des infidèles ? quelle autorité maintiendroit
« les sages loix de votre père ? enfin, qui contiendroit
« dans le devoir deux grands peuples, dont il vous a
« laissé le souverain ? Non, seigneur, la volonté de

« Dieu n'est pas là ; rien de tel ne se fera jamais de
« mon avis, et si, par l'autorité qui vous fait maître
« d'accomplir vos désirs, vous entreprenez de venir
« icy pour un tel dessein, je vous déclare que vous ne
« m'y trouverez plus, ni dans aucun lieu de vos états.

La remontrance étoit vive, et le Duc, dans le fond, ne laissoit pas d'en sentir la justice ; mais il fut mortifié, et, sans se départir pour toujours de son dessein, il demanda un habit de moine, qu'il fit porter partout avec lui dans une cassette dont il gardoit lui même la clef (a). Ce présent ne fut point capable de le consoler du chagrin qu'il ressentoit intérieurement de se voir éloigné de Jumièges. Son expédition en Picardie ne fut pas plus-tôt terminée qu'il vint solliciter de nouveau l'abbé Martin ; et, le trouvant ferme dans sa première résolution, il fit assembler dans Rouën tous les seigneurs de Normandie pour leur communiquer son projet et leur faire reconnoître son fils Richard, qui n'étoit encore âgé que de dix ans. Il alloit dès lors exécuter ce qu'il souhaitoit depuis si longtemps, malgré le soulèvement de tous ses sujets contre une telle résolution ; mais, ayant été appelé par Herluin, comte de Ponthieu, au secours du château de Montreuil, qu'Arnoul, comte de Flandres, venoit de lui enlever, il crut devoir sacrifier pour quelques temps son inclination au désir qu'il avoit toujours eu de défendre les opprimés. Le château fut pris par les Normans, sous la conduite de leur Duc, et

(a) *Willelm. gem.*, l. III, c. 8.

rendu au comte de Ponthieu ; mais Arnoul en fut si irrité qu'il ne médita plus que vengeance contre le protecteur de son ennemi. La voie des armes étoit la plus honnête, mais, la partie n'étant pas égale, il en prit une autre plus digne de son caractère perfide. Il députa vers le Duc pour lui demander son amitié et une conférence en quelque lieu neutre qu'il lui plairoit de choisir. On convint d'une isle de la Somme, auprès de Péguigni[1]. Les deux chefs s'y rendirent, et les difficultés furent bientôt réglées ; on se jura de part et d'autre amitié et l'on se sépara ; mais lorsque le duc de Normandie, qui étoit seul dans un bateau, fut à peu près au milieu du trajet, les gens d'Arnoul le rappelèrent à bord, sous prétexte que leur maître avoit encore quelque chose à lui dire, le percèrent de coups et le laissèrent sans vie avec tant de promptitude que douze de ses chevaliers, qui étoient dans une autre barque, n'eurent jamais le temps de repasser l'eau pour le secourir.

L'an 943. — Ainsi finit à la fleur de l'âge un prince qu'un parfait accord des vertus chrétiennes, politiques et guerrières auroit dû faire l'amour et les délices de tous les humains. Sa mort arriva le 16 des calendes de janvier 943 ; son corps fut apporté à Rouën et déposé dans l'église Cathédrale[2]. On trouva sur lui la clef de la cassette ou étoient les habits religieux qu'il se propo-

---

[1] Péquigny.

[2] Son tombeau est actuellement dans la chapelle Sainte-Anne. M. Deville en a donné la description dans les *Tombeaux de la cathédrale de Rouen*, 2ᵉ édit., pp. 19 et suiv.

soit de prendre à son retour (*a*), et tout le monde sçut son usage.

Sa mort occasionna quelques révolutions dans Jumièges encore naissant. Louis d'Outremer, faisant servir au dessein qu'il avoit de se rendre maître de la Normandie le titre de défenseur et de véritable ami de Richard I, fils de Guillaume de Longue-Épée, enleva ce jeune prince en France, sous prétexte de lui faire donner une éducation convenable à sa naissance, et laissa le gouvernement de la province à Raoul, surnommé Tourte, gentilhomme françois, qui étant en tout et plus impie et plus barbare que les païens mêmes, surchargea le peuple d'impôts, et prit à tâche d'achever la ruine des monastères que les premiers Normans avoient détruits. Il démolit ce qui s'en trouva à portée de la Seine, et en fit apporter les matériaux à Rouen, pour en réparer les murs (*b*) ou pour d'autres édifices. Jumièges, quoique réédifié par les libéralités du dernier duc et honoré de son affection, n'échappa point au ravage. Raoul en fit tirer jusqu'aux pierres qui étoient cachées dans les fondements de l'église de Notre-Dame, qu'on avoit commencé à relever du temps de Guillaume, et il n'en fut rien resté, si un clerc, nommé Clément, n'eut racheté à prix d'argent les deux grandes tours (*c*) que nous voyons encore aujourd'hui subsister.

Cependant le bienheureux Martin faisoit refleurir

(*a*) *Willelm. Gem.*, l. III, c. 12.
(*b*) *Ibid.*, l. IV, c. 6
(*c*) *Ibid.*

dans Jumièges l'étroite observance (*a*) de la règle de S. Benoit, et voioit avec plaisir les plus grands seigneurs du païs accourir dans son désert, pour être témoins de la vie toute céleste qu'on y menoit; vie austère, intérieure, séparée du monde et dégagée des sens ; mais si édifiante, qu'il suffisoit de voir ceux qui l'avoient embrassée pour être animé du même désir. Aussi vit-on en fort peu de temps le nombre des frères considérablement augmenté. Un des premiers disciples du saint abbé fut un gentilhomme du Perche, nommé Annon. Il avoit fait profession de la vie monastique dans l'abbaïe de Mici, à une lieue et demie au-dessous de la ville d'Orléans ; mais le désordre de son monastère l'en avoit fait sortir pour se retirer à Haspres, où il avoit appris que la clôture étoit plus religieusement observée. Il y demeura jusqu'en 935, que la réputation de l'abbé Martin, jointe au désir qu'il avoit de s'avancer dans la perfection de son état, lui fit quitter ce monastère pour aller se mettre sous sa discipline, dans la nouvelle communauté de Jumièges [1].

(*a*) *Dudo* apud *Chesn.*, l. III, p. 101.

[1] Tout ce passage est contredit par A. Du Moustier (*Neustria Pia*, p. 307). — Les auteurs de la *Gallia Chritiana* pensent qu'Annon fut seulement pro-abbé (ou abbé auxiliaire) de Jumièges en même temps que l'abbé Martin (t. XI, col. 192 et t. VIII col. 1530). Trigan a consacré une dissertation spéciale à l'examen de ces questions dans son *Histoire ecclésiastique de la province de Normandie*, t. II, p. 67-70.

ANNON, VINGT-TROISIÈME ABBÉ

Huit ans après, le Comte de Poitiers pria le bienheureux Martin de lui amener de ses religieux pour repeupler l'abbaïe de Saint-Jean-d'Angeli[1], qu'il venoit de réédifier. L'abbé, ne pouvant s'y refuser, pria ses frères de lui donner un successeur, ou du moins de choisir un vicaire pour les gouverner en son absence. Ils avoient remarqué tant de sagesse, de vertu et de capacité dans Annon, qu'ils ne crurent pouvoir faire un meilleur choix. Ils le présentèrent au bienheureux Martin, qui approuva son élection et le fit bénir en sa présence par l'archevêque de Rouën. Pour lui, il alla, avec une peuplade de religieux, au monastère de Saint-Jean-d'Angeli, et de là à Saint-Augustin de Limoges, pour y commencer la réforme.

Annon, ainsi chargé du gouvernement de Jumièges, ne pensa plus qu'à procurer l'avancement spirituel de ses frères, en maintenant avec une vigueur digne des premiers fondateurs la régularité aux offices divins et l'assiduité à la prière et au travail, qu'il avoit trouvé établi. Il ne montra pas moins de zèle à introduire et à

---

[1] Saint-Jean-d'Angely, dans le département de la Charente-Inférieure.

soutenir les études dans sa maison, et il est facile de prouver que ses moines étoient studieux, par la peine qu'ils se donnèrent de copier dans son temps et par son ordre plusieurs bons livres que l'on conserve encore aujourd'hui dans la bibliothèque (a). On voit aussi, par un poëme, de près de 200 vers héroïques, sur l'origine, la destruction et le rétablissement de l'abbaïe de Jumièges, qu'on n'y négligeoit pas la poësie, et que l'auteur de ce poëme, qui vivoit dans le 10e siècle, s'y est même élevé en beaucoup de choses au dessus du génie du plus grand nombre d'écrivains de son temps, quoiqu'à dire vrai il ne soit pas exact dans ses époques [1]. Yepez a rapporté cette pièce dans ses chroniques de l'ordre de S. Benoît, sur l'année 684, et Artur du Moutier l'a insérée par extrait dans son *Neustria pia*. On la lit encore dans des cartouches autour du cloître.

Les religieux de Jumièges ne songeoient qu'à jouir du bonheur d'avoir à leur tête un supérieur du mérite et de la vertu d'Annon, lorsqu'Albert et Azener, ses frères, hommes distingués par leur naissance et leurs emplois dans Orléans, lui procurèrent l'abbaïe de Mici[2], pour le raprocher d'eux. Il en alla prendre possession vers la fin de l'année 944, et, après l'avoir gouvernée environ trente ans, il y mourut le 27 janvier 973, avec la consolation de voir que tous les religieux de cette maison avoient embrassé la réforme qu'il y avoit introduite (b).

(a) *Act. SS. Ben.*, sæc, 5, p. 362.
(b) *Ibidem*.

[1] Cf. *Hist. litt. de la France*, t. VI, p. 538.
[2] Micy, ou Saint-Mesmin, dans le Loiret.

RODERIC, VINGT-QUATRIÈME ABBÉ (VERS L'AN 945).

Ceux de Jumièges, se voyant privés de leur abbé et ne pouvant espérer de le revoir, pensèrent bientôt à lui donner un successeur. Ils jettèrent les yeux sur un de leurs confrères, nommé Roderic, dont l'histoire ne nous a presque rien conservé. Elle nous apprend seulement qu'il avoit de belles qualités, et, ce qu'il y a de plus louable, qu'elles n'étoient que la suite des vertus nécessaires au gouvernement, dans lequel il demeura longtemps : *Homo valde idoneus, multo vixit tempore* (*a*). Nous voyons en effet qu'il vivoit encore au tems d'Odon, évêque de Chartres, et que ce prélat, qui n'avoit pas moins d'affection pour lui que pour ses religieux, lui donna la terre du Trel, dans le fief et paroisse de Vaux, près de Meulant, pour un cens annuel payable au jour de S. Remy (*b*).

L'an 983. — La charte est datée des nones d'avril, la trentième année du règne de Lothaire, fils de Louis IV, dit d'Outremer, c'est-à-dire du 5 avril 983. Nous ne sçavons autre chose d'une si longue vie, et l'année

(*a*) *Ms. gem.*, part. II, p. 134.
(*b*) Voiez les *preuves*, art. 11.

qui la termina ne nous est pas plus connue. Le nécrologe en fait mention au 19 de février.

Quelques modernes, suivant l'opinion d'Artur Dumottier, lui donnent pour successeur Ensulbert (a), qu'ils font en même tems abbé de Fontenelle, mais leur sentiment ne peut être soutenu, après ce qu'en ont écrit Dom Mabillon et les auteurs de la *Gallia Christiana* (b). Ensulbert fut à la vérité moine et doyen de Jumièges, puis abbé de Saint-Vandrille, mais il ne gouverna jamais l'abbaïe de Jumièges en cette qualité ; il est même vraisemblable qu'il mourut avant Roderic, s'il est vrai que celui-cy n'ait fini ses jours que la dernière année du dixième siècle (c), car il est constant qu'Ensulbert termina sa carrière en 993. Il mourut à Jumièges et fut enterré dans l'église de Saint-Pierre, où l'on fit graver l'épitaphe suivante :

Hic humatus in tumulo requiescit Devotus Deo, pioque nomine vocatus Eufulbertus. Hic sub normâ almi Benedicti sanctam expetiit ducere vitam in sacri cænobii gemeticensis loco qui ejusdem cænobii piissimus extitit Decanus, et pio disponente Deo insignis claruit abbas in cænobio quod vocatur Fontinella, ubi excellentissima Beati Wandregisili clarescunt digne merita. Igitur supradictus abbas sacrum nutriens clerum et Basilicas Dei restaurans atque ornans, hospitalitatenque cum eleemosinarum largitione sectans præcipue, jejuniis atque orationibus cum sanctarum scripturarum meditatione assidue vacans, feliciter ab hujus ærumnis sæculi migravit ad astra poli, decimo calendas octobris anno ab incarnatione Domini nongentesimo nonagesimo tertio, atque anno sexto Decennovali lunâ existente secundâ. Perfruatur anima ipsius gloriâ sempiternâ in choro angelorum, amen.

(a) *Hist. Eccl. de Normandie*, t. II, p. 374.
(b) *Ann. Ben.*, t. IV, p. 303, et *Gall. christ.*, t. XI, p. 192.
(c) Mabill. *Ann. Ben.* et *Chron. Fontnella*.

ROBERT, VINGT—CINQUIÈME ABBÉ.

Après la mort de Roderic, la crosse de Jumièges passa à Robert Hispaque, religieux de la maison. C'étoit un homme d'esprit et d'une grande pureté de mœurs, mais si foible et si facile, qu'on vit bientôt son monastère avoir besoin de réforme, ce qui doit d'autant moins étonner que les mœurs des Normans étoient encore barbares. On n'y voioit au reste aucuns de ces vices grossiers et scandaleux trop ordinaires en ces tems là, et l'on peut dire que Jumièges étoit encore en plus grande réputation de régularité qu'aucune autre église ou abbaïe de la province. Aussi voions nous de ce tems là plus de monumens de pieuses libéralités de ceux que la fortune favorisoit, que nous ne pourrions en trouver dans plusieurs siècles postérieurs, où les riches se sont autorisés du prétendu relâchement des communautés pour couvrir leur avarice et étouffer ces reproches muets que leur font continuellement les donations de leurs ancêtres. On met au nombre de celles qui furent faites à l'abbaïe de Jumièges sous l'abbé Robert, la moitié du territoire de Heurteauville, dont Richard I lui fit présent. Les religieux achetèrent l'autre moitié d'un officier du Duc nommé Geofroi, et le duc ratifia cette acquisition [1]. Un de ses comtes, appelé Bernard, donna aussi, de son consentement, huit hospices à Hanesy [2], vingt autres à Guisinieres [3], et, dans l'une et l'autre de ces deux paroisses, une terre à deux charrues. Ces libéralités furent suivies de la donation de l'église et des dixmes de Guisinières par un prêtre nommé Marmon; de la terre de Vimoutiers [4], du patronage de l'église, des dixmes, prairies, eaux, pesches, moulins et bois jusqu'à la forêt dépendante de l'église Cathédrale de Saint-Pierre de Lisieux, ou *sente aux ânes*, par Osmond De Getez et ses copartageants.

Croupte. — Vers le même temps Gautier donna des marques de sa vénération pour l'abbaïe de Jumièges en lui cédant, avec l'église de Croupte [5], tout le domaine de la dite paroisse; la quatrième partie du Mesnil-Renouard en dixmes, prez et bois, avec la forêt entière d'entre Vimoutier et Croupte, jusqu'au chemin du Mont-Saint-Michel ou *pont de vir*, à la réserve de deux vavassories ou petits fiefs, dans le territoire de Croupte.

[1] Heurtauville, petite commune du canton de Duclair, sur la rive gauche de la Seine; elle entoure presque entièrement la presqu'île, dont le fleuve la sépare.

[2] Anisy, dans le Calvados, arrondissement de Caen, canton de Creully.

[3] Guisiniers, dans l'Eure, arrondissement et canton des Andelys.

[4] Vimoutiers, dans l'Orne, chef-lieu de canton de l'arrondissement d'Argentan.

[5] La Croupte, commune du département du Calvados, arrondissement de Lisieux, canton d'Orbec.

Oisy et Vieux-Fumé. — Evrard, Albuin et Trutmer donnèrent la baronnie d'Oisy et Vieux-Fumé[1] avec tout ce qu'il y possédoient en prairies, bois, eaux, pesches et moulins ; et, comme Hugues y avoit une portion, les religieux l'achetèrent pour éviter toute dispute dans le partage qu'ils seroient obligés d'en faire. Albuin ajouta à ces premières aumônes, qui luy étoient communes avec Evrard et Trutmer, assez de terre dans Condé, près d'Oisy, pour occuper le labour d'une charrue, en quoy il fut imité par Lambert, qui se démit, en faveur des moines, de tous ses droits sur les terres et sur l'église de la Barberie[2] ; et par Ermenolde et Frédéric, qui leur cédèrent la quatrième partie de l'église et des terres de Varaville[3].

L'abbaïe n'avoit aucuns titres de ces possessions, comme il paroit par la charte de Richard second, qui ne l'expédia que pour les mettre à couvert de l'injuste témérité de quelques usurpateurs, qui commençoient à s'élever de son tems contre Jumièges, quoique ce monastère fut alors dans sa plus grande ferveur, par les soins de S. Guillaume, abbé de Dijon[4], que le duc avoit fait venir pour rétablir Fécamp, alors occupé par des

---

[1] Dans le Calvados, arrondissement de Falaise, canton de Bretteville-sur-Laize. Cf. Léchaudé d'Anisy, *Recherches sur les léproseries, etc.*, dans les *Mémoires de la Société des Antiquaires de Normandie*, t. XVII, p. 211.

[2] Barbery, dans le Calvados, arrondissement de Falaise, canton de Bretteville.

[3] Varaville, dans le Calvados, arrondissement de Caen, canton de Troarn. Cf. Léchaudé d'Anisy, *ibid.*, p. 210.

[4] Cf. Boll., *Jan.*, t. I, pp. 57-64 et 746 (édit. Palmé).

chanoines séculiers et déréglés. Comme le relâchement dans Jumièges n'avoit pu faire de grands progrès dans un espace de douze ou quinze ans qu'il s'étoit introduit, le saint abbé n'eut pas besoin de tout son zèle pour faire rentrer les religieux dans leur devoir ; ses premières exhortations suffirent, et l'abbé Robert, qui fut conservé dans le gouvernement de la maison, n'eut aucune peine dans la suite à maintenir le bon ordre que l'homme de Dieu avoit rétabli.

L'an 1004. — Durant les premières années de ce renouvellement de discipline, dont il faut fixer l'époque en 1004, deux ans après la réforme de Fécamp, Albert le Riche, de la noble famille de Bellesme, père d'Arnoul, archevêque de Tours, et neveu d'Annon, vint à Jumièges chercher la voye du Ciel sous l'habit religieux. Robert la lui accorda et reçut ses vœux solennels, après avoir obtenu le consentement de sa femme, comtesse de Chateaudun. Albert, ainsi dégagé des liens du siècle, ne s'appliqua plus qu'à se perfectionner dans l'exercice des vertus qui convenoient à son état. Il parut comme un religieux parfait, dès le commencement, parmi ceux dont il sembloit n'être venu observer les actions que pour les imiter. Ils le regardèrent bientôt comme leur modèle, le voiant extrêmement humble, doux et plein de charité, soumis et obéissant à tout le monde, exact à tous ses devoirs de l'observance, retiré, aimant le silence et toujours en oraison, même au milieu du travail.

Dame-Marie, Boaffle. — Non content d'édifier ses

frères par la régularité de sa vie, il voulut encore les aider de ses biens par la donation qu'il leur fit de la terre de Dammarie [1], à Bellesme (a), et de Boaffle [2], en Poissy, près de Meulant, avec tout ce qui pouvoit lui appartenir dans la dépendance de ces terres, comme il est plus amplement expliqué dans les preuves articles 8 et 9 [3]. Il vouloit donner tous ses biens à l'église de Saint-Pierre, mais Robert et ses religieux l'en détournèrent, à cause de deux filles qui lui restoient dans le monde et qui ne se sentoient pas assez de force pour suivre la généreuse résolution de leur père. Contents des bons exemples qu'il leur donnoit (car sa vie étoit une louange et une sanctification perpétuelle du nom de Dieu), ils ne voulurent pas même de titres des donations qu'il leur avoit faites avant sa profession, et ce ne fut que plus de quinze ans après, lorsqu'il fut abbé de Micy, qu'il expédia la charte de Dammarie, et qu'il pria le roy Robert de ratifier la donation de Boaffle, située dans ses états.

Longueville [4]. *L'an* 1012. — Douze ans auparavant l'abbé de Jumièges, de concert avec sa communauté, fit un échange de la terre de Tourtenai, en Poitou, contre la seigneurie de Longueville [5], appartenante aux reli-

---

(a) *Analect..* t. III, p. 441. — *Preuves*, art. 8.

[1] Dame-Marie, dans l'Eure, arrondissement d'Evreux, canton de Breteuil.

[2] Aujourd'hui Bouafle, dans le département de Seine-et-Oise, arrondissement de Versailles, canton de Meulan.

[3] A la fin du présent ouvrage.

[4] Cf. A. Du Moustier, *Neustria Pia*, pp. 666-669.

[5] Département de la Seine-Inférieure.

gieux de Bourgueil[1], par la donation de la Comtesse Emme, leur fondatrice. L'acte en fut dressé en 1012, et confirmé par Richard II, duc de Normandie, Robert archevêque de Rouën et Mauger ses frères, Guillaume comte d'Arc, fils naturel de Richard I, Judith femme de Richard II et Gonnor sa fille, qui fit présent à l'abbé et aux religieux de Jumièges de trente livres d'or, Guillaume V, comte de Poitou, surnommé le grand, Prisque sa femme, Gilbert évêque de Poitiers. Rodolfe et Geoffroi son frère donnèrent aussi leur consentement, que l'on crut d'autant plus nécessaire que la terre de Tourtenai relevoit en plein fief du Comte de Poitou, comme celle de Longueville dépendoit pour la mouvance du Duc de Normandie. Les parties intéressées signèrent ensuite, au nombre de dix : sçavoir, pour l'abbaïe de Jumièges, Robert, qui en étoit abbé, Albert, religieux du même monastère, Bernard, Odon et Gilbert, évêque d'Evreux, qui est aussi qualifié moine. Les cinq du côté de Bourgueil furent Bernon, Tedelin, Garnier, Robert et Herloth (a). On y voit aussi les signatures de Lambert, d'Osmont, de Gautier et de plusieurs autres, tant ecclésiastiques que séculiers. C'est à cette époque qu'on fixe la fondation du prieuré de Longueville, et l'on ne voit pas en effet qu'on puisse la reculer.

La même année Albert fut élu abbé de Micy. Les commencements de son gouvernement furent accompagnés de quelques chagrins, que l'extrême pauvreté

(a) Mabill. *Ann.*, t. I, p. 224, et *Gall. christ.*, t. XI, p. 283.

[1] Bourgueil-en-Vallée, abbaye du diocèse d'Angers, fondée en 990.

de son monastère luy occasionna, mais il fit tant par ses soins qu'en peu de temps il y rétablit la paix et l'abondance. Pour conserver l'une et l'autre il obtint du roy Robert, en 1022, la confirmation des privilèges et des biens tant anciens que nouveaux de son abbaïe (*a*), et il écrivit au pape Jean dix-neuvième, que quelques uns qualifient dix-huitième, et même dix-septième, pour les mettre sous la protection du Saint Siège. La Bulle est de l'an 1025 (*b*). L'année suivante, son fils, qui avoit succédé depuis trois ans à Hugues, son oncle maternel, dans l'archevêché de Tours, lui donna l'abbaïe de Saint-Julien hors les murs de la ville. La crainte de Dieu, qui avoit accompagné toutes ses actions depuis son entrée à Jumièges, lui fit accepter cette place par l'appréhension de lui déplaire en la refusant ; mais les religieux, le regardant comme intrus, parce qu'ils ne l'avoient pas élu eux-mêmes, selon leur droit, refusèrent de lui obéir, et Albert, craignant d'aller contre la volonté de Dieu, qui sembloit se déclarer par le refus général de soumission de la part de ceux à qui il appartenoit d'élire leur abbé, renonça aux droits qu'il pouvoit avoir, et revint à Micy.

L'an 1014. — L'abbé Robert étoit mort, avec beaucoup de vraisemblance, dès l'an 1014, accablé d'années et comblé de bonnes œuvres qu'il avoit faites depuis la réforme de S. Guillaume, à laquelle il s'étoit soumis, et il ne laissa pas son abbaïe destituée de sujets capables

---

(*a*) Mabill. *Ann.*, t. IV, p. 706.
(*b*) *Analect.*, t. III, p. 439.

de lui succéder ; mais le respect les porta tous à déférer au saint réformateur le choix de celui que la providence Divine leur destinoit.

THIERRY, VINGT-SIXIÈME ABBÉ.

Guillaume mit donc à leur tête un de ses disciples, nommé Thierri, qu'il avoit amené avec lui de Saint-Bénigne de Dijon, et qui fut un de ses plus zélés co-adjuteurs dans les travaux de la réforme. Il l'avoit fait prieur de Fécamp (a), après que Richard II en eut chassé les chanoines, qui refusèrent d'embrasser l'état religieux. Thierri étoit Normand, natif du Perche, de l'illustre maison de Montgommeri ; il fut donné, étant encore enfant, par ses parents à l'abbaïe de Dijon, où il fit profession. Quelque tems après, ayant accompagné son abbé à Fécamp, il y exerça la charge de prieur jusqu'à ce que le bienheureux Guillaume le fit abbé de Jumièges. Après son élection, qui fut universellement approuvée, il fit recevoir et observer dans son abbaïe les coutumes de S. Bénigne, qui lui méritèrent le titre de restaurateur de la discipline monastique (b). On ne sçut jamais mieux allier la piété avec

(a) *Chron. St-Benign. Divion.*, Spicil., t. I, p. 440.
(b) *Ms Gem.*, part. II, p. 135.

l'amour pour les sciences et pour les arts. Aussi sa réputation attira bientôt auprès de lui un si grand nombre d'élèves, qu'il fut en état dans la suite d'en faire part aux monastères voisins, sans trop diminuer sa communauté. Il occupoit ses religieux suivant leurs talens. Les uns vaquoient à la prière et assistoient aux offices de jour et de nuit ; les autres travailloient des mains, ou s'appliquoient à l'étude de l'Ecriture sainte et des pères, qu'ils transcrivoient, et dont l'abbé voioit les copies, en quoy il suivoit la maxime de ses prédécesseurs, qui avoient toujours entretenu des écoles à Jumièges. Il y en avoit d'intérieures pour les moines, et d'extérieures pour les séculiers, qui y étoient reçus sans distinction du pauvre ou du riche, comme S. Guillaume l'avoit établi dans tous les monastères de sa réforme [1]. Souvent même les pauvres étoient nourris des aumônes du monastère. Un établissement de cette nature, aussi louable qu'avantageux, ne peut manquer

---

[1] Ce passage mérite d'être remarqué. Il confirme l'une des plus belles traditions de l'église, qui a toujours compris l'enseignement public et gratuit parmi ses devoirs essentiels et l'a répandu, même dans les siècles réputés barbares, avec une libéralité et un dévouement auxquels on n'a pas assez rendu hommage. Les abbayes, comme les cathédrales, avaient des écoles ouvertes à tous et très fréquentées, et dépensaient pour leur entretien des sommes relativement considérables. Nous avons eu déjà occasion de le constater, dans une étude sur *La Musique à l'abbaye de Fécamp*. Les monographies consacrées depuis trente ans à nos plus célèbres abbayes offrent toutes les mêmes documents, et permettent de tirer la même conclusion. — Cf. Bolland, *Act. ss. Januar.*, t. I, p. 60-61 (anc. édit.). — En 1338, l'abbaye de Jumièges affectait encore une rente considérable à l'entretien des écoles. Cf. de Beaurepaire, *Recherches sur l'Instruction publique dans le diocèse de Rouen*, t. I, p. 18.

de conserver la bonne discipline et de faire revivre les siècles d'or de l'ordre de S. Benoit. Jumièges, réformé et appliqué à la culture des lettres, communiquoit aux autres monastères, et l'institut qu'on y suivoit et les sciences qu'on y enseignoit. C'est ce que nous verrons dans la suite, en parlant de quelques religieux particuliers, que leur mérite fit élever à des dignités supérieures.

Thierri, uniquement occupé du succès des études et du progrès de ses frères dans la discipline monastique, fit trop peu d'attention aux mœurs déréglées de quelques religieux du prieuré d'Haspres, dépendant de son monastère. Gérard, évêque d'Arras, l'avoit souvent averti de ce qui se passoit, mais le pieux abbé, que la longueur du voiage rebutoit, usa de tant de délais que l'évêque perdit patience et résolut de faire par lui-même ce qu'il n'avoit pu obtenir par ses remontrances. Il prit avec lui l'abbé de Saint-Vaast, et le mena au prieuré d'Haspres, sous prétexte de l'accompagner dans la visite de l'église paroissiale. Ils descendirent au prieuré, et le prélat, y ayant trouvé de nouveaux sujets de mécontentement, il proposa à l'abbé de Saint-Vaast d'accepter cette maison et d'y mettre des religieux dont la vie et les exemples pussent être utiles au public. L'abbé, qui étoit témoin du peu d'édification que le public recevoit de ceux qui y étoient pour lors, promit de se charger de leur conduite et de céder à l'abbaïe de Jumièges en contre-change la terre d'Anglicourt en Beauvaisis. L'évêque ne fut pas plustot de retour à Arras qu'il écrivit à l'abbé de Jumièges pour lui faire part de son projet, le menaçant de chasser ses moines, s'il ne prenoit ce parti, qu'il croioit seul convenable dans ces circonstances.

L'an 1024. — Thierri consentit à tout, quoique l'inégalité fût manifeste, et l'acte en fut passé à Rouen, le 13 janvier 1024, en présence de Richard second, duc de Normandie, Robert, son frère, Richard et Robert, ses fils, et Warin, évêque de Beauvais (*a*).

Saint-Pierre-d'Autils et Longueville. Le Trait et Yainville. Joui le Gautiel. — On rapporte aussi à cette même année la permission que Thierri demanda à Richard II de réunir à son abbaïe l'église de Saint-Pierre d'Autilz[1] dans la seigneurie de Longueville[2]. Le duc la lui accorda et voulut même qu'on en fît mention dans la charte qu'il expédia trois ans après pour confirmer les donations de ses prédécesseurs, et assurer au monastère celles qu'il lui faisoit de nouveau, en dédommagement de l'échange du prieuré d'Hapres pour la terre d'Anglicourt, et de la cession que le Comte d'Evreux avoit contraint l'abbé Thierri de lui faire de

---

(*a*) *Chron. Cambr.*, l. II, c. 29. — *Ann. Ben.*, t. IV, p. 303. — *Preuves*, art. 10.

[1] Saint-Pierre-d'Autils, commune du canton de Vernon, arrondissement d'Évreux, département de l'Eure.

[2] Il ne s'agit plus ici de Longueville-en-Caux dans la Seine-Inférieure, mais de la grande seigneurie de Longueville qui comprenait une partie de Vernon outre les paroisses de Saint-Just, Saint-Marcel et Saint-Pierre-d'Autils, dont Longueville n'est plus aujourd'hui qu'un simple hameau. Cf. de Blosseville, *Dictionnaire topographique du département de l'Eure*, p. 127.

la terre et des bois du Trait depuis la vallée de Yainville jusqu'à la Croix-au-Comte (*a*), pour quelques redevances qu'il prétendoit en qualité de seigneur suzerain sur les baronnies de Joui et de Gauciel, dépendantes de l'abbaïe. La charte de Richard est du mois d'aout 1027 : ce qui suffit pour convaincre d'erreur l'opinion de ceux qui ont placé sa mort en 1026, sur le seul témoignage de Guillaume de Jumièges, que tout homme raisonnable se fera scrupule de préférer à un titre original étayé de deux autres non moins authentiques en faveur des abbaïes de Fécamp et de Bernai, donnés le même jour dans une assemblée publique des seigneurs de la province.

Quoi qu'il en soit de cette diversité de sentiments, dans laquelle nous avons l'avantage d'avoir pour nous le sçavant auteur de l'*Histoire ecclésiastique*, le père Rivet et beaucoup d'autres, l'abbaïe de Jumièges s'est toujours cru redevable à Richard II des biens qu'elle a possédés et peut encore aujourd'hui posséder au Pont-de-l'Arche, à Dans, à Saint-Pierre-d'Autilz, à Saint-Marcel, à Saint-Just, à Tourville, aux Authieux, au Gruchet, à Rouen, à Lislebonne, à Trouville, à Norville, à Goui, à Vimoutier, à Saint-Pierre-du-Manoir, à Baieux, à Trun, à Honfleur, à Brocheville, à Dive et à Vieuxfumé, où il subrogea les religieux en ses droits et privilèges sur toutes les terres de la paroisse, voulant qu'en icelle, et dans tous les lieux où les biens qu'il

---

(*a*) *Ms Gem.*, part. II, p. 136.

leur donnoit étoient situés, ils les possédassent en toute liberté, comme il faisoit lui même avant que d'en avoir disposé en leur faveur (*a*). Ces marques de bienveillance pour l'abbaïe de Jumièges, où sa dévotion à saint Pierre et son respect pour Thierri lui faisoit faire deux ou trois voiages touts les ans, ne furent pas les seules dont il voulut honorer les serviteurs de Dieu dans cette sainte retraite ; il confirma par la même charte les donations des seigneurs particuliers, parmi lesquelles on trouve une place de moulin à Joui par le comte Rodolphe, dix acres de pré à Vatteville-sur-Seine [1] par Hugues, évêque d'Evreux, huit hospices [2] dans le marais de Dive [3] avec soixante-une mesures de sel, par Odon son maître d'hotel ; une acre de pré dans le marais de Curthulin, et la quatrième partie de Blacqueville [4] par Thetbert; l'église de la Luzerne [5] avec une terre et un moulin, par Christine ; la dixme d'Ifreville [6] par Turgot; un hospice à Claville [7] par le vicomte Ursion ;

(*a*) *Preuves*, art. 7.

[1] Canton de Caudebec, arrondissement d'Yvetot (Seine-Inférieure).

[2] Voir l'explication de ce mot dans l'*Étude sur la condition de la classe agricole en Normandie au moyen âge*, par M. L. Delisle.

[3] Commune du canton de Dozulé, arrondissement de Pont-l'Évêque (Calvados).

[4] Commune du canton de Pavilly, arrondissement de Rouen (Seine-Inférieure), tout proche de cette paroisse, mais sur le Mesnil-Panneville, est un lieu dit *le Marais*.

[5] Il y a plusieurs fiefs de ce nom en divers lieux et une commune dans le département de la Manche.

[6] Peut-être faut-il lire Imfreville on Infreville.

[7] Il y a Claville-Motteville et Claville-sur-Cany dans la Seine-Inférieure, et un autre Claville ou Clasville, dans l'Eure ; il nous paraît plus probable qu'il s'agit de ce dernier qui, comme Jouy et Gauriel, fait partie du canton sud d'Évreux.

et les deux parts de l'église, d'un pré et d'une terre au Pont-Autou[1], avec un moulin et deux isles au même lieu, par Stostring. Après le dénombrement de ces différentes donations, que le duc prend également en sa main et sous sa protection contre quiconque des donateurs ou de leurs héritiers voudroient s'en ressaisir, il les affranchit de toutes redevances et servitudes, dont ces biens pourroient être tenus envers lui, déclarant que son intention est qu'ils demeurent libres et assurés aux donataires, comme si lui-même les avoit donnés.

L'an 1027. — Suivant les caractères chronologiques de la trente-huitième année du roy Robert et de la huitième indiction, que portent les chartes de Jumièges, de Fécamp et de Bernai, elles durent précéder d'assez peu de temps la fin du duc Richard. Il mourut à Fécamp le 23 d'aoust de l'an 1027, et fut enterré dans l'église abbatiale auprès de son père, ainsi qu'il l'avoit désiré. L'abbaïe de Jumièges perdit un père et un protecteur en perdant le duc Richard. Ce prince avoit employé son autorité et ses biens à faire éclater sa magnificence et sa piété envers elle ; à peine fut-il mort que Roger de Montgommeri, appuié de l'exemple du duc Robert, dont les commencements furent peu favorables à l'église, parut, comme de concert avec deux seigneurs du roiaume, vouloir la dépouiller tout à la fois de ses anciennes possessions. Il supprima le marché de Vimoutier, dont les religieux de Jumièges tiroient un

---

[1] Commune du canton de Montfort, arrondissement de Pont-Audemer (Eure).

revenu considérable, et le transféra à Montgommeri[1], dont il étoit seigneur. Albert, seigneur de Creil, s'empara de la seigneurie de Montaterre[2], que l'abbaïe venoit de recouvrer par la mort d'un gentilhomme du pais, nommé Herman, à qui Vaningue l'avoit cedée par un bail à vie à l'insçu de son abbé et sans la participation de ses frères. Dreux, comte d'Amiens, surchargeoit de nouvelles exactions la terre de Genesville, dont Gautier son père s'étoit fait le défenseur au moyen de la seigneurie que l'abbé Robert lui avoit abandonnée.

Thierri, touché de la misère des fermiers et des vassaux de Genesville, s'efforça par prières et bons offices d'obtenir du comte Dreux l'affranchissement de cette terre. Il lui offrit soixante-deux livres, monnoie de Rouen, et six chevaux de prix, promettant en outre d'envoier dans le prieuré trois religieux de sa maison, dont les œuvres et prières seroient appliquées au profit des âmes de ceux qu'il lui plairoit de choisir. Dreux, en considération de l'homme de Dieu, ou plustot de Dieu lui-même considéré dans son serviteur, et pour le repos de l'âme de son ayeul et de son ayeule, de son père et de sa mère, de lui-même, d'Emme, sa femme, et de ses enfants, accepta l'offre et accorda la demande de Thierri. Il lui promit de remettre à son monastère la

---

[1] Montgommery forme aujourd'hui deux communes et deux paroisses du canton de Livarot, arrondissement de Lisieux (Calvados), voisines de Vimoutiers, bien que ce dernier appartienne au département de l'Orne.

[2] Montaterre ou Montataire, commune du canton de Creil, arrondissement de Senlis (Oise).

terre de Genesville, libre et déchargée de tel cens ou exaction dont lui ou ses prédécesseurs l'avoient surchargée. Mais Thierri étant venu à mourir peu de temps après cette convention, l'acte n'en fut dressé que sous l'abbé Guillaume, son successeur, en 1030, la quarante-deuxième année du roi Robert. Ce qui a donné lieu à l'auteur de l'*Histoire ecclésiastique de Normandie* de douter que Thierri ait précédé Guillaume dans le gouvernement de l'abbaïe de Jumièges, parce qu'il est fait mention du premier dans la charte dont nous parlons, et que le nom de Guillaume se trouve dans une autre charte qui a dû nécessairement précéder celle du comte Dreux. Le lecteur équitable jugera sans peine que cette difficulté ne mérite pas qu'on s'y arrête. Thierri n'a place dans la charte de Dreux que parce que le comte se laissa gagner à ses prières, et que les conditions du traité avoient été dressées et rédigées par écrit de son vivant, ou du moins avant que la nouvelle de sa mort fût devenue publique. Les abbés de Jumièges destinèrent dès lors trois religieux à Genès-Ville, et les y ont entretenus jusqu'à ce que, les vivres étant devenus plus chers, on fut contraint de réduire ce petit monastère en prieuré simple. Nous verrons dans la suitte comment et à quelles conditions il est passé aux Chartreux de Gaillon, pour y être réuni à perpétuité.

L'an 1028. — Thierri, comme on a vu, survécut peu aux conventions faittes avec le comte d'Amiens. Dieu l'enleva de ce monde, pour le récompenser éternellement, vers le milieu de l'année 1028. On enterra son corps dans la chapelle de Saint-Sauveur, qu'il avoit fait rebâtir sur les fondements de la grande église, dont il avoit fort à cœur de relever les ruines. Mais, quelque raisonnable que fût son zèle pour la gloire de Dieu, et quelque juste que parût le dessein qu'il avoit formé de lui bâtir un temple plus auguste que n'étoit l'église de Saint-Pierre, cette pensée si sainte en elle-même ne se rencontra pas avec la volonté de Dieu, dont les momens ne sont connus que de lui seul. Après la cérémonie de ses funérailles, qu'on croit avoir été le 17 de may, les religieux s'assemblèrent et réglèrent entr'eux qu'on feroit à perpétuité son anniversaire avec la même solennité qu'il avait voulu qu'on fît de son tems ceux des ducs de Normandie, Guillaume de Longue-Epée et Richard, leurs bienfaiteurs. Dans la même assemblée, ils approuvèrent les règlements qu'il avoit faits pour la station des litanies de la Vierge[1], chaque premier jour du mois, et la lecture d'un point de la règle tous les jours de la semaine qui ne seroient point empêchés par une fête de précepte. Ils confirmèrent ensuite son ordonnance pour la punition des fautes dans la célébration des saints mistères, et son rituel, ou livre des cérémonies qu'on devoit observer dans l'administration des sacrements, dans la bénédiction des vases et ornemens ecclésiastiques, et dans la réception et profession des novices, tant enfants qu'adultes. Dom Martène a puisé dans ce rituel et dans un ordinaire presque de

---

[1] Ce fait prouve l'antiquité des litanies de la Sainte-Vierge et de l'usage des stations qu'on retrouve dans nombre de cathédrales.

même date plusieurs choses singulières et intéressantes qu'on peut voir dans son traité *de antiquis ecclesiæ ritibus*, des anciens rites de l'église[1].

GUILLAUME, VINGT-SEPTIÈME ABBÉ.

Huit jours après, le prieur claustral convoqua une nouvelle assemblée pour l'élection d'un abbé ; il fut choisi lui-même d'une commune voix, et installé, après bien des difficultés de sa part, car il étoit humble et avoit un mérite que ses frères sçavoient estimer comme ceux du dehors ; il se regardoit comme le dernier d'entre eux et le moins digne de leur préférence. Le premier soin de Guillaume, c'est le nom du prieur claustral de Jumièges élevé à la charge d'abbé, fut de gouverner ses religieux plus par ses exemples que par ses paroles. Il étoit le premier aux exercices de jour et de nuit, persuadé que sa

---

[1] Mabillon cite en effet l'*Ordinarium vetus* du monastère de Jumièges dans le *Syllabus librorum sacramentorum, missarium*, etc., qui précède son beau traité *De Antiquâ Ecclesiæ disciplinâ in divinis celebrandis officiis* ; et dans ses trois volumes in-4° *De Antiquis Ecclesiæ ritibus* publiés et composés en grande partie à Rouen ; mais c'est surtout dans son *De antiquis monachorum ritibus* qu'il faut chercher les détails indiqués par notre auteur.

Le précieux manuscrit dont il s'agit est aujourd'hui conservé à la bibliothèque municipale de Rouen.

régularité particulière, beaucoup plus que sa puissance et son rang, serviroit à maintenir la règle et l'observance de la discipline dans son monastère. La communauté de Jumièges étoit alors composée d'un grand nombre de vieillards respectables par leur exactitude, et d'une jeunesse florissante, sous la conduite de Thierri, que le dernier abbé, dont il étoit neveu, avoit commis à l'éducation de ces jeunes élèves. Guillaume s'appliqua avec lui à les former dans l'amour des sciences, qui faisoit son caractère dominant, et dans l'art de copier les livres les plus propres à nourrir la piété et à cultiver l'esprit ; il recommença pour ainsi dire ses études avec eux.

Cette occupation ne l'empêcha pas néanmoins de vaquer aux affaires temporelles de sa maison, qui demandoient sa présence, et ce fut en un de ces cas que, ses officiers se croiant avec raison moins en état que lui de s'opposer à l'injustice d'Albert, il fut contraint de les accompagner à Senlis, où se trouvait alors le roi Robert, pour engager ce prince à lui faire restituer ses biens de Montaterre [1], dont ce seigneur les avoit dépouillés. Son voiage eut tout le succès qu'il en pouvoit attendre (*a*). Le roy le reçut avec bonté, écouta ses plaintes, et rendit en sa faveur le jugement dont nous avons parlé plus haut, en faisant l'énumération des biens que Ste Bathilde avoit aumônés à l'abbaïe. Cette

---

(*a*) *Preuves*, art. II.

[1] Montataire, département de l'Oise, arrondissement de Senlis, canton de Creil.

charte, ainsi qu'on l'a dit, étant signée de Richard II, duc de Normandie, ne peut être plus tard que 1028.

L'an 1030.— *Vimoutier*.— Deux ans après, le duc Robert, surnommé le Magnanime, devenu plus chrétien, rendit à l'abbé Guillaume le marché de Vimoutier, que Roger de Montgommeri avoit supprimé pour le transférer à Montgommeri. Non content de cette restitution, il priva l'usurpateur du droit de marché dans son propre bourg, et voulut qu'il n'y en fut établi qu'avec l'agrément de l'abbé et des religieux de Jumièges, ce qui fut exécuté la même année après beaucoup de prières et d'instances de la part de Roger, et aux conditions qu'il augmenteroit le revenu de Vimoutier d'une livre de deniers par an.

Verneuil.—L'abbaïe de Micy, au diocèse d'Orléans, avoit encore pour abbé le vénérable Albert. Il avoit été tiré de Jumièges, ainsi que nous l'avons remarqué, et l'on peut dire que son cœur y étoit plus souvent qu'à Micy. Il en donna des marques vers la fin de l'année 1031, en cédant à ce monastère la terre de Verneuil [1] avec l'église et la chapelle de Mont-Baudri [2], son annexe, le moulin, les bois, vignes, prez et généralement tous les droits et profits de la dite terre (*), dont Vautier et Gilbert avoient joui jusqu'à ce jour à titre de bénéfice.

(*) Voyez les *Preuves*, art. 12

[1] Verneuil, chef-lieu de canton de l'arrondissement d'Evreux, au département de l'Eure.

[2] Mont-Baudry, fief dépendant de Saint-Martin-du-Vieux-Verneuil. De Blosseville, *Dictionnaire topographique de l'Eure*, p. 144, col. 1.

Ce ne fut pas la dernière grâce que l'abbaïe de Jumièges reçut d'Albert. Tedbold avoit donné à l'abbaïe le patronage et les dixmes de Gauville [1], près du Vieux-Verneuil [2], avec autant de terre que quatre bœufs en pouvaient labourer aux trois saisons de l'année. Foulques, fils de Tedbold, s'en saisit à la mort du donateur, comme d'un bien de patrimoine; Albert la racheta par six livres de deniers, monnoie de Chartres, et la rendit à Jumièges. Nous verrons dans la suite que les héritiers de Foulques ne gardèrent pas plus de mesure ni d'équité que leur père.

Vers l'an 1032. — Boafle. — Valeran, comte de Meulan, donna aussi de l'exercice à la charité d'Albert. Comme ils avoient toujours été liés d'une amitié très étroite, Albert, après avoir donné la terre de Boafle aux religieux de Jumièges, crut ne pouvoir mieux faire que de la mettre sous la protection de son amy, qui avoit lui-même ses biens aux environs ; il lui fit même présent d'une mule de grand prix, pour obtenir que lui, ni ses gens, ne fissent aucun dommage sur cette terre. Le comte observa là dessus la convention, jusqu'à ce que Robert, duc de Normandie, lui aiant enlevé quelques domaines qu'il avoit en cette province, lui, par représailles, se jeta sur la terre de Boafle et la réunit à son domaine (*a*); ce qu'Albert et l'abbé Guillaume

---

(*a*) *Archives.*

[1] Commune réunie à Verneuil en 1844. — *Ibid.*

[2] Le Vieux-Verneuil, situé sur la rive droite de l'Avre, forma une paroisse distincte de Verneuil jusqu'en 1791.

aiant appris, ils l'allèrent trouver et firent tant par leurs exhortations, peut-être plus encore par une somme de dix livres qui lui fut offerte, qu'il se désista de ses prétentions par une charte qu'il signa avec le comte Hugues, son fils, et la comtesse Adélaïde, sous le règne du roi Henry, successeur du roi Robert, mort le 20 juillet 1031.

Dammarie. — Albert se chargea encore depuis de la construction d'une nouvelle église à Dammarie; mais ce ne fut pas gratuitement. Il fit de trop grandes dépenses pour ses fonds, ce qui l'obligea, de s'adresser aux religieux de Jumièges, qui, étant alors dans le besoin et manquant même du nécessaire, furent contraints d'engager aux moines de Micy les revenus de leur terre de Dammarie, jusqu'au parfait remboursement de douze livres de deniers, que ceux-ci avancèrent pour eux. Albert survécut peu à l'exécution de son entreprise. Jumièges fut le lieu de sa mort et de sa sépulture ; mais on ne peut pas dire qu'il ait été inhumé d'abord au côté droit du chœur de la grande église, qui n'était pas encore bâtie, quoiqu'on y voie aujourd'hui son tombeau avec une épitaphe conçue en ces termes :

Hic jacet Albertus, quondam regalia spernens,
Prudens atque pius, tantum cælestia cernens :
Mundi divitias cum regali ditione
Gemeticâ primas sprevit pro religione ;
Namque Dei forma monachorum venit amore.
Hic post sub normâ pastorum fulsit honore
Luceat ante Deum, careat magnoque labore
Usque modo per eum Domini sunt dona valore.
Obiit die 14 Januarii 1036.

ROBERT II, VINGT-HUITIÈME ABBÉ (L'AN 1037)

L'abbé Guillaume mourut aussi l'année suivante, 1037, le 9e jour d'avril; il eut pour successeur Robert II, dit Champart ou le Normand, religieux de Jumièges, homme d'esprit et très habile en toutes sortes de sciences.

Conches. — Herfast, abbé de Saint-Ouen de Rouen, connoissant son mérite, l'avoit fait prieur de son monastère en 1034, et ce fut en cette qualité qu'en 1035 il signa la charte de fondation de l'abbaïe de Saint-Pierre de Conches, par Roger de Toni (*a*). Il exerçoit les fonctions de sa charge avec toute la capacité que l'on pouvoit attendre d'un si grand maître, lorsque Guillaume, dont il étoit parent, se voyant prêt de mourir, le proposa à ses religieux pour le remplacer; en quoi l'on fut persuadé qu'il se conduisoit par l'esprit de Dieu plustôt que par aucune considération de la nature et du sang. Aussi la communauté se trouva parfaitement d'accord avec son pasteur dans un choix si sage; elle y applaudit, et le confirma unanimement dans la

(*a*) Ann. Ben., l. LVII, n° 51.

première assemblée qui fut tenue pour son élection, protestant qu'elle ne le choisissoit qu'à cause de ses rares vertus et de sa grande piété. L'abbaïe de Jumièges rassembloit alors des hommes très-capables d'en juger. On trouve parmy les noms de ces illustres personnages ceux de S. Thierri[1], qui fut premier abbé de Saint-Evroult depuis sa restauration, de Rodolphe, de Hugues et de beaucoup d'autres, dont Orderic Vital a relevé le savoir et la régularité par les plus magnifiques éloges (a).

Robert fit bientôt connoître au dedans et au dehors qu'on ne s'étoit pas trompé dans le choix qu'on avoit fait de lui pour gouverner l'abbaïe de Jumièges. Son esprit, naturellement vif et brillant, le mit au commencement si fort au-dessus des fonctions spirituelles de sa charge et de l'embarras des classes qu'il faisoit à ses religieux pour leur expliquer l'Ecriture sainte, qu'après avoir rempli toutes ces fonctions, il lui restoit toujours du temps au delà de celui qu'il y emploioit, pour connoitre par lui-même l'état de sa maison et soulager ses officiers dans l'administration de leurs emplois. Son loisir ne se borna pas à la simple connoissance du temporel ; cette connoissance fit une autre impression sur son cœur, et il forma dès lors le projet de rebâtir

---

(a) L. III, p. 462,

[1] Plus connu sous le nom du Bienheureux Thierry de Mathonville, né à Veauville-Lesquelles, département de la Seine-Inférieure ; il remplît à Jumièges les fonctions d'écolâtre et celles de prieur. Le martyrologe de Saint-Allais affirme que son culte est répandu dans l'île de Chypre. Cf. *Hist. litt. de la France*, t. VII, pp. 70, 72, 83 et 84.

entièrement l'église de Notre-Dame, que la mort d'un de ses prédécesseurs avoit interrompu.

L'an 1038. — Cette pieuse résolution prit de merveilleux accroissements par la donation que Richard, comte d'Evreux, fils de Robert, archevêque de Rouen, fit à l'abbaïe, en 1038, du moulin de Gravigny[1], sur la rivière d'Iton (*a*). Un gentilhomme, nommé Raoul Havot, offrant son fils pour être religieux, donna aussi quatre-vingt-dix arpens de terre, proche de Gournai (*b*)[2]. Enfin, un particulier, nommé Robert, fit présent de sa terre de Cupine[3], dans le comté d'Evreux, près de Gauciel, où les religieux de Jumièges avoient déjà des biens considérables. Mais on a sujet de croire que l'abbé Robert, qui se conduisoit en tout avec les précautions d'une prudence éclairée, ne se contenta pas pour commencer son entreprise du revenu de ces fonds, qui venoient de lui être abandonnés. Le succès avec lequel il avança la réédification de l'église montre assez qu'il eut d'autres moiens pour cette œuvre, à moins qu'il n'ait vendu ces fonds, dont on ne trouve plus aucun signe de propriété dans la suite, comme des préparatifs nécessaires à son dessein.

L'an 1043. — C'est en effet ce que nos manuscrits semblent nous insinuer : *omnia quæ ubique acquisivit*

(*a*) Archives.

(*b*) *Ibid.*

[1] Gravigny (Eure), dans le canton d'Evreux.

[2] Probablement Gournay-le-Guérin, dans le canton de Verneuil.

[3] Ce lieu dit ne figure point (du moins sous cette forme) dans l'excellent *Dictionnaire topograhpique du département de l'Eure.*

ad peragendum opus delegavit ; quoi qu'il en soit, l'édifice fut commencé en 1040 et continué par les soins de Robert jusqu'à la solennité de Pâques de l'année 1043, qu'Edouard, fils d'Ethelred II et d'Emme, sœur de Richard, duc de Normandie, ayant été couronné roy d'Angleterre, l'appela auprès de lui pour le récompenser des bienfaits qu'il en avoit reçus pendant son séjour en Normandie, où il avoit été obligé de fuir après la mort de son père et la trahison de Goodwin, comte de Kent, sur Alfred, son frère aîné. Le Saint roi les racontoit aux grands de sa cour avec une tendre reconnoissance et prenoit plaisir à lui donner devant eux des marques sensibles de son estime et de son affection. L'abbé de Jumièges travailla à les mériter de plus en plus par tous les services qu'il put lui rendre, mais particulièrement par sa fidélité à répondre au choix que ce prince fit de lui pour être son conseil et l'arbitre des grâces qu'on lui demandoit.

Il n'y avoit pas encore un an que Robert Champart étoit passé en Angleterre, lorsque le comte Goodwin accusa la reine Emme, mère d'Edouard, d'un commerce scandaleux avec Alwin, évêque de Winchester. La reine voulut prouver son innocence par l'épreuve ordinaire du feu, et, la condition acceptée, on s'assembla dans l'église de Winchester, où cette reine se dépouilla de son manteau roial et marcha les yeux bandés sur douze socs de charue, sans en souffrir aucun dommage, au grand étonnement du roy, des évêques et d'une multitude de spectateurs. La reine ainsi justifiée,

Edouard lui demanda pardon, et reçut, suivant l'usage du tems, la discipline de sa main et de celle de l'évêque injustement accusé. Le perfide Goodwin fit retomber l'injustice de cette accusation, et l'épreuve faite en conséquence, sur l'abbé Robert, qu'il regardoit comme son rival. Le peuple le crut ; les seigneurs, jaloux de son crédit, confirmèrent ces faux bruits, et Robert fut obligé de sortir du roiaume pour retourner à Jumièges, laissant au roi le soin de le justifier et de calmer les esprits.

L'an 1045. — Sa cause ne pouvoit être en de meilleures mains. Edouard n'eut pas plustot sçu son départ, qu'il apaisa la tempête en découvrant le calomniateur. Robert fut rappelé, on courut au-devant de lui, on le reçut avec respect et on s'empressa de lui témoigner la joie que causoit son retour. La sienne fut complète lorsqu'il vit la reine et l'évêque de Winchester prendre part à cette feste publique, qui fut suivie, peu de mois après, de sa nomination à l'évêché de Londres, vacant par la mort d'Alvood, qui arriva en 1045 [1].

---

[1] C'est à Robert Champart que Jumièges doit ces splendide manuscrits anglo-saxons dont s'énorgueillit aujourd'hui la bibliothèque de Rouen, et qui ont été décrits trop de fois pour qu'il nous soit besoin d'insister davantage sur leur haute importance historique et artistique. Cf. Ed. Frère, *Manuel des Bibliographes normands*, t. I, p. 91 et t. II, p. 310.

GEOFROY, VINGT-NEUVIÈME ABBÉ

L'abbaïe de Jumièges avoit été près de deux ans sans pasteur, lorsque le nouvel évêque de Londres, persuadé de la nécessité de la résidence pour tous les prélats, crut devoir se démettre de son abbaïe pour le soulagement de sa conscience ; ce qu'il fit par une démission pure et simple, dans un voyage qu'il fit à Jumièges vers le mois d'aoust de la même année 1045 ; un religieux de la maison, nommé Godefroi, fut son successeur, comme le plus propre à l'exécution du projet que Robert avoit formé de bâtir la plus belle église de la province. Godefroi, qui avoit un goût décidé pour l'architecture, entra en effet dans les vues de son prédécesseur et pressa l'ouvrage autant que ses fonds et les aumônes qu'il recevoit d'Angleterre le lui permirent ; mais il vécut trop peu pour en voir la fin. Comme il était sçavant et curieux des bons livres, il en fit venir plusieurs des païs étrangers, dont il fit faire des copies, et, par reconnoissance, il ordonna un service à perpétuité, tous les premiers lundis de carême, où l'on avoit coutume de distribuer les livres aux religieux, selon la règle de S. Benoît, pour le repos des âmes de ceux qui en auroient fait présent à l'abbaïe, qui en composeroient de nouveaux, ou qui s'occuperoient à les transcrire. Ce qui prouve que, s'il y avoit d'habiles copistes à Jumièges, où les bonnes études étoient alors en honneur, il y avoit aussi des sçavants capables d'enrichir la République des lettres. Peut-être l'ont-ils fait et que nous n'en sommes pas instruits [1], pour avoir négligé de mettre leurs noms à la tête de plusieurs ouvrages manuscrits dont les auteurs nous sont inconnus.

Quelques années après l'élection de Godefroi, Roger, comte de Montgommeri, confirma la donation qu'un de ses gentilshommes, nommé Goisfrid, fils de Gozelin Stantuin, avoit faite de sa terre de Fontaine à l'abbaïe de Jumièges, en s'y consacrant à Dieu sous l'habit religieux. La charte porte que la terre de Fontaine sera à l'avenir affranchie de toutes redevances et servitudes envers le comte de Montgommeri, et que l'abbé Godefroy lui avoit donné un cheval du prix de trente livres, et une cuirasse valant sept livres. Cette charte n'est point datée, mais il est aisé de voir à quel tems on la doit rapporter (a), s'il est vrai, selon l'ancien nécrologe de l'abbaïe, que Godefroi, dont il y est fait mention, soit mort le 24 de may 1048.

(a) Voyez les *Preuves*, art. 14.

[1] Phrase incorrecte que nous avons respectée, et qui doit s'entendre ainsi : « Peut-être avons-nous eu à cette époque des savants à Jumièges sans que nous en soyons instruits, parce qu'ils ont négligé de mettre leurs noms à la tête de plusieurs ouvrages manuscrits dont les auteurs nous sont inconnus. »

ROBERT III, TRENTIÈME ABBÉ (L'AN 1048).

Robert III fut son successeur, et Mauger, archevêque de Rouen, le bénit huit jours avant le Concile qu'il tint dans sa ville vers le mois de septembre de la même année 1048 [1].

L'année suivante, Robert Champart, évêque de Londres [2], fut pourvu de la coadjutorerie de Cantorbéry, dont l'archevêque Edsi venoit d'exclure Siward, abbé d'Abbendon [3], à cause de son ingratitude et des mauvais traitements qu'il en recevoit depuis près de cinq ans qu'il l'avoit honoré de cette charge dans l'espérance de se donner un digne successeur en sa personne. Robert, qui étoit né avec un désintéressement si général qu'il étoit incapable de former aucun désir pour son propre avantage, n'hésita point, en acceptant cette

[1] La première édition des conciles de Rouen, publiée par D. Pommeraye et Aug. Godin, indiquait ce concile comme s'étant tenu en 1050 (*Sanct. Rotomag. Eccles. Concilia et Synod.*, 1677, in-4º, p. 65). D. Bessin rectifie cette note en prouvant que le Concile est antérieur au Concile de Rheims de 1049 (*Concilia Rotomag. provinc.*, 1717, in-fº, p. 40); mais il ne précise point autant que notre auteur.

[3] Le même que Robert II, abbé de Jumièges, dont il a été question plus haut.

[2] Jumièges fournit deux abbés au monastère d'Abbendon, Athelelme dont il sera parlé plus loin, et Rainold, qui fit présent au monastère normand d'un évangéliaire splendide, enrichi d'or, d'argent, et de pierres précieuses, qu'on y gardait encore vers 1750 (*Hist. Littér. de la France*, tom. VII, p. 72). Nous ignorons ce qu'il est devenu.

nouvelle dignité, à demander au roi l'évêché de Rochester pour le malheureux Siward, ce qui lui fut accordé.

Pour lui, il renonça à celui de Londres, et passa dix-huit mois à soulager l'archevêque de Cantorbéry dans les fonctions du saint ministère et dans le gouvernement de son diocèse, dont il demeura chargé en 1050, par la mort du vieillard Edsi, son prédécesseur.

Il n'oublia point, dans son élévation, qu'il avoit été abbé de Jumièges, et que la basilique de Notre-Dame étoit son ouvrage. Depuis son passage en Angleterre, les religieux s'étoient trouvés hors d'état de l'achever, tant à cause de leur grand nombre que par le concours prodigieux des étrangers qui abordoient à Jumièges pour étudier sous le bienheureux Thierri, qui y exerçoit, avec la dignité de prieur, l'emploi d'écolâtre pour les séculiers et les réguliers. Il crut donc ne pas faire un mauvais usage des revenus de son évêché en en consacrant une partie à l'avancement d'un édifice que la piété seule lui avoit fait entreprendre. Depuis qu'il fut évêque de Londres, il apporta tous les ans à Jumièges le fruit de son épargne, dont nous ne faisons pas difficulté de dire que dépendoit la perfection de ce monument public, pour lequel il fit présent à l'abbaïe de plusieurs ornements très riches, et d'un magnifique missel à l'usage de l'église anglicane [1], enrichi de par-

---

[1] Le *Missale anglo-saxonicum*, dont nous avons parlé plus haut, et qu'on voit encore aujourd'hui à la Biblioth. munic. de Rouen. — Cf. Montfaucon (*Biblioth.* 1216-1217).

faitement belles miniatures, lettres initiales et autres figures en or (a).

Quelque grandes que fussent ses libéralités envers l'abbaïe de Jumièges, on peut assurer que sa charité pour les pauvres de son diocèse étoit encore plus abondante, puisqu'il ne se contentoit pas de leur donner tout ce qu'il pouvoit des revenus de son évêché, mais qu'il étoit à leur égard comme le dispensateur du superflu des riches innocents qu'il avoit accoutumés, par ses prédications et par ses exemples, à ne rien amasser pour un avenir incertain et pour des héritiers qui dissiperoient leurs biens en festins et en divertissemens après leur mort. Les indigens venoient à lui de tous côtés ; il les recevoit tous, leur donnoit quelquefois à manger, les servoit lui-même à table et leur distribuoit après le repas l'argent et les vêtements dont ils avoient besoin. C'étoit là, outre la lecture et la méditation des choses saintes, ses occupations ordinaires à Londres. Il se conduisit de même à Cantorbéry, et soutint sans faste l'honneur de la primatie sur toute la Grande Bretagne et l'Irlande, attachée à son siège. Egalement sage et éclairé, il exerça un ministère plein de douceur, sans procez, sans discussion d'éclat, sans même la moindre difficulté, ni avec son chapitre, ni avec aucune autre église d'Angleterre, quoique celle d'York fut dès lors, comme elle a été depuis, dans l'usage de se croire indépendante de sa juridiction. Mais cette paix entre le chef et les membres fit ombrage au

(a) *Preuves*, art. 13.

comte Goodwin. C'étoit un de ces hommes ambitieux que la réputation de Robert et son crédit auprès du roy mettoient au désespoir. Il s'en vengea de la manière la plus étrange et la plus inouie, le faisant bannir par sentence des états généraux assemblés, comme un esprit remuant et la principale cause des troubles qui avoient agité le roiaume à l'occasion de l'insulte faite à Eustache, comte de Boulogne, par les habitans de Douvres, en 1051[1].

L'abbaïe de Saint Evroult[2], dans la forêt d'Ouche, aux extrémités des diocèses d'Evreux et de Lisieux, avoit été relevée dès l'année précédente par la piété de Hugues et de Robert de Grand-Mesnil. Ils l'avoient mise en état d'y recevoir des religieux qui se sentoient eux-mêmes assez de courage pour entrer dans cette carrière[3] ; mais ils avaient besoin d'un maître et de quelques compagnons pour les conduire et les exciter dans la voie où ils se proposoient de marcher. Ils en cherchèrent en divers lieux, et, s'étant arrêtés à Jumièges, ils prièrent l'abbé Robert de les aider dans l'exécution de leur pieux dessein. Robert, qui

---

[1] Cf. Robert de Torigny, ad ann. 1064, t. I, p. 51.

[2] L'abbaye de Saint Evroult ou d'Ouche faisait partie de l'ancien diocèse de Lisieux, aujourd'hui réuni au diocèse de Bayeux, département du Calvados.
Orderic Vital a consacré à l'histoire de cette abbaye, dont il était moine, une grande partie des livres III, V et VI de son *Histoire ecclésiastique.*

[3] Robert de Grentemesnil (de *Grentemaisnilio*) prit l'habit religieux en cette même année 1050. Orderic. *Histor. eccles.*, lib. III, cap. VI.

ne regardait dans toutes ses actions que la gloire de Dieu et le salut du prochain, leur donna le bienheureux Thierri de Mathonville[1], quoiqu'il en eût un extrême besoin pour l'instruction de la jeunesse, tant du dedans que du dehors, à laquelle l'abbaïe de Jumièges procurait une éducation gratuite, depuis près de cinquante ans.

Ce premier sacrifice fut suivi d'un autre, qui, pour n'être pas si grand, ne fait pas moins voir la générosité de l'abbé Robert, et ce que peut la charité dans un cœur dont elle s'est rendu maîtresse. Thierri avoit un neveu, nommé Raoul, habile copiste, et capable de lui succéder dans l'emploi d'écolâtre; il le demanda à Robert, et le succès ayant répondu à son attente, il le pria de lui donner aussi le moine Hugues, qui faisoit l'office de chantre à Jumièges, ce qui lui fut accordé avec une permission générale de prendre dans la communauté, entre les anciens et les jeunes, ceux qu'il croiroit les plus propres au maintien de la discipline qu'il se proposoit d'établir[2]. Nous ne sçavons pas au juste ceux qui se joignirent à lui; mais il n'y a pas lieu de douter qu'il n'ait choisi ceux dont l'incli-

---

[1] Orderic, au livre III de son Histoire Ecclésiastique, raconte avec détails la vie de l'abbé Thierry, qu'il fait naître dans le Talon, ce qui confirme l'opinion émise par M. Tougard dans la seconde édition de son *Catalogue des Saints du diocèse de Rouen* (Dieppe, 1879), que ce saint homme naquit à Mathonville, arrondissement de Neufchâtel, canton de Saint-Saens. Il mourut dans l'île de Chypre, en allant à Jérusalem, en compagnie de l'évêque de Bayeux et de Guillaume Bonne-Ame, depuis archevêque de Rouen (1058).

[2] *Hist. lit. de la France*, tom, VII, pp. 71-72.

nation pour les lettres, ou les talents pour s'y avancer, étoient les plus marqués, *ad constructionem novœ domûs, Rodulphum, nepotem suum, et Hugonem, cantorem, aliosque idoneos fratres, permissu patris sui, adduxit* (a). Le plus connu entre ces derniers étoit Gautier, qui porta depuis le surnom de Jumièges[1]. Avec cet essaim, qui pouvoit être de huit ou neuf religieux au moins, Hugues et Robert de Grant-Mesnil allèrent trouver le duc Guillaume, qui fit un accueil favorable à Thierri et l'établit premier abbé de Saint Evroult. Hugues, évêque de Lisieux, luy donna la bénédiction abbatiale, le 3 des nones d'octobre 1050, en présence d'Osberne, archidiacre de la même église (b). Le pieux abbé, avec le secours de ses compagnons, fit de cette nouvelle demeure une maison d'oraison, une école de vérité et une académie de chant et de tous les arts qui conviennent à des religieux ; il partagea son tems entre la prière et l'instruction ; il s'occupa même à copier les bons livres, et l'on conserve encore aujourd'hui dans la bibliothèque de Saint-Evroult un graduel et un antiphonier écrits et notés de sa main. Raoul, de son côté, fit un missel ; Hugues un commentaire sur Ezéchiel et le décalogue, avec un traité du repos de l'âme, tiré des plus beaux endroits des morales de S. Grégoire, sur Job ; Gautier copia l'abrégé de Tor-

---

(a) *Ord. Vital.*, l. III, ad ann. 1050.
(b) *Gall. Christ.*, t. X, p. 767 et 817.
[1] D. Mabillon, *Annales Bened.*, lib. 59, n° 93 et lib. 66, n° 81.

gue Pompée par Justin, et les ouvrages de Sénèque [1], qu'il termina par quelques vers de sa façon, inscrits de son nom et surnom de Jumièges, pour apprendre à la postérité que c'était à l'école de ce célèbre monastère qu'il avoit étudié la poésie et l'art de bien écrire.

Les moines de Jumièges ne perdirent pas au départ du bienheureux Thierri le goût qu'il leur avoit inspiré pour les sciences ; ils ne firent que changer de maître, et ce fut l'abbé lui-même qui se chargea de les enseigner, jusqu'à ce qu'il eût formé quelques élèves capables de l'aider dans cet emploi ou de l'en décharger entièrement. Il y réussit avec avantage. Guillaume de Jumièges, assez connu parmi les sçavans par l'*Histoire des ducs de Normandie*, prit sa place et enseigna avec éclat pendant quelque tems [2].

En Angleterre, la puissance de Goodwin croissoit tous les jours. Depuis la guerre occasionnée entre lui et Edouard par la mort d'un domestique du comte de Boulogne, qu'il refusa de venger sur les ordres du roy, il parvint à un tel degré d'insolence qu'il força le roy,

---

[1] Sénèque a été un des auteurs favoris du moyen âge. On trouve des manuscrits de Sénèque dans les catalogues de presque toutes les abbayes. Saint-Thomas-d'Aquin le cite fréquemment dans ses immortels ouvrages, et la plupart des écrivains des XIe, XIIe et XIIIe siècle ont fait au philosophe latin de nombreux emprunts. Il était, avec Virgile et Cicéron, l'auteur de l'antiquité le plus connu.

[2] Notre honorable confrère et ancien président d'honneur, M. Jules Lair, prépare depuis longtemps une bonne édition de Guillaume de Jumièges, que le monde savant attend avec impatience. Voyez sur cet auteur l'*Hist. lit. de la France*, t. VIII, pp. 167-173.

qui le détestoit en son cœur, à consentir que tous les étrangers fussent renvoiés du roiaume. L'archevêque de Cantorbéri, normand d'origine, fut banni par sentence des états généraux, assemblés par l'autorité de cet ambitieux seigneur, et il fallut partir, malgré la résistance d'Edouard à se rendre sur cet article. Robert quitta l'Angleterre, ne voulant pas être la cause d'une guerre civile ; mais, voiant qu'on avoit promu l'évêque de Winchester à son siège, il cita ses parties devant le pape, et prit la route de Rome pour y défendre sa cause en personne. Il passa par Fécamp, et consacra les basiliques de Saint-Benoit et de Saint-Valeri. Il donna la prêtrise à quelques clercs du monastère (*a*) et partit pour Rome, où il arriva vers le mois de septembre de l'année 1051 ; il y attendit ses adversaires jusqu'à la feste de l'Epiphanie, sans qu'aucun d'eux osât se présenter ni écrire contre lui, ce qui détermina le pape Léon IX à le renvoier avec une bulle qui le rétablissait sur son siège.

Mais le pacifique prélat, résolu de ne pas pousser ses ennemis à bout et de se renouveler devant Dieu dans le silence de la solitude, se contenta de remercier le souverain pontife, et revint à Jumièges, où il finit heureusement sa vie, le 26ᵉ jour de mai de l'an 1052, un mois et huit jours après son retour. Il avoit assisté, en revenant de Rome, à l'ouverture de la châsse de Saint Denis l'Aréopagite (*b*), que les moines

(*a*) *Ann Ben.*, t. IV, p. 728.
(*b*) Ibid., p. 539.

de Saint-Emmeran prétendoient posséder dans leur église de Ratisbonne.

Il fut enterré, suivant sa dernière volonté, du côté de l'évangile, entre deux piliers du sanctuaire de la grande église, dont il avoit fait rebâtir le chœur et le tour des chapelles. Son corps, enveloppé d'une étoffe de soie rayée, l'étole au cou et la ceinture sur les reins, fut mis dans un cercueil de pierre, autour duquel on dressa cinq pilastres qui représentoient les patrons du monastère, S. Filbert, S. Aicadre, S. Hugues et S. Valentin. Le cinquième n'est pas nommé dans nos manuscrits, mais on peut conjecturer avec raison qu'il n'était autre que S. Pierre, ou même la Ste Vierge, à laquelle l'église fut dédiée peu de temps après. Son squelette fut trouvé entier, les pieds tournés vers l'autel, avec une partie des étoffes et sa croix archiépiscopale, en 1696, lorsqu'on voulut placer les deux grilles de fer qu'on voit aujourd'hui à droite et à gauche du sanctuaire, où on lui a élevé une espèce de mausolée, avec son effigie en pierre blanche, pour servir de monument perpétuel de l'honneur et des avantages qu'il a procurés à l'abbaïe de Jumièges pendant sa vie.

S. Valentin, histoire de sa vie et de la translation de son chef à Jumièges. — Le nom de S. Valentin, que nous trouvons ici pour la première fois au nombre des patrons de l'abbaïe, nous donne occasion de parler de ce saint et de la translation de ses reliques[1]. Peu de

---

(1) Il a paru en 1860 une petite brochure intitulée *Vie et Miracles de Saint Valentin, évêque et martyr, patron de l'église paroissiale de*

personnes connoissent le lieu de sa naissance; beaucoup moins encore sont informées de sa vie et de ses miracles. Quelques-uns l'ont cru françois de nation, d'autres romain, et l'ont confondu avec un saint prêtre de ce nom, qui souffrit le martyre à Rome, sous l'empereur Claude II, vers l'an 269. Les uns et les autres se trompent[1] : S. Valentin étoit originaire de la ville de Terni en Ombrie, et tiroit son sang d'une des premières familles de la province ; mais il tira de bien plus grands avantages des exemples de vertu qu'il trouva dans la maison paternelle, où l'on professoit le christianisme dans l'innocence et la simplicité du cœur, en un tems où tout était encore plein de gentils. Il fut élevé avec grand soin dans l'étude de l'écriture sainte, sous la discipline de son évêque, qui, le voyant avancé pour l'esprit et la vertu beaucoup plus que son âge ne semblait le permettre, lui donna le baptême, et l'emploia dès lors dans les fonctions du ministère ecclésiastique ; il s'en acquitta avec tant de zèle et de sainteté, que, peu

---

Jumièges, par M. l'abbé Prévost, curé de Jumièges, membre de la Société Française d'Archéologie. Rouen, Rivoire, 1860, in-16 de 28 pp.

Le vénérable curé déclare, dans sa courte préface, qu'il « a suivi dans « cet opuscule le manuscrit d'un moine anonyme de Jumièges », qui n'est autre que notre auteur. « Nous avons, ajoute-t-il, abrégé ou complété « le récit quelquefois, et modifié le style souvent. Là s'est à peu près « bornée notre tâche ».

[1] Ce qui a pu fortifier cette erreur, c'est que les deux SS. Valentin sont honorés le même jour, c'est-à-dire le 14 de février ; le lendemain figurent au martyrologe Sainte Agape, SS. Saturnin, Castule, Magnus et Lucius, S. Craton et sa famille, car le célèbre rhéteur, converti par S. Valentin, fut également martyrisé (*Martyrolog. Roman.* XVI et XV Kal. Martii).

d'années après, il fut ordonné diacre, puis prêtre, et enfin évêque de Terni, par S. Félicien, évêque de Foligni, dans l'État Ecclésiastique, et missionnaire en Ombrie [1].

Ses premiers soins, depuis son ordination, furent d'annoncer par la ville et les villages la morale rigoureuse de la pénitence, l'inutilité du culte des faux dieux, et la nécessité de croire en Jésus-Christ, jointe à l'observation de ses loix. Dieu bénit ses discours, et le nombre des fidèles de l'un et de l'autre sexe s'accrut si considérablement en moins de deux ans qu'il fut obligé d'augmenter celui des ministres évangéliques, pour le soulager, et de bâtir une maison pour les vierges, qui abandonnoient leurs parents et leurs biens pour suivre Jésus-Christ et vivre dans la solitude sous sa conduite.

Cependant le feu de la persécution commença à s'allumer dans la ville de Terni. L'illustre Sainte Agape, que notre saint avoit élevée dans la foi, fut dénoncée au juge, qui, l'aiant trouvée ferme dans sa religion, lui fit couper la tête. Quatre autres de ses disciples, Saturnin, Castule, Magnus et Lucius, se sentant animés par l'exemple d'Agape, déclarèrent généreusement au juge qu'ils étoient coupables du même crime, et qu'ils n'avoient que du mépris pour ses dieux. Le juge, voiant qu'ils lui tenoient le même discours, ne porta qu'une

---

[1] Ce saint évêque, qui avait reçu sa mission du pape Victor, parvint à une extrême vieillesse, ce qui ne l'empêcha pas de recevoir la couronne du martyre, sous l'empire de Decius. (*Martyrolog. Roman.* 24 Janv.

même sentence contre eux, et, après leur avoir fait déchirer le corps à coups de fouets, il ordonna qu'ils fussent menés au supplice, ce qui fut exécuté. S. Valentin, après avoir beaucoup souffert dans cette persécution, où il avoit fortifié les fidèles par ses exhortations, souhaitoit ardemment de paraître à son tour devant le tribunal du juge qui avoit condamné ses chers disciples ; mais la providence divine, qui le destinoit à travailler tout de nouveau à la conversion des infidèles et à les munir ensuite contre la crainte des persécutions, ne permit pas que ses vœux fussent exaucés, il demeura donc à Terni, avec autant d'assurance que s'il eût été au milieu d'une ville où la religion chrétienne eut seule prévalu ; et, comme il avoit reçu la grâce des miracles pour confirmer la vérité qu'il enseignoit, les prodiges qu'il fit éclairèrent la plupart de ceux qui en furent témoins et amollirent bien des cœurs que ses discours n'avoient pu toucher.

Le bruit en aiant été jusqu'à Rome, un homme célèbre, mais payen, nommé Craton, qui occupoit alors une chaire d'éloquence en langue grecque et latine, envoia le prier de venir guérir son fils, qu'une maladie, inconnue à tous les médecins de la ville, tenoit courbé vers la terre depuis trois ans et si difforme dans tout le reste de son corps qu'il avoit à peine la figure d'un homme. S. Valentin reçut ces députés avec bonté, et, aiant sçu le sujet de leur voiage, il partit avec eux et arriva le même jour à Rome, où Craton l'attendoit avec sa famille et trois jeunes athéniens qui demeuroient

chez lui pour se perfectionner dans l'éloquence. Ils entrèrent ensemble dans la chambre du malade, dont le père infortuné demanda de nouveau la guérison avec beaucoup d'instances, promettant au serviteur de Dieu la moitié de ses biens s'il l'opéroit. « Je ne cherche point
« vos biens, répondit le saint, ni l'honneur de faire un
« miracle. La gloire du maître que je sers, et votre
« salut, sont les seuls intérêts qui me touchent. Je puis
« rendre la santé à votre fils, si vous croyez ; il dépend
« de vous de la ménager. » Craton entendit ces paroles dans leur propre sens ; il se fit instruire de la doctrine de Jésus-Christ, et promit d'embrasser la foi dès que son fils seroit guéri. Aussitôt S. Valentin fit sortir tout le monde de la chambre, ferma la porte sur lui et pria le Seigneur. Sa prière finie, il étendit son cilice sur la terre, et, ayant couché dessus le jeune Chéremon, l'objet de son voiage et de la manifestation de la toute puissance de Dieu, il se mit à chanter des psaumes et des cantiques. Vers le milieu de la nuit, la chambre parut éclairée d'une si grande lumière que ceux du dehors, la croiant en feu, furent saisis de frayeur ; mais ils furent encore plus surpris lorsque, s'étant appprochés de la porte, ils entendirent Chéremon chanter avec le saint et l'accompagner dans les actions de grâces qu'il rendoit à Dieu de sa guérison. Craton, étant entré avec sa famille et ses trois disciples, Proculus, Ephébus et Apollonius, se jetta aux pieds de S. Valentin, et, les tenant serrés entre ses bras, il le conjura de les régénérer dans les eaux sacrées du baptême ; ce qu'il fit volontiers,

après avoir brûlé toutes les idoles que Craton avait dans sa maison.

Dès que le bruit d'un événement si merveilleux fut répandu dans Rome, on courut chez Craton de tous les quartiers de la ville pour s'assurer de la vérité ; et comme il ne falloit que des yeux pour en juger, tous ceux qui avoient connu Chéremon, le voyant si parfaitement guéri et apprenant de quelle manière il l'avoit été, crurent en Jésus-Christ et furent baptisés en son nom. Mais tandis que la miséricorde de Dieu se répandoit sur ce grand nombre d'élus, le démon arma le préfet Placide, dont le fils s'étoit converti à la vue de cette merveille. Il fit arrêter le saint évêque de Terni, et, lorsqu'on l'eût amené devant son tribunal, il commanda aux bourreaux de le lier sur le chevalet et de lui déchirer le corps à coups de verges jusqu'à ce qu'il demandât à sacrifier aux dieux. En cet état, le saint martyr déclara librement ce qu'il pensoit des idoles, et levant les yeux sur les nouveaux convertis, qui l'avoient suivi, il les exhorta à demeurer fermes dans la foi de Jésus-Christ, pour laquelle il étoit résolu de verser jusqu'à la dernière goutte de son sang. Le préfet, voyant qu'il ne gagnoit rien à force de tortures, et craignant qu'il ne s'excitât quelque tumulte de la part des écoliers de Craton, qui avoit embrassé la foi, fit enlever le saint dans un cachot, d'où il fut tiré la nuit suivante par son ordre, pour être décapité. On croit que sa mort arriva sous l'empereur Aurélien, le 14 de février l'an 273 (a).

(a) *Bolland.*, Februar, t. II, p. 754.

Les trois athéniens, qui n'avoient point quitté le voisinage de la prison, suivirent de loin les exécuteurs de cette injuste sentence jusqu'au lieu du supplice, et emportèrent secrètement le corps de leur saint maître à Terni, où ils l'enterrèrent dans un fauxbourg de la ville [1].

L'opinion où l'on est à Jumièges que la tête de S. Valentin y a été apportée de Rome dans l'onzième siècle, a fait conjecturer que Proculus et ses deux compagnons l'avoient laissée dans cette capitale du monde chrétien pour la consolation de Craton et de sa famille, et qu'ayant été eux-mêmes couronnés par le martyre, ce chef avoit été recueilli et conservé par quelques uns de leurs parents, qui en avoient fait leur dévotion particulière, jusqu'au temps de la translation, dont Baudri, évêque de Dol, a écrit l'histoire vers l'an 1120, sur le témoignage des religieux de Jumièges, qu'il visitoit souvent. Cet auteur, qu'on ne peut soupçonner d'ignorance ni de mauvaise foi, après avoir fait l'éloge de la sincérité des religieux qui vivoient de son tems à Jumièges, et de la simplicité merveilleuse de leurs pères, rapporte qu'un prêtre de la province de Normandie, aiant été à Rome visiter les tombeaux des apôtres, un bourgeois de la ville lui fit présent du chef de S. Valentin, pour le déposer à son retour dans quelqu'église de France. La condition fut acceptée, mais le prêtre

---

[1] Ils furent plus tard saisis eux-mêmes par les persécuteurs, tandis qu'ils priaient sur le tombeau du saint, et furent décollés à leur tour (*Martyrol.* 14 Februarii).

normand, jaloux de ce trésor, eut de la peine à s'en désaisir ; il céda néanmoins aux remords de sa conscience, et S. Valentin fit un miracle en sa faveur, car, aiant apporté son chef à Jumièges, il lui obtint de Dieu la grâce de s'y faire religieux et d'y mourir saintement.

Cependant l'abbé et les religieux ne crurent pas qu'il leur fût permis d'exposer la relique à la vénération des peuples avant que Dieu l'eût manifestée par quelque miracle. Les règles de la prudence y étoient formelles ; on se contenta donc de la renfermer dans un chef d'ivoire, et de la mettre sous le grand autel de Saint-Pierre avec d'autres châsses dont les reliques ne sont pas venues à notre connoissance. Quelques années après, Dieu, voulant punir les habitants de Jumièges du mauvais usage qu'ils faisoient de leurs biens et manifester la gloire de son serviteur, fit venir dans toute la péninsule une quantité si effroyable de mulots [1], que les campagnes en étaient couvertes. Ils gâtèrent les grains, mangèrent les bleds, fouillèrent la terre, et il ne seroit absolument rien resté d'une abondante récolte, qu'on avoit espéré faire sous quelques jours, si S. Valentin, touché de compassion pour ces pauvres affligés, n'eût employé son crédit auprès du juste Juge pour retirer ce fléau. Il apparut dans l'église à un moine de grande piété, le visage tout éclatant de gloire, et lui dit d'avertir ses frères que le chef qu'ils possédoient étoit

---

[1] Une semblable invasion de mulots arriva dans le pays de Caux de nos jours, pendant l'hiver de 1881 à 1882, et ravagea les terres des environs de Dieppe et d'Yvetot.

véritablement le sien, et que, pour les en convaincre, Dieu feroit cesser par sa seule présence la désolation de leurs terres. La crainte d'une surprise ferma la bouche au religieux sur cette première apparition ; il n'osa même se fier à une seconde; mais, S. Valentin lui ayant apparu à la fin des matines du troisième jour, dans la même figure que les deux premières fois, et l'ayant repris de sa négligence, il avoua tout le fait.

Le jour ne fut pas plus tot venu, que l'abbé fit sçavoir aux habitants le moment de leur délivrance et le nom de leur libérateur. Les peuples aussitôt s'assemblèrent en foule à l'abbaïe; on ouvrit en leur présence la châsse de Saint-Valentin, pour leur faire voir son chef et animer leur confiance. L'aiant ensuite fait mettre sur un char, on le transporta en procession dans le bourg et dans la plaine voisine, où on l'eut à peine montré que la troupe innombrable de mulots, se rassemblant par pelotons dans tous les lieux où il paroissoit, courut avec impétuosité se précipiter dans la Seine, où ils furent tous noiés; on croit avec assez de vraisemblance que ce miracle ne peut être arrivé que depuis l'an 1058, qui fut celui de la mort de l'abbé Thierri, disciple du bienheureux Guillaume de Dijon ; et on le prouve par son silence au sujet de S. Valentin, qu'il n'auroit pas omis dans les litanies de son rituel, où il a donné place à tous les saints particulièrement invoqués de son tems dans l'abbaïe de Jumièges.

Quoi qu'il en soit, depuis cette manifestation miraculeuse des reliques de S. Valentin, qu'on ne peut au moins reculer au delà de 1051, où il étoit reconnu pour un des patrons du monastère, ainsi que nous l'avons remarqué à l'occasion des funérailles de l'archevêque de Cantorbéri, les moines de Jumièges ont célébré sa mémoire, le quatorzième jour de février, par une feste qui est d'office double majeur de la première classe et de premier ordre. Ils firent construire un autel en son honneur sous le jubé de la nouvelle église, qui a servi de paroisse aux habitans de Jumièges jusqu'au commencement du XII° siècle ; et les paroissiens eux-mêmes se joignirent aux religieux pour lui faire une châsse d'argent, et le prirent pour leur patron. Ils étoient persuadés, dit l'évêque de Dol, que Dieu les délivreroit par son intercession de tous les maux qu'ils s'attireroient par leurs péchez ; et en effet leur espérance ne fut pas vaine. La sécheresse fut si grande dans une année, qu'on ne comptait presque plus sur la récolte dans tout le païs. On fit une procession, où l'on porta le chef de S. Valentin dans l'église de Saint-Filbert du Mesnil [1], à trois milles environ de l'abbaïe. Le ciel étoit serein et sans nuages quand on commença la messe ; mais, à peine le prêtre eut-il prononcé les paroles de la consécration, qu'on entendit gronder le tonnerre et tomber une si grande abondance de pluie, qu'il fut impossible de sortir de l'église. L'orage ayant cessé, on se mit en chemin pour revenir ; mais, au milieu de la marche, la pluie recommença plus

---

[1] L'église paroissiale du Mesnil-sous-Jumièges, arrond. de Rouen, canton de Duclair.

fort qu'auparavant, et ce ne fut que par un prodige encore plus extraordinaire que, quoiqu'il tombât des torrents d'eau à droite et à gauche, aucun de ceux qui assistoient à la procession ne fut mouillé.

Peu de tems après, on fit une semblable procession pour le même sujet, mais il y arriva une chose particulière que nous sommes obligés d'ajouter icy pour la gloire de Dieu et de son serviteur. Le palfrenier de l'abbaïe, qui avoit perdu la vue et dépensé le peu de bien qu'il pouvoit avoir à se faire traiter par les plus habiles chirurgiens, sans qu'aucun d'eux l'eût pu guérir, ayant ouï dire que la châsse de Saint Valentin devoit passer devant sa porte, se fit conduire par sa femme au milieu de la rue, et pria les religieux d'y arrêter, lorsqu'ils passèrent. On descendit la châsse : l'aveugle se prosterna devant elle, fit sa prière avec tous les assistants, et se retira plein de confiance, après avoir fait un vœu, qu'il n'eut pas plustot accompli qu'il recouvra la vue aussi parfaitement que s'il n'eût jamais été malade.

Nous ne nous engagerons pas dans l'énumération des miracles que S. Valentin a opérés à Jumièges depuis l'établissement de son culte jusqu'en 1120, que l'évêque de Dol en écrivit l'histoire. Le récit en seroit trop long et même inutile, depuis que Bollandus les a recueillis dans son second tome des Actes des Saints, au 14 de février. Nous ne parlerons que d'un, dont Baudri nous assure qu'il a lui-même été témoin, et dont les habitants de Bliquetuit-sur-Seine renouvellent la mémoire tous les ans par une procession solennelle d'actions de grâces, qu'ils n'ont jamais interrompue depuis près de 650 ans[1]. La peste étoit survenue tout-à-coup dans leur païs et y faisoit un tel ravage, que, dans toute la paroisse, qui est une des plus considérables du Diocèse de Rouen[2], il restoit à peine un tiers des habitants. Ils ne trouvèrent d'autre remède au mal qui les pressoit que de recourir à Dieu et d'apaiser sa colère. Ils crurent y réussir par l'intercession de S. Valentin, et, dans cette persuasion, ils envoièrent à Jumièges prier les religieux de venir à leur secours avec le chef du saint martyr, qui ne fut pas plus tôt entré sur leurs terres, que les malades commencèrent à sentir la vertu du médecin dont ils imploroient l'assistance, et furent en état d'accompagner la châsse à son retour. Un auteur du XVIIe siècle nous a laissé par écrit (a) le détail de quelques miracles de notre saint, dont nous rendrons compte ailleurs, pour ne rien précipiter et reprendre la suitte de notre histoire [3].

Robert 3e étoit encore abbé de Jumièges quand

(a) *Vie de S. Valentin*, imprimée à Rouen, chez Dumesnil, en 1696.

[1] La révolution même n'a pu faire disparaître cette dévotion, et la procession de Bliquetuit, à Jumièges, se fait encore de nos jours.

[2] Notre auteur compte sans doute pour une seule paroisse celles de Notre-Dame et de Saint-Nicolas-de-Bliquetuit, qui, séparées au civil, sont du reste encore aujourd'hui réunies au spirituel.

[3] L'auteur est Dom François Tixier. Un exemplaire incomplet de cet ouvrage, que M. l'abbé Prévost déclare « très rare, sinon perdu », a paru à la vente de M. le chanoine Colas, en 1874 (catalog. n° 1555). Il figure au *Manuel du Bibliog. Normand* (tom I, p. 76), sous le nom de Baudry ; mais celui de François Tixier paraît avoir échappé aux recherches

l'archevêque de Cantorbéri mourut. Il fut intimement touché de cette mort, qui ne lui ôtoit pas seulement un ami, mais un bienfaiteur de son monastère, dont il avoit un extrême besoin pour achever l'église de la Sainte-Vierge, où il n'y avoit ni nef, ni vitraux. Il eut de la peine à essuier ses larmes ; mais il ne laissa pas de continuer l'entreprise et de la conduire heureusement à sa fin. Quelques seigneurs de la province y contribuèrent par leurs libéralités.

Hugues, évêque de Bayeux, fils de Rodolphe, comte d'Ivry, et neveu de Richard, premier duc de Normandie, fit présent à Raoul, qui avoit été son écuyer, et à l'abbaïe de Jumièges, dont il étoit religieux, de l'église, terre et seigneurie de Rouvrai[1], sur la rivière d'Eure (a). Ansold de Paris donna, en 1056, le fief

---

du laborieux auteur de cet ouvrage. Cf. *Hist. Litt. de la congrég. de S. Maur*, p. 379.

« Le chef de Saint Valentin, qui jusqu'à la révolution avait été conservé « à l'abbaye, fut, lors du départ des moines, pieusement recueilli par « M. l'abbé Adam, curé de la paroisse ; après le concordat, il fut « transféré à l'église paroissiale, où il est encore aujourd'hui. L'authen-« ticité de cette relique est garantie par le sceau encore intact des reli-« gieux de Jumièges. (L'abbé Prévost, op. cit. pp. 27-28.) » Elle est aujourd'hui placée sur le maitre-autel, et le saint est toujours en vénération dans la contrée.

De belles peintures, exécutées récemment dans l'église, représentent quelques-uns des faits rapportés plus haut. Ces peintures datent de 1859 et sont dues au pinceau de M. Th. Senties, professeur de peinture à Dieppe, mort depuis cinq ou six ans.

(a) *Preuves*, art. 15.

[1] Rouvray, aujourd'hui commune du canton de Vernon, département de l'Eure.

de Colombières[1], Vitry[2], Ivry[3] et Ville-Juive[4], dont Pierre de Paris, son fils, confirma la possession à l'abbé Robert par une charte datée de l'an 1069. Hugues, comte de Meulan, et Gautier de Tessoncourt lui donnèrent aussi des marques de leur l'affection, en la même année 1056, par le privilége qu'ils accordèrent l'un et l'autre à l'abbaïe de ne païer, ni droit pour le passage de ses vins sur la rivière de Seine, ni dixme pour les vignes qu'elle avoit à Vaux. A ces bienfaits succéda la donation du fief de Hauville par Gilbert Crespin, officier du duc Guillaume (a).

Avec ces secours, Robert trouva moyen de mettre fin à ses travaux. Il n'y avoit plus un ouvrier dans la maison au mois de novembre 1066, et l'on ne pensoit dès lors qu'à faire la cérémonie de la dédicace de cette église, pour y pouvoir célébrer la fête de Noel ; mais S. Maurile[5], archevêque de Rouen, la différa jusqu'au mois de juillet de l'année suivante, pour la faire avec plus de solennité, dans le Concile

---

(a) *Preuves*, art. 16, 1º.

[1] Colombières, aujourd'hui hameau du département de la Seine, dépendant de la commune de Colombes, arrondissement de Saint-Denis.

[2] Vitry, aujourd'hui Vitry-sur-Seine, canton ds Villejuif, arrondissement de Sceaux, departement de la Seine.

[3] Yvry, aujourd'hui Ivry-sur-Seine, canton de Villejuif, arrondissement e Sceaux, département de la Seine.

[4] Ville-Juive, aujourd'hui Villejuif, chef-lieu de canton de l'arrondissement de Sceanx, département de la Seine.

[5] Nous avons déjà remarqué qu'on ne donne habituellement à ce saint rchevêque que le titre de *Bienheureux*.

provincial qu'il voulut tenir à Jumièges (a) après la conquête de l'Angleterre par Guillaume, duc de Normandie [1]. Le duc s'y trouva avec tous les évêques de la province : Jean d'Avranches, depuis archevêque de Rouen, Guillaume de Coutance, Hugues de Lisieux et Beaudouin d'Evreux. Odon, évêque de Bayeux, ne put y assister, parce que le duc son frère lui avoit laissé la régence du royaume d'Angleterre pendant son absence. Ive, de Séez, n'étoit point encore de retour de Paris, où il avoit été appelé pour la dédicace de l'église de Saint-Martin-des-Champs. Après les cérémonies de la consécration, qu'on met ordinairement au 1er juillet 1067, S. Maurile célébra pontificalement la messe au grand-autel, et finit par un discours au peuple sur la sainteté des temples et le respect qui leur est dû.

Vers le même tems, Dieu voulut tirer de la poussière et faire renaître la mémoire de S. Constantin, évêque de Beauvois, et de S. Pérégrin, évêque régionnaire en Angleterre, dont les corps reposoient en solitude et sans honneur dans l'abbaïe de Jumièges, depuis sa destruction par les Danois. Leurs châsses furent trou-

---

(a) *Act. SS. ord. S. Ben.*, sæc. VI, part. II, p. 226.

[1] Don Bessin ne donne pas les actes de ce *Concile provincial*, que Dom Pommeraye a mentionné sous le titre de *Conventus Episcoporum Normaniæ ad dedicationem Basilicæ Gemmeticensis*, etc. (*Sanct Rotom. Eccl. Concil.*, p. 75). C'est qu'en effet on ne voit point que cette réunion, dont parle Ordéric, ait eu les caractères d'un Concile, ni qu'elle ait été l'occasion d'aucune délibération ni d'aucun règlement touchant les affaires ecclésiastiques. A. Du Moustier fait mention de cette dédicace dans sa *Neustria Sancta*, au 1er juillet (*Bibl. nat.*, par ms. lat. 10051, fol. 182).

vées sous des décombres, entre l'église de Saint-Pierre et la chapelle de Saint-Sauveur, aujourd'hui de Saint-Etienne. Les moines firent part de cette découverte à l'archevêque de Rouen et le prièrent de faire luy-même la levée des saintes châsses ; mais le prélat s'en défendit et donna la commission à l'abbé Robert, qui fixa la cérémonie au 15 de juin, auquel on a toujours depuis célébré la fête de ces deux saints par un office solennel, quoiqu'avec moins d'appareil dans ces derniers tems, où leurs reliques ont été dispersées par les Calvinistes [1].

Plusieurs années auparavant, on avoit aussi découvert, en remuant la terre pour paver une chapelle de Saint-Filbert, dans la grande église, le corps de Saint Flavius, vulgairement S. Filleul, archevêque de Rouen; mais Dieu, pour des raisons qu'il ne nous est pas permis de sonder, fit connaître, par un brouillard épais qui s'éleva tout-à-coup dans la chapelle, qu'il n'avoit pas pour agréable qu'on touchât à ce dépôt, et l'abbé fit aussitôt refermer le tombeau, où le saint corps est toujours demeuré [2].

C'est peut-être à ce même tems, c'est-à-dire au tems

---

[1] Le culte de ces saints dut, en effet, être bien délaissé, puisqu'Arthur Du Moustier n'en fait pas mention.
[2] Ce récit, appuyé sur l'autorité de Dom Mabillon (*Act. SS. ord. S. Bened.*, tom III, part. II, p. 629), s'accorde mal avec les affirmations de Chastelain et de l'église de Paris qui, dans leurs Martyrologes (au 23 août), assurent que le corps de S. Filleul était gardé au monastère de S. Martin de Pontoise. Cf. Boll. *Act. SS. August.*, pp. 640, et 642.

où l'on bâtissoit la nouvelle église, qu'il faut rapporter l'invention de divers ossements, dont on donna une partie à l'abbaïe de Conches, nouvellement fondée par Roger de Toni, au diocèse d'Evreux[1], où ils sont encore aujourd'hui conservés dans une grande châsse exposée à la vénération des peuples, sous le nom de Fierte de quatre cent quarante-deux religieux de Jumièges morts sous l'abbé S. Aicadre en 684. Si leur culte est bien ou mal établi, ce n'est point à nous à en juger. Dom Mabillon seroit sans doute pour l'affirmative, après les avoir qualifiés d'élus de Dieu, et il semble que S. Aicadre et S. Hugues n'en avoient pas une autre idée lorsqu'ils demandoient à être enterrés avec eux. C'étoit aussi la commune opinion des religieux de Jumièges, dans le xe et xie siècles, puisqu'ils les invoquoient publiquement contre les artifices du démon.

Quoi qu'il en soit, cinq mois après la dédicace de la grande église de Jumièges, le bruit s'étant répandu en Normandie que les Anglois commençoient à se révolter pour le soutien de leurs libertés, Guillaume-le-Conquérant, informé de ces troubles, partit de Dieppe, la nuit de Saint-Nicolas[2], et rentra en Angleterre pour arrêter ces mouvements par sa présence ; il trouva que ce qu'on lui avoit dit du penchant des Anglois à la révolte étoit

---

[1] M. A. Le Prevost place la fondation de l'abbaye de Conches par Roger, sieur de Tosni, en 1035.

[2] 7 décembre 1067. « Jam aura hiemalis mare sævissimum efficiebat, « sed sancti Nicolai Myrreorum præsulis solemnitatem Ecclesia Dei cele- « brabat et in Normania pro devoto principe fideliter orabat. — Order. Hist. eccl. Lib. IV, § 3 »

vrai. Son arrivée rompit cependant toutes leurs mesures ; mais le renouvellement de la taxe du Donegelt, qu'Edouard-le-Confesseur avait abolie, produisit peu de temps après des murmures et un mécontentement si marqués dans tout le roiaume, que la révolte devint presque générale. Les habitants d'Oxfort levèrent l'étendart et excitèrent les autres à la rébellion. Ceux d'Exciter [1], capitale du Devon et des lieux circonvoisins, suivirent leur exemple, et bientôt toutes les parties occidentalles du roiaume furent sous les armes. Un orage n'étoit pas plustot dissipé qu'il s'en élevoit un autre : Edwic ravagea le comté d'Herefort ; Blethwin, prince de Galles, soutint Morcar et Edwin, ses oncles ; les fils de Harold levèrent un corps d'aventuriers en Irlande, et passèrent dans le Sommerset, où ils défirent le général Eadmoth, qui vouloit s'opposer à leurs progrès. Une flotte danoise parut sur les côtes orien-

---

[1] Exeter, cité-comté d'Angleterre, dans le comté du Devon, avec port sur l'Exe, à 16 kilomètres de la Manche. Henri 1er, roi d'Angleterre, y mit pour évêque un Normand nommé Guillaume de Varelvaast, ou Véraval, hameau de la commune de Hautot-le-Vatois, canton de Fauville, Seine-Inférieure. Guillaume de Varelvaast, ou Véraval, dont un membre de la famille occupa plus tard la charge de Notaire apostolique, à Rouen, avait suivi le duc Guillaume à la conquête d'Angleterre, en qualité de chapelain. Il servit d'ambassadeur aux successeurs de ce Prince, Guillaume le Roux, et Henri 1er. C'est ce dernier qui récompensa ses services en lui donnant l'évêché d'Exeter en 1107. Cet évêque bâtit la Cathédrale de cette ville, dont il reste encore les deux tours, le reste ayant été refait à neuf au XVIe siècle. (Voir *Magasin Universel*, année 1833, p. 521. — Fleury, *Hist. ecclés.*, t. XIV. — *Monasticum anglicanum*, t. II, p. 515. — Henri Pignot, *Histoire de l'abbaye de Cluny*, 1868, t. II, p. 170 et suiv.)

tales d'Angleterre et arriva à l'embouchure de la rivière d'Erumbre[1], où elle fut jointe par les seigneurs mécontents, et une autre flotte et des troupes de terre venues d'Ecosse. Toutes ces troupes, jointes ensemble, formèrent une armée considérable, qui eut d'abord quelques avantages dans les combats particuliers, mais Guillaume en triompha toujours dans les actions générales, et fit tant, par sa prudence et par sa valeur, qu'il réduisit tous ses ennemis, les uns à l'obéissance et les autres à la retraite, de sorte qu'en 1069 toutes les sources de révolte étoient épuisées.

Il congédia pour lors ses troupes, après leur avoir donné des récompenses proportionnées à leurs services. Il dépouilla les Anglois, qu'il regardoit comme un peuple inquiet et remuant, de toutes les charges, baronnies et fiefs dépendans de la couronne, et les distribua aux normans et aux autres étrangers qui s'étoient attachés à sa fortune. Les seigneurs donnèrent ensuite une grande partie de leurs terres en arrière-fiefs à leurs compatriotes, et, par ce moyen, le dessein que le roi méditoit, de lier les Anglois avec les Normans, se trouva parfaitement exécuté. Les évêchés et les abbaïes furent accordés indistinctement aux uns et aux autres. Lanfranc, abbé de Saint-Etienne de Caën, fut promu au siège de Cantorbéri; Thomas, chanoine de Baieux, fut élevé à l'archevêché d'Iork; Athelelme et Théodevin, moines de Jumièges, furent nommés aux abbaïes

---

[1] L'Humber.

d'Abbendon et d'Ely ; mais il faut remarquer que, pour toutes ces places, le roi fit choix de sujets d'un mérite distingué. Athelelme étoit disciple de l'abbé Robert ; c'est tout ce que l'histoire nous en apprend, avec le tems de sa mort, dont nous parlerons ailleurs. Théodevin mourut à Ely, après un gouvernement de deux ans et demi, et eut pour successeur Godefroi, autre moine de Jumièges (a), qui l'avoit accompagné par respect et par attachement. L'un et l'autre refusèrent de se faire bénir jusqu'à ce que le roi leur eût rendu les titres qu'il avoit fait saisir et distribuer à ses courtisans, en punition de la révolte d'Herevart et de plusieurs seigneurs, tant évêques que laïcs, qui s'étoient retirés dans l'île d'Ely, où ils pensoient qu'étant environnés de marais, ils seroient en état de se défendre contre la puissance du monarque, qui leur étoit odieux.

Peu de tems après, l'abbaïe de Malmesbury étant venue à vaquer par la mort de Varin, Guillaume-le-Conquérant la donna à Godefroi, qui supplia sa majesté de donner celle d'Ely à un autre, ce qui luy fut accordé (b). Nous ne sçavons pas quel fut le sujet de cette translation. On croit cependant que le relâchement dans lequel le monastère de Malmesbury étoit tombé en fut la principale cause ; en effet, Godefroi eut beaucoup à travailler, et Guillaume de Malmesbury [1] rend ce

---

(a) *Ann. Ben.*, t. V, p. 57.
(b) *Angl. Sacr.*, t. I, p. 611.
[1] L'un des principaux historiens de l'Angleterre.

témoignage à sa diligence et à sa piété qu'il releva l'honneur de cette église, et qu'il y fit revivre l'esprit de religion en y introduisant celui de la prière, avec un office réglé, auquel il se trouvoit des premiers et dont il ne sortoit que le dernier ; il joignit aux exercices ordinaires de ses religieux une étude sérieuse des lettres, dont il avoit été parfaitement instruit à Jumièges ; ce qui leur acquit une si bonne réputation, que Guillaume de Malmesbury doute qu'entre toutes les abbaïes d'Angleterre il y en eût une supérieure, tandis que celle de Malmesbury jouissoit de l'avantage d'en surpasser plusieurs. Le même auteur continue et nous apprend que Godefroi, dont il loue la douceur envers les bons et la sévérité redoutable aux méchants, s'appliqua aussi à faire copier les plus excellents livres qu'il put trouver, et que c'est à ses soins qu'on est redevable des premiers de la bibliothèque de Malmesburi, qu'il augmenta lui-même considérablement, quand il en fut abbé. Mais, quelqu'éminentes que fussent les qualités de Godefroi, il eut néanmoins la faiblesse de rechercher, dans le seul mets qu'il se permettoit, une trop grande propreté et trop de délicatesse. Le roy d'Angleterre ne se contenta pas d'avoir donné des abbaïes à quelques religieux de Jumièges, il voulut se les attacher tous par un bienfait dont les fruits égaleroient la durée des siècles. C'est ce qu'il crut faire en leur donnant l'ille d'Helling, dans le côté méridional du comté de Norfolk (a), qu'ils érigèrent

---

(a) *Preuves*, art. 16, 2º et *Monast. anglican.*, t. II, p. 978.

en prieuré, dont ils retiroient annuellement onze cents écus d'or. Comme cette charte n'est point datée, il n'est pas facile d'en fixer l'époque; on peut néanmoins conjecturer, par les souscriptions des seigneurs anglais, qu'elle fut expédiée en Angleterre vers l'an 1073, dans un voiage du Conquérant pour appaiser les troubles excités par la conspiration de Ralp de Guair, comte d'East-Anglie, et de Roger Fitz-Osberne, comte de Herefort, arrivée cette même année.

Quelques écrivains, comme Orderic Vital et dom Mabillon, marquent la mort de l'abbé Robert en 1072, mais ils n'ont pas assez connu la vérité. Nous n'entrerons pas dans un détail ennuieux de preuves multipliées; il suffit de dire qu'en 1077, sous le règne de Philippe I et de Guillaume-le-Conquérant, Gautier Payen fit une remise à l'abbé Robert et aux religieux de Jumièges (*a*) de tout ce qu'il pouvoit prétendre sur leurs vignes de Mesières, et du droit d'attache de leur bateau sur la rive droite de la Seine, le long de ses terres, à condition qu'ils prieroient Dieu pour lui, sa femme et ses enfants. Guillaume et Osberne de Hotot leur avoient fait quelques années auparavant un présent bien plus considérable, en offrant leur jeune frère à Dieu dans l'abbaïe de Jumièges; ce présent consistoit en une cession perpétuelle et irrévocable de cent acres de terre à Hauville, tenues pour lors à fief par Gilbert Stivicaire; sept livres de deniers, dont les religieux

---

(*a*) Archives. Charte originale.

achetèrent la dixme de Flancourt[1], à charge de la tenir à foi et hommage de Gautier de Beaumez, leur vendeur. C'étoit les assujettir au service militaire, et les obliger de fournir un certain nombre de cavaliers en tems de guerre. Gautier en eut du scrupule, et, pour soulager sa conscience, il les déchargea de ce devoir en 1073, avant que de faire le voiage d'Angleterre avec le roy Guillaume. L'abbaïe de Jumièges lui est encore redevable de la totalité des dixmes à Varengeville[2], de la tierce partie à Saint-Pierre, et d'un moulin à l'Aunai, sur l'étang de Duclair (a). Il mourut en Angleterre en 1074. Hugues de Candos[3], qui l'avoit assisté à la mort, fut chargé de remettre sa cuirasse à l'abbé Robert, et d'exhorter le comte de Montfort à ratifier ses donations ; ce qui fut exécuté dès l'année suivante, 1075. L'abbaïe de Jumièges prenoit tous les jours de nouveaux accroissemens, par la sage conduite de l'abbé Robert. La régularité y étoit étroitement observée, le nombre des religieux se multiplioit, les

---

(a) *Preuves*, art. 27, vers la fin.

[1] Flancourt, commune du canton de Bourgtheroulde, arrondissement de Pont-Audemer, département de l'Eure.

[2] Varengeville-sur-Seine, aujourd'hui Saint-Pierre-de-Varengeville, canton de Duclair, Seine-Inférieure. Cette commune formait autrefois deux paroisses, celle de Notre-Dame et celle de Saint-Pierre ; c'est pourquoi nous voyons ici Varengeville distingué de Saint-Pierre. Le titre de Saint-Pierre est resté, alors que l'église unique prenait la place de celle de Notre-Dame. Nous avons dans la *Chronique de Fontenelle* une preuve qu'au xie siècle l'église de Saint-Pierre était au hameau d'Esquetot ou d'Ectot.

[3] Ou mieux *Chandos*.

études florissoient, le temporel augmentoit sans introduire la licence, la mortification étoit pratiquée comme dans le sein de la pauvreté ; en un mot, la religion y étoit honorée par ses soins avec le même zèle et la même ferveur qu'au temps de la primitive église ; mais un si bon maître n'avoit plus que quelques années à demeurer avec ses disciples : la mort devoit bientôt le séparer d'eux pour le conduire à Dieu. Il y fut appelé le 10 juin 1078, après les avoir exhortés à être toujours fidèles à leurs engagements et à faire régner parmi eux une concorde fraternelle qui ne fît de leur société qu'un cœur et qu'une âme. Son corps fut enterré dans le chapitre et couvert d'une tombe figurée en petits carreaux, sans inscription. Le religieux s'engagèrent, par reconnoissance, à célébrer tous les ans son anniversaire par des vigiles et le saint sacrifice de la messe, que l'abbé disoit immédiatement après prime, assisté de toute la communauté et de trois chantres revêtus en chappes.

SAINT GONTARD, TRENTE-UNIÈME ABBÉ (L'AN 1078).

Sa crosse passa, dès la même année, à un religieux de Fontenelle, nommé Gontard, originaire de Sotteville, à un quart de lieue de la ville de Rouen. La chose n'étoit pas sans exemple, puisqu'un moine de Dijon avoit rempli cette place avant lui ; mais elle paraîtroit étrange dans un tems où l'on donnoit pour abbés aux plus célèbres monastères de Normandie et d'Angleterre des moines de Jumièges, si nous n'avertissions que le grand nombre de sujets domestiques capables d'occuper ce poste donna lieu à l'élection de cet étranger. On convenoit unanimement du mérite de ceux de la maison qui étoient sur les rangs, mais on ne convenoit point de celui qu'il falloit choisir.

Cependant, le jour de l'assemblée fut indiqué. On tint un grand conseil, où chacun proposa le sujet qu'il avoit en vue. Les suffrages se trouvèrent partagés ; nul ne fut élu. Le président, s'appercevant que l'élection traîneroit en longueur et que la charité pourroit être altérée, proposa le prieur claustral de Saint-Wandrille, et, par un discours propre à gagner les suffrages, il pria la communauté de se réunir en sa faveur. Ce discours fut d'autant mieux reçu qu'on connoissoit Gontard, et que l'abbé Robert avoit lui-même rendu témoignage à sa sainteté durant le séjour qu'il avoit fait à Jumièges quelques mois auparavant. Les plus sages, d'un commun consentement, le choisirent pour abbé, et leur sentiment fut suivi de toute l'assemblée. Gontard, l'aiant appris, en fut affligé, mais le bienheureux Gerbert, son abbé, lui notifia, malgré toutes les protestations de son indignité, qu'il falloit obéir et se soumettre à la volonté de Dieu.

Saint Gontard commença son gouvernement par montrer à ceux que la Providence avoit confiés à ses soins l'exemple des vertus dont il avoit formé l'habitude dans les deux états de simple religieux et de prieur, où il s'étoit trouvé successivement à Fontenelle. Il ajouta même à ses anciens exercices de nouvelles pratiques de mortification; ses oraisons devinrent plus longues et plus fréquentes, ses austérités plus rigoureuses, ses veilles presque continuelles; il porta surtout l'exactitude à l'office divin jusqu'à ne jamais vouloir y manquer, sous quel prétexte que ce fût. En un mot, toute sa conduite ne respiroit qu'humilité, que détachement, que pauvreté, que dévotion ; sa charité pour les malades étoit sans bornes, sa compassion pour les pauvres et les affligés si généreuse et si tendre qu'on donna de son tems au monastère de Jumièges le titre honorable d'aumônier, qui l'a toujours depuis distingué des autres abbaïes de la province [1].

A ces prédications muettes, mais intérieures et persuasives, il joignit avec le même succès les exhortations publiques et secrètes (a); il prêchoit régulièrement trois fois la semaine, et on ne se lassoit point de l'entendre, parce que les saintes instructions qu'il donnoit se trouvaient toujours précédées et suivies de ses propres exemples. Ce ne fut point assez pour lui d'établir une piété solide dans son abbaïe, il travailla aussi à y entretenir les sciences, et il eut la satisfaction de voir les

---

(a) *Ord.* Vital, l. VI, p. 529.

[1] « Un dicton populaire qualifiait ainsi les principaux monastères du « diocèse: Saint-Ouen-le-Noble, Le Bec-le-Riche, Jumièges-l'Aumônier. » E. Savalle. *Les derniers Moines de l'abbaye de Jumièges*, p. 8.

religieux répondre à ses soins avec toute la docilité et l'ardeur du zèle le plus tendre ; il forma un si grand nombre de disciples, également pieux et savants, que, dans tous les monastères de la province, on cherchoit à les avoir pour maîtres ; mais il ne jugea pas à propos, dans ces commencements, d'affoiblir sa communauté pour enrichir les autres à ses propres dépens. Il ne put cependant se refuser aux instances de Nigel[1], gouverneur de Coutance, qui venoit d'ériger l'église paroissiale de Saint-Sauveur-le-Vicomte[2] en abbaïe, après en avoir chassé les moines dont le public recevoit peu d'édification (a); il lui donna le moine Bénigne, avec huit religieux, dont la vie et les exemples furent si utiles au peuple que, quatre cents ans après, on faisoit encore l'éloge de cette colonie. Après le départ de Bénigne et de ses compagnons, que les auteurs de *Gallia Christania* ont marqué à l'an 1080, douze jeunes gens, détachés des choses de la terre, vinrent se ranger sous la discipline du bienheureux Gontard. Le saint abbé s'appliqua avec un nouveau zèle à cultiver ces jeunes plantes, et le succès répondit si parfaitement à ses soins qu'en très peu de tems il eut la joie de les voir aussi exercés que les plus anciens dans les jeûnes, dans les veilles et dans

---

(a) *Neustr. pia et Gall. Christ.*, t. XI, p. 231, iustrumentorum.

[1] *Nigellus*, qu'on traduit plus ordinairement par *Neel*.

[2] Saint-Sauveur-le-Vicomte, aujourd'hui Saint-Sauveur-sur-Douve, chef-lieu de canton de l'arrondissement de Valognes, département de la Manche.

l'oraison. Il n'interrompit pas pour cela les leçons de piété qu'il leur avoit données en entrant pour leur inspirer l'amour de la religion, mais il eut encore plus de soin de leur donner l'exemple de toutes les vertus qui convenoient à leur état ; ils voioient en lui un homme mortifié dans tous ses sens, élevé au-dessus des foiblesses et des passions qui maîtrisent les autres ; fatigué comme il étoit des fonctions du ministère, qu'il faisoit le jour, on le voioit encore aller la nuit à l'église et prévenir les autres de deux heures pour l'office des matines.

Tant de belles qualités attirèrent à Gontard l'estime de toute la province et le firent passer à juste titre pour un des plus sçavants et des plus grands personnages de l'église de Normandie (a). Guillaume-le-Conquérant, qui ne se plaisoit qu'en la compagnie des gens de biens et des personnes lettrées, ne faisoit point de voiage au païs, qu'il ne le voulût avoir auprès de lui, ou qu'il ne vînt le voir à Jumièges, quand le saint abbé ne pouvoit en sortir. Il l'écoutoit volontiers, prenoit ses conseils, et en profitoit. Gontard, de son côté, que le soin du spirituel n'occupoit pas tellement qu'il se crût dispensé de veiller au temporel, se servit utilement pour son abbaïe de la part qu'il avoit dans la confiance et l'amitié du roy ; il lui remontra que, durant sa minorité, Roger de Montgommeri leur avoit enlevé la forêt de Cresy, dans la baronnie de Vimoutier, et qu'un clerc, nommé Helgod, fils de Herluin, le voiant occupé

(b) *Ord. Vital.*, l. VIII, p. 709.

à la conquête de l'Angleterre, s'étoit emparé de leurs moulins au Pont-Autou. Guillaume profita de cette occasion pour confirmer tous les biens de l'abbaïe, pour lui faire restituer ceux qu'on lui avoit usurpés, et pour la gratifier lui-même de plusieurs bienfaits, à l'exemple des ducs de Normandie ses prédécesseurs.

La charte fut expédiée en 1081 (*a*) ; on y trouve : 1° tout le contenu de celle de Richard II, dont la mort est marquée à l'an 1027, ce que nous observons avec plaisir pour l'intelligence de cette époque ; 2° une donation faite au monastère de Jumièges de la terre de Virville, au païs de Caux[1], par le duc Robert, avant son voiage de Jérusalem ; 3° la restitution des moulins du Pont-Autou et de la forêt de Cresy, avec la troisième partie de l'église, terres et bois de Maleville[2], deux hospices à Hardinville, dans le baillage de Senlis, dépendants du fief de Genesville ; l'église et dîme de Carneville[3] ; la terre de Vuisement, à Joui ; un moulin sur la rivière d'Iton au bas de la ville d'Évreux ; l'église et dîme de Druelle, dont le titre a été depuis transféré à Cotevrard[4] ; deux maisons et le droit de pêche au Tréport. L'année suivante, 1082, Gautier et Hugues

(*a*) Archives de Jumièges.

[1] Arrondissement du Havre, canton de Goderville (Seine-Inférieure).

[2] Malleville-sur-le-Bec, arrondissement de Bernay, canton de Brionne (Eure).

[3] Arrondissement de Cherbourg, canton de Saint-Pierre-Eglise (Manche).

[4] Arrondissement de Dieppe, canton de Bellencombre (Seine-Inférieure).

Brot donnèrent à l'abbaïe de Jumièges le patronnage et la dîme des églises de Criquebeuf et de Topesfel, en reconnaissance de la grâce que l'on avoit faite à Hugues de le recevoir à la profession. L'église de Saint-Martin-de-Criquebeuf [1], dans le grand Caux, si c'est la même, fut donnée en 1105 au prieuré de Saint-Lô de Rouen. Il y a apparence que celle de Topesfel étoit en Angleterre. Guillaume de Vatteville donna aussi le patronage et la dîme de Croix-Mare, et Maurille de la Ferté la dîme de ses terres et de ses bois à Frontebosc [2], dans la paroisse de Limési, pour laquelle il reçut de l'abbé Gontard sept livres d'or, et sa femme une once. Ces donations furent ajoutées au bas de la charte de confirmation de Guillaume-le-Conquérant, auquel les mémoires de l'abbaïe et la charte de Henri II, roy d'Angleterre, attribuent encore la donation des églises de Saint-Paër, de Saint-Martin-du-Parc, de Bos-Berenger, de Saint-Wast-de-Dieppedalle en Normandie, et deux paroisses et six chapelles en Angleterre, dans les diocèses de Vinchester et de Salisburi.

La même année (1105), un clerc de Bayeux, nommé

---

[1] Criquebeuf-en-Caux, arrondissement du Havre, canton de Fécamp. — Cette église servit de paroisse aux habitants d'Yport jusqu'en 1838.
La réflexion que fait ici notre auteur (*si c'est la même*) explique assez combien est ardue la tâche que nous avons entreprise de rechercher l'identité des noms de lieux cités dans cet ouvrage ; qu'elle nous serve d'excuse si, malgré tous nos soins, nous avons commis quelque erreur.

[2] Ces bois constituent aujourd'hui, pour la plus grande partie, l'admirable parc du château de Limésy, encore désigné aujourd'hui sous le nom de Frontebosc.

Samson, aiant ouï dire que le roi n'avoit pas compris dans le charte de confirmation des biens de Jumièges les héritages que le moine Renaud avoit donné à l'abbaïe en s'y consacrant à Dieu, crut pouvoir se les approprier, à la faveur d'une fausse généalogie, qui le faisoit descendre du légitime possesseur de ces héritages, avant que Renauld en eût été investi par la reine Mathilde du consentement du roy. Renauld, informé des prétentions de Samson et de la crédulité du peuple, fit un long mémoire pour les détruire et justifier son droit. Comme il appartient à notre histoire, nous ne ferons pas difficulté de le rapporter : « Je crois, dit Renauld, qu'un donateur tel que « Guillaume-le-Conquérant étoit assez juste pour ne « m'avoir donné que ce qui lui appartenoit, ou assez « puissant pour me le conserver après me l'avoir si « généreusement donné (a). J'apprends néanmoins « que Samson a résolu, sous je ne sçay quel pré- « texte de parenté, de me dépouiller des libéralités « du prince, ne considérant pas qu'aiant acheté de « moy, avec l'agrément de la reine, notre commune « bienfaitrice, une des maisons qui font partie de « cet héritage, c'est avoir reconnu que le tout m'ap- « partenoit à titre de donation, et que le roy en avoit « pu disposer en ma faveur, comme d'un bien qui « étoit à luy ; pourquoi m'avoir payé le prix d'une « vente injuste ? Pourquoi être demeuré dans le « silence sur des droits connus, qu'il pouvoit récla-

(a) Archives de Jumièges.

« mer à l'heure même, aiant la protection du roy,
« dont il vient de se rendre indigne ? Qui ne voit que
« ses prétentions sont téméraires, que son injustice
« est manifeste ? »

Pour la mettre dans tout son jour, Renaud fait l'histoire des deux derniers propriétaires, en ces termes :
« Du temps de Richard second, de Robert Ier, et de
« Guillaume, ils avoient un chapelain, nommé Ernauld,
« qui possédoit de grands biens à Bayeux, tant en
« maisons qu'en jardins et en terre ; à sa mort, le duc
« Guillaume donna sa succession à Étienne, son plus
« proche parent, circonstance qui prouve que ces
« biens n'étoient pas héréditaires. Etienne épousa une
« veuve de Bayeux, nommée Oringe, dont il eut un fils,
« qui mourut fort jeune en l'absence de son père.
« L'industrieuse Oringe, pour cacher cette mort à son
« mari, acheta, par dix sols de rente annuelle, le fils
« d'une pauvre femme du village de Merdiniac, appe-
« lée Ulburge, qu'Étienne fit héritier de trois maisons
« et jardins dans la ville, à la porte Arborée, et de douze
« acres de terre hors les murs, sur la fontaine Aurée [1].
« Étienne et Oringe étant morts, la villageoise, qui
« n'étoit plus payée de sa rente, redemanda son fils, et,
« ne l'ayant pu obtenir des parents d'Étienne, que sa
« femme n'avoit pas instruits du secret, elle porta ses
« plaintes à Guillaume-le-Conquérant et à la reine

---

[1] Notre auteur n'aurait-il pas traduit trop servilement ? Cette *fontaine Aurée* pourrait bien n'être autre chose que la *rivière d'Aure*, qui baignait les murs de Bayeux.

« Mathilde, qui tinrent une assemblée à Bonneville,
« (a) où, de l'avis de l'archevêque Jean, de Roger de
« Beaumont, et de plusieurs autres seigneurs, tant
« ecclésiastiques que laïques, on jugea que, pour con-
« noître la vérité, il falloit condamner cette femme à
« l'épreuve du fer chaud, et qu'on lui rendroit son
« fils si le ciel se déclaroit pour elle. Je fus choisi
« par le conseil, ajoute Renauld, qui étoit alors chape-
« lain de la reine, pour être témoin de l'évènement. On
« m'associa l'archidiacre Guillaume de Ros, mainte-
« nant abbé de Fécamp, avec Gotzelin et Robert de
« Lisle. Arrivés à Baieux, nous tirâmes le fer du petit
« monastère de Saint-Vigor où on le gardoit[1]. L'épreuve
« fut faite en notre présence, et Ulburge préservée
« de tout accident par une protection divine, qui lui
« assura l'effet de sa demande. Ce que le roi aiant
« appris, il fit réunir tous les biens d'Étienne, et les
« donna à la reine Mathilde, qui voulut m'en gratifier,
« du consentement du roy, dont j'ay obtenu depuis
« les lettres de concession pour en disposer en faveur
« de l'abbaïe de Jumièges, où Dieu, dans sa miséri-

(a) Cette assemblée se tint en 1080. S. Gontard s'y trouva et y sous-crivit à la charte de confirmation de la fondation et dotation de l'abbaïe de la Sainte-Trinité de Lessai, que Richard surnommé Toustain Haldup avoit fait batir environ seize ans auparavant. *Gall. Christ.*, t. XI, p. 871 et 227, Inst.

[1] C'était alors un privilège fort recherché par les principaux monastères que celui de garder *le fer du jugement;* la bénédiction de ce fer était réservée à l'évêque (D. Bessin, *Concil. Rothom. provinc.* part. II, p. 58), qui pouvait être parfois forcé de le bénir en faveur des abbayes qui jouissaient de ce privilège (*Ibid.*, part. I, p. 75.).

« corde, m'a fait la grâce de m'appeler à son ser-
« vice. » D'où Renauld conclut que les religieux de
Jumièges ne doivent pas être plus inquiétés dans la
jouissance de ces biens qu'il ne l'a été jusqu'à présent.
En effet, Guillaume-le-Conquérant termina la querelle
à leur avantage par une charte (*a*) qui les exempte
en outre de tous droits de coutumes et de services à
raison de ces héritages.

Ce fut la dernière grâce de cette espèce qu'il
leur accorda ; mais ce ne fut pas la dernière marque
de son estime et de son affection pour eux. Depuis
qu'il avoit eu le bonheur de connoitre Robert III et
S. Gontard, il sentoit un mouvement intérieur, qui
sembloit l'avertir que tous les moines élevés à leur
école, sans être aussi parfaits qu'eux, devoient être
les plus capables de servir l'église, qu'il avoit grande
attention de servir lui-même, en ne lui donnant,
autant qu'il étoit possible, que des ministres d'une
doctrine pure et d'une vie édifiante. Suivant cette
pieuse maxime, dont il ne se départit jamais tant
qu'il vécut, il appela en Angleterre, l'an 1084, le moine
Renauld, et lui confia l'abbaïe d'Abbendon, vacante
par la mort d'Athelelme, qu'il avoit tiré de Jumièges
douze ans auparavant. Tous applaudirent à son choix,
quoique Renauld fut un des plus jeunes de profession,
ayant beaucoup moins d'égard aux années de sa profession qu'à son mérite personnel et à son zèle pour la
discipline. L'application qu'il donna à la conduite de

(*a*) Archives.

son monastère ne lui fit pas négliger le devoir de la reconnoissance. Il fit présent à l'abbaïe de Jumièges d'un magnifique texte, couvert de lames d'or et enrichi de pierres précieuses, qu'une main avare a soustraites depuis plus de trois siècles pour être emploiées à d'autres usages '. Il mourut à Abbendon après avoir rempli dignement son ministère l'espace de treize ans (a). Presqu'en même tems qu'il partit de Jumièges, l'abbaïe de Saint-Sever, à deux lieues de Vire, dans le diocèse de Coutance, fut rebâtie par les soins du vicomte d'Avranches. Ce fut encore S. Gontard qui y envoïa une colonie de ses religieux, sous la conduite d'Anselme, qui en fut le premier abbé en 1085 (b). C'est tout ce que nous sçavons de luy.

On a vu dans le cours de cette histoire qu'après la retraite du bienheureux Thierri à Saint-Evroult, l'abbé Robert fut obligé de se partager entre les travaux de son église et l'instruction de ses religieux. Nous avons dit aussi que Guillaume Calcule, dit de Jumièges, après s'être consacré à Dieu dans ce monastère, avoit pris sa place et enseigné pendant quelque tems ; mais l'intervalle fut court. Sa modestie, qui lui faisoit prendre le

(a) Mabil. *Ann.* t. V, p. 211.
(b) Rob. du Mont, Guillaume de Jumièges et *Gall. Christ.*, t. XI, p. 914.

[1] Aussi croyons-nous pouvoir, sans trop de risques d'erreur, identifier le ms. donné par l'abbé d'Abbendon au monastère de Jumièges avec l'évangéliaire du xie siècle provenant de cette abbaye, qui se conserve encore à la Bibliothèque municipale de Rouen, ms. A 272 (n° 46 du catalogue des mss.).

titre de plus misérable de tous les moines (*a*), le dégoûta bientôt d'un employ si honorable et dans lequel il étoit effectivement honoré ; il le quitta donc pour s'envelopper uniquement dans sa vertu et se livrer, suivant son goût, à l'étude de l'histoire. Son ouvrage, qui nous le fait mieux connoitre que tout autre monument, quoiqu'Orderic Vital (*b*) en parle d'une manière fort avantageuse, fournit des preuves du progrès qu'il fit dans l'une et dans l'autre ; partout on y voit des traits de son érudition, de sa piété, de sa foi, de son attention à faire valoir les droits de la Providence, soit dans la perte ou le gain des batailles, soit dans la destruction ou l'établissement des monarchies ; de son amour pour la vérité, de son zèle pour le salut de son héros, de son humilité, de son désintéressement. Nous l'avons vu remettre par modestie la direction des écoles, dont il s'acquittoit avec honneur ; on ne put jamais depuis le résoudre à remplir aucunes charges dans le cloître, ni dans l'église, quelques instances que lui en pût faire Guillaume-le-Conquérant, son Mecène et le premier mobile de ses écrits. C'est, comme il nous l'apprend lui-même (*c*), qu'il n'avoit pas entrepris d'écrire par le motif de chercher à plaire aux hommes, motif trop ordinaire, mais qu'il regardoit comme tout-à-fait indigne d'une personne qui a renoncé au monde par sa profession, afin de ne plus vivre que pour le ciel.

(*a*) *Prolog.* p. 215.
(*b*) *Prolog.* p. 458, et l. III, p. 478.
(*c*) *Prolog.* p. 216.

Il ne seroit plus question présentement que de nous expliquer sur la qualité de l'histoire des ducs de Normandie, depuis Rollon jusqu'à la fin du règne de Guillaume-le-Conquérant, dont Guillaume-de-Jumièges a enrichi la république des lettres, mais deux sçavants bénédictins (*a*), en nous prévenant, nous en ont épargné les frais, et y ont fourni avec beaucoup plus d'étendue et d'exactitude que nous n'aurions pu faire pour la satisfaction du lecteur, qui les pourra consulter. Nous nous en tiendrons à ce qu'ils en ont dit pour rentrer plustôt dans la suite de notre histoire, à laquelle ces sortes de critiques ne paroissent pas appartenir.

Le bruit s'étant répandu à Jumièges, vers le commencement de l'année 1086, que les religieux de Micy inquiétoient le fermier de Dammarie, dont ils prétendoient la propriété au préjudice de ceux de Jumièges, S. Gontard cita l'abbé de Micy au tribunal de Robert de Bélesme, comte du Perche. Le conseil fut convoqué pour le premier dimanche après la Pentecoste. Le comte Robert, avec les abbés de Saint-Martin-de-Séez, de Saint-Evroult et de Saint-Pierre de la Couture, les barons de Mêle, de Nonant, de Domfront, de Villers, de Séez et de Corneri, se trouva à l'assemblée, suivi des autres seigneurs du païs qu'il avoit pu réunir à Belesme pour le jugement de cette affaire. Les deux parties y comparurent avec une égale assurance : on les interrogea sur leurs pré-

---

(*a*) Bouquet, t. VIII, Prœf., p. 24, et Rivet, *Hist. litt.*, t. VIII, p. 169.

tentions réciproques. Foulques, abbé de Micy, soutint, sans avoir aucuns titres, que ses prédécesseurs avoient acheté des religieux de Jumièges la terre de Dammarie, et qu'ils en avoient joui paisiblement durant plusieurs années, mais que ceux-cy s'en étoient ressaisis, sans qu'il put rendre raison du silence des moines de Micy sur cette usurpation. S. Gontard répondit, en produisant la charte d'Albert, que l'acquéreur de Dammarie, si jamais il y en avoit eu, auroit dû retirer des mains des religieux de Jumièges, pour se faire un titre de propriété, et prouva ensuite, par de bons mémoires, que la jouissance paisible des moines de Micy, dont leur abbé se prévaloit, n'étoit qu'une cession des fruits de la terre de Dammarie à Albert même, pour y bâtir une église; et que, les revenus n'aiant pu suffire pour exécuter ce dessein aussi promptement qu'il le souhaitoit, il avoit conseillé aux religieux de Jumièges de recevoir des moines de Micy, dont il étoit abbé, une somme de douze livres de deniers pour y être employée, à condition que, l'ouvrage achevé, les moines de Micy percevroient les fruits de la terre de Dammarie jusqu'au parfait remboursement de la somme qu'ils avoient prêtée. S. Gontard ajouta que cette somme devoit être payée depuis plus de trente ans; sur quoy, Foulques n'aiant osé répliquer, le conseil prononça que l'abbé de Saint-Pierre de Jumièges demeureroit saisi des biens de Dammarie. La charte en fut expédiée le même jour 1086 (a).

(a) *Preuves*, art. 17, et *Hist. des comtes du Perche*, par Bry, l. II, c. 9, p. 51, et c. 16, p. 82 [1].

[1] L'auteur veut désigner sans doute l'*Histoire des pays et comté du Perche et duché d'Alençon*, par Bry de la Clergerie. — Paris, 1620, in-4.

L'année suivante, 1087, Guillaume-le-Conquérant étant tombé malade à Mantes d'une chute de cheval, se fit porter à Rouen, au prieuré de Saint-Gervais, hors la ville, et y mourut le neuvième jour de septembre, malgré tous les soins de Gilbert, évêque de Lisieux, et de S. Gontard, abbé de Jumièges, les deux plus habiles médecins de son tems. Le saint abbé, voyant que cette maladie conduiroit le roy au tombeau, passa les jours et les nuits auprès de lui (*a*), depuis la fin de juillet jusqu'au moment de sa mort, l'exhortant, avec une éloquence toute divine, à s'y préparer par la confession et la pénitence, par une confiance en Dieu et un abandon à la Providence au-dessus de tout évènement, par un tendre amour pour Jésus-Christ et un détachement parfait des biens et de la gloire du monde. Le voyant ensuite toucher à la dernière heure, il le conjura, avec les seigneurs de sa cour, de mettre en liberté les prisonniers d'État, ce qui leur fut accordé. On ouvroit les prisons, lorsque l'âme du Conquérant sortit de celle de son corps, qui demeura aussitôt abandonné de tous les courtisans. Un duc de Normandie, un roy d'Angleterre, toujours victorieux, toujours triomphant, toujours heureux, environné pendant sa vie de cent mille soldats et redouté de tous les peuples, devenu à la mort un sujet d'horreur, abandonné des plus idolâtres de sa bonne fortune, et pillé par ses propres domestiques, jusqu'à être jetté nud sur la terre, sous les yeux du bienheureux Gontard, quel spectacle pour

(*b*) *Ord. Vital*, l. VII, p. 556.

un cœur reconnoissant et plein de charité! Lui seul, avec quelques clercs et quelques moines, s'intéressa à sa sépulture[1], après en avoir conféré avec l'archevêque de Rouen, qui lui donna ordre de faire transférer le corps à Caen, où il fut inhumé avec beaucoup de pompe dans l'abbaïe de Saint-Etienne, par le même archevêque, accompagné de ses suffragants et de la pluspart des abbés de la province.

S. Gontard, de retour à Jumièges après les cérémonies des funérailles, dont il avoit pris le soin avec Henry, le troisième du fils du Conquérant, trouva sa communauté comme il l'avoit laissée, dans la paix et dans l'exercice de toutes les vertus. Le prieur, et les doiens, que l'on nommoit ordinairement second, tiers et quart prieur, étant chargés en son absence du soin du troupeau, l'avoient nourri de la plus pure doctrine, et l'avoient entretenu dans l'union et dans la ferveur. Ils l'avoient même augmenté de quelques religieux, mais le soin de tant d'hommes zélés n'avoit point fait oublier aux anciens ce qu'ils devoient à leur premier supérieur, qu'ils regardoient avec justice comme leur père en Jésus-Christ. Dès qu'ils le sçurent rentré dans Jumièges, ils lui donnerent à l'envi de nouvelles marques

---

[1] L'abandon de Guillaume-le-Conquérant, après sa mort, est attesté par tous les historiens; mais ils ne donnent pas tous la version de notre auteur. Selon quelques-uns, c'est un gentilhomme, nommé Herluin, qui prit soin des funérailles de ce grand homme. Il est difficile de savoir l'exacte vérité. Le devoir de l'éditeur est de faire connaître les opinions contradictoires sur ce fait étrange, qui s'est d'ailleurs reproduit à la mort de quelques-uns de nos rois.

de leur vénération et de leur respect. Il les assembla le lendemain, pour leur rendre compte de son absence, et demander leurs prières pour le repos de l'âme du Conquérant ; et l'on ordonna de concert un anniversaire, dans l'ordre de ceux qu'on appeloit petits, parce qu'il n'y avoit qu'un chantre en chappe pour régler le chœur, et deux moines en aubes pour chanter le trait, avec le *Libera* qui terminoit la cérémonie [1].

On le fixa au 9 de septembre, et ce jour doit certainement passer pour celui de la mort du roy Guillaume, parce que S. Gontard en étoit mieux instruit que personne, et que le jour de la Nativité de Notre-Dame, auquel plusieurs écrivains ont placé la mort de ce prince, n'eût point été un obstacle à son anniversaire à Jumièges, où il étoit d'usage de les faire à la messe matutinale dans les fêtes solennelles : c'est ce qui paroît par celui de la reine Mathilde, le jour même de la Toussaint, et par une messe de *requiem* pour le comte d'Alençon, le premier dimanche après la fête de tous les saints, pourvu qu'il ne se rencontrât pas avec la commémoration de tous les morts.

Après ce réglement, qu'exigeoient la charité et la reconnoissance des religieux de Jumièges, S. Gontard reprit ses premiers exercices, et, se croyant dégagé pour toujours des affaires du siècle, il ne pensa plus qu'à se sanctifier lui-même et à rendre solides les fruits de ses travaux. Auprès de ses disciples, il s'abandonna entièrement à son zèle, et continua d'instruire et de marcher

---

[1] Nécrologe de Jumièges.

avec tant de courage dans la pénible carrière de la pénitence, que les plus robustes, avec les meilleures intentions, ne purent l'imiter que fort imparfaitement. Ses nouveaux progrès dans la vertu parurent principalement dans les veilles, et dans la célébration des saints mystères, où il sembloit sortir hors de lui-même pour se transformer en celui qui étoit sa vie et tout son bonheur (*a*). Une modestie sans faste et une piété respectueuse le distinguoient également des autres. La candeur de son esprit, la simplicité de ses manières, tout en lui le faisoit reconnoître au milieu de ses frères, de ceux mêmes qui ne l'avoient jamais vu. Un officier de Guillaume, duc et comte d'Evreux, nommé Guillaume de Sachenville[1], fut si touché du récit que son fils lui fit de la vertu de S. Gontard, dont il étoit disciple, que, pour avoir part à ses prières et le droit de sépulture à Jumièges, il fit présent au monastère de la troisième partie des dîmes de Tourville-sur-Seine[2], dont Richard second avoit donné le patronage aux religieux soixante ans auparavant. Il voulut même prendre l'habit monastique, et comptoit le recevoir des mains du saint abbé ; mais celui-cy se contenta de lui envoyer deux de ses religieux, qui l'en revêtirent la veille de sa mort, en présence du comte d'Evreux, qui confirma la donation des dîmes de Tourville, par une charte datée

---

(*a*) Ms de Saint-Vandrille.

[1] Ou mieux de Sacquainville.

[2] Autrement dit Tourville-la-Rivière, ou Tourville-la-Nasse, canton d'Elbeuf, arr. de Rouen (Seine-Inférieure).

du 4 décembre 1087, où la cérémonie de vêture de Guillaume de Sachenville est rapportée. (*a*). Du reste, cette dévotion d'embrasser la vie religieuse à l'article de la mort, fut assez ordinaire à Jumièges pendant l'onzième et douzième siècle. On voit même plusieurs femmes qui furent reçues moinesses, en sorte que, quoiqu'elles demeurassent dans le monde, elles passoient le reste de leur vie soumises à la règle et aux supérieurs de la maison. Quelques fois même elles venoient s'établir dans le bourg, et on leur envoioit chaque jour la portion du réfectoire, telle qu'on la servait aux religieux.

L'an 1088. — Quatre mois après la concession des dîmes de Tourville, sçavoir le 29 mars 1088, Raoul Dansier donna à l'abbaïe son fief de Beaunai[1], sur la Vienne[2], consistant en terres et droits seigneuriaux tant à Saint-Médard[3] qu'à Tôtes[4], Ulfranville[5] et Bapaume, avec son droit sur deux moulins à Beaunai, et les dîmes d'Ansleville, pour en jouir à perpétuité après sa mort et celle de sa femme, comme biens déjà réunis au domaine de Jumièges (*b*). On voit en effet que, le jour

---

(*a*) *Preuves*, art. 18.

(*b*) *Preuves*, art. 19.

[1] Beaunay, cant. de Tôtes, arrond. de Dieppe (Seine-Inférieure).

[2] Cette rivière a longtemps porté le nom de rivière de Beaunay (Cf. Asseline, *Antiq. et chron. de la ville de Dieppe*, t. I, p. 28, note).

[3] Saint-Mards (et non Saint-Médard), commune voisine de Beaunay.

[4] Tôtes, chef-lieu de canton de l'arr. de Dieppe (Seine-Inférieure).

[5] Nous ne connaissons ni *Ulfranville*, ni *Ansleville*.

même, le prieur claustral, nommé Roger, fut saisi et investi du fief, du consentement et par l'ordre de Raoul de Mortemer, seigneur suzerain, à qui il donna quinze livres, monnoie de Rouen, pour l'abandon de ses droits.

Saint Gontard vécut encore près de huit ans, depuis cette prise de possession, mais nous ne sçavons aucun détail des actions de sa vie, ny des succès de sa vigilance pastorale; nous apprenons seulement qu'un des points capitaux auxquels il s'attacha, dans les fréquentes instructions qu'il donnoit à ses disciples, fut de leur recommander l'observation de la règle, et qu'il eut, non seulement la consolation de les voir tous répondre à ses vœux par une sainte émulation, qui les porta presqu'au delà de ce que peuvent les forces ordinaires de la nature, mais qu'il s'éleva lui-même à un point de perfection qui ne le laissoit guères au-dessous de celle où l'on avoit vu parvenir les plus fameux solitaires. Nous trouvons encore que les moines de l'abbaïe de Montebourg, nouvellement fondée par Guillaume-le-Conquérant, au diocèse de Coutance, à une petite lieue de Valogne, aïant perdu leur premier abbé, en 1093, prièrent S. Gontard de leur donner un de ses élèves, et qu'il leur envoia le moine Urson, son sous-prieur, après avoir obtenu le consentement de Robert II, duc de Normandie (*a*). Urson avoit été guéri quelques années auparavant d'une maladie de langueur,

---

(*a*) *Gall. Christ.*, t. XI, p. 927.

par l'intercession de S. Valentin (*a*). L'histoire ne nous en apprend rien autre chose, sinon qu'il augmenta considérablement les bâtiments de Monte-bourg (*b*), qu'il y établit une régularité des plus belles qu'on eût encore vu dans les monastères de la province, et que le roy Henry lui donna le manoir de Lodres en Angleterre, dans le comté de Dorset (*c*).

La communauté de Jumièges jouissoit d'une paix profonde sous la conduite de son pasteur, lorsqu'en 1095 le pape Urbain II passa en France et indiqua un Concile à Clermont, en Auvergne, pour l'octave de la Saint-Martin ; il y invita par ses lettres les évêques de diverses provinces, qui, ne pouvant résister à son zèle, convoquèrent en sinode le clergé de leurs diocèses, pour élire de concert, parmi les plus illustres abbés et les plus habiles docteurs, ceux qu'on devoit envoier à l'assemblée. S. Gontard, malgré son grand âge et ses infirmités habituelles, fut choisi pour un des députés de l'archevêché de Rouen, et, quoique peu sensible à l'ambition, il ne crut pas devoir se refuser à un voïage qui n'avoit pour objet que la gloire de Dieu. Il partit, après avoir donné à ses frères les preuves les plus solides de sa tendresse par d'utiles enseignements, avec Odon, évêque de Bayeux, Gislebert, évêque d'Evreux, et Serlon, évêque de Séez, et se rendit à Clermont au tems marqué. Le pape ne manqua pas de s'y trouver,

(*a*) *Vie de S. Valentin*, p. 42.
(*b*) *Gall. Christ.*, t. XI, p. 927.
(*c Monast. angl.*, t. I*er*, p. 570.

et, avec lui, treize archevêques, deux cent vingt-cinq évêques et grand nombre d'abbés et d'ecclésiastiques (a). L'ouverture du Concile se fit le 18ᵉ jour de novembre, qui étoit celui de l'octave de S. Martin. Gontard assista aux trois premières sessions, où l'on fit divers règlements; mais son assiduité aux assemblées et son ardeur à en partager les travaux, jointes à la pratique de ses mortifications ordinaires, dont il ne voulut rien relâcher, lui causèrent une fièvre violente, qui l'emporta le 26 du même mois, deux jours avant la fin du Concile. Les prélats qui le composoient vinrent tous le visiter et furent édifiés de la parfaite résignation qu'il témoigna à la volonté de Dieu dans cette extrémité. Interrogé s'il ne sentoit pas quelque peine de mourir dans un païs étranger et hors de son monastère, il répondit qu'il auroit souhoité à la vérité de rendre son esprit à son créateur au milieu de ses frères, mais que la volonté du Seigneur étoit préférable à la sienne, qu'il l'accomplissoit en ce point avec joie, que partout on trouvoit Dieu, qu'on alloit à lui de tous les endroits du monde, et qu'il recevoit une consolation sensible de finir ses jours à Saint-Alyre [1], au milieu d'une si auguste compagnie, dont il se flattoit qu'il ne seroit point oublié au saint autel après sa mort. L'évêque d'Evreux, voïant qu'elle approchoit, lui donna le saint viatique et lui permit de se faire mettre sur la cendre, où il mourut en paix, âgé

(a) *Ord. Vital*, l. IX, p. 719.

[1] Saint-Alyre, abbaye bénédictine, dans le faubourg de Clermont, auquel elle a donné son nom.

d'environ soixante-huit ans. Son anniversaire est marqué dans le nécrologe au 26 de novembre, qui est devenu depuis un jour de fête pour les abbaïes de Jumièges et de Saint-Vandrille.

Celle de Jumièges vaqua près de dix mois depuis son décès, par la crainte de déplaire au duc Robert et à Guillaume Le Roux, roi d'Angleterre, auquel il avoit engagé son duché, dès le commencement de l'année 1096, avant son voiage de la Terre-Sainte. L'abbaïe de Saint-Pierre-sur-Dive souffroit la même oppression. Beaucoup d'autres églises, en Angleterre et en Normandie, étoient dépourvues de pasteurs et pillées par les officiers du roy, qui les vendoit ensuite au plus offrant, sans avoir égard aux mœurs ni à la capacité des sujets. Cependant quelques religieux, affligés d'une si longue vacance, pressèrent le prince de la faire finir, et obtinrent enfin une promesse que le siège abbatial de Jumièges seroit rempli; il le fut, en effet, vers le commencement de mai de l'an 1097, mais à la volonté du roy, qui se soucia peu de consulter les moines pour leur donner un abbé.

TANCARD, TRENTE-DEUXIÈME ABBÉ (L'AN 1097).

Celui qui leur fut envoié s'appeloit Tancard, et avoit été prieur de Fécamp et député au concile de Clermont deux ans auparavant; ils consentirent à son élection, mais ce ne fut pas sans quelques plaintes contre le roy, qui, pour leur accorder quelque satisfaction, nomma Etard, un de leurs confrères à l'abbaïe de Saint-Pierre-sur-Dive, dont l'abbé Foulques avoit été injustement déposé depuis près de cinq ans. Foulques étant revenu de Rome, quelques années après, avec une bulle du pape, qui le rétablissoit dans sa charge, Etard lui abandonna la crosse et se retira dans son premier monastère, où il vécut jusqu'à la vieillesse dans l'héroïsme de toutes les vertus (*a*).

Dès que le nouvel abbé de Jumièges fut arrivé, il fit paroitre une hauteur qui révolta tous les esprits. On crut cependant qu'elle étoit affectée, et qu'il la jugeoit nécessaire pour punir ses moines du mécontentement qu'ils avoient témoigné en apprenant son élection ; ils le pensèrent eux-mêmes, et ils crurent avoir trouvé la raison d'une roideur si déplacée dans l'idée qu'il pouvoit avoir qu'ils seroient difficiles à contenir, étant prévenus contre lui. Ainsi ils tâchèrent de le désabuser par une conduite également soumise et régulière ; mais la fierté de Tancard, qu'Orderic appelle *un lion furieux* (*b*), n'aïant d'autre principe que son orgueil, augmenta toujours, au lieu de diminuer, et dégénéra insensiblement en une dureté si rebutante et si insupportable, qu'elle scandalisa tout le monde et excita bientôt un soulèvement universel. L'orage fut néan-

---

(*a*) *Ord. Vital*, l. X, p. 765.
(*b*) *Ibid.*, l. IV, p. 529.

moins près de quatre ans à éclater, quoique le silence des religieux demandât justice au ciel des mauvais traitements qu'ils souffroient. D'où l'on peut juger qu'ils n'étoient pas si ennemis du gouvernement que l'abbé se l'étoit imaginé, et que la rebellion aux ordres mêmes d'un supérieur leur paroissoit un crime. Aussi leur a-t-on souvent entendu dire que l'excez de sa passion, loin de les rebutter, redoubloit leur courage, et qu'ils ne rompoient jamais jusqu'à l'extrémité les liens sacrés de l'obéissance qu'ils lui avoient jurée et qui les lui assujettissoient.

Tancard ne laissa pas de faire quelques conquêtes à la religion dans cet intervalle ; il gagna à Dieu, dès le mois de juin de l'an 1097, un jeune chevalier, nommé Odard, qui retournoit de Jérusalem ; et le jeune novice, en reconnoissance de la grâce qu'on lui faisoit, donna à l'abbaïe quatre arpens de vignes et douze journaux [1] de terre à Longueville, que son frère Richard confirma l'année suivante (1098), par un acte autentique, qu'il déposa sur l'autel de la Vierge le jour de sa profession, 24° de juin. Deux ans après, Gilbert, fils de Robert, archidiacre d'Evreux, lui présenta son fils Hugues, encore enfant, et le consacra à Dieu entre ses mains, selon la forme prescrite dans la règle de Saint Benoit[2]. Gilbert accompagna cette pieuse cérémonie

[1] *Journal*, mesure usitée dans le pays de Brai et aux environs, comme aussi dans une partie de la Picardie. Le journal équivalait à quarante acres de terre.

[2] Chap. LIX : « *De Filiis nobilium, vel pauperum, qui offeruntur.* »

de la restitution de l'église et des dîmes de Saint-Martin de Rouvrai, que son père avoit usurpées. Depuis ce tems, nous ne trouvons rien de l'abbé Tancard, jusqu'en 1101, qu'il fut chassé avec infamie, après la mort de Guillaume le Roux, son protecteur, et contraint de retourner à Fécamp, d'où il étoit parti (a).

Urson, trente-troisième abbé (l'an 1101).

Son départ fut pour les religieux de Jumièges une grâce inestimable de salut et une source de paix et de tranquillité. Le duc Robert, qui n'ignoroit pas qu'on rendoit le roy Guillaume son frère responsable des troubles qui les avoient agités pendant quatre ans, leur accorda la permission de se choisir un abbé, et ils élurent, d'une voix unanime, Urson, dont ils connoissoient le mérite depuis plus de vingt-trois ans qu'il demeuroit avec eux. On dit qu'il étoit de Rouen et qu'il n'avoit encore que dix-sept ans quand il prononça ses vœux ; il étoit homme d'esprit, naturellement éloquent, insinuant, persuasif, versé dans la science des saintes écritures, et très éclairé sur tout ce qui regardoit les pratiques régulières ; il étoit d'un caractère doux, mais plein de zèle et de courage ; il aimoit la communauté, il en étoit chéri, de sorte que l'on s'ac-

(a) *Ord. Vital*, l. X, p. 765.

corda d'une voix commune à le nommer pour remplir le siège abbatial ; mais, comme il étoit sans ambition, il fut au désespoir que les suffrages se fussent réunis sur lui. Effaré du poids de la charge qu'on lui imposoit, il mit toute son industrie à le faire retomber sur un autre ; il n'épargna ni les prières, ni les remontrances, et, voïant que tout lui étoit inutile, il essaia d'intimider les électeurs par la crainte d'un gouvernement sévère, qu'il leur fit entrevoir dans un discours plein de feu sur les obligations d'un supérieur d'être le protecteur et le vengeur de la règle. Son éloquence n'eut pas le succès qu'il en attendoit. Ses frères ne furent que plus confirmés dans la résolution de soutenir leur choix et de le faire bénir incessamment. Il le méritoit plus que tout autre par l'étendue de sa doctrine et par la ferveur de sa piété. Aussi fut-il contraint de se soumettre, et de leur donner cette dernière marque de son obéissance. Ainsi finirent le schisme et la division qui avoient régné près de quatre ans dans l'abbaïe de Jumièges, et qui lui avoient fait souffrir l'éclipse dont parle Ives de Chartres dans sa lettre à Urson (*a*) en faveur d'une brebis égarée, qu'il le prie de recevoir avec indulgence, sans néanmoins trahir les intérêts de la religion et le salut du déserteur pénitent.

Urson, que quelques auteurs appelent *Ursus*, pour le distinguer du second abbé de Montebourg, du même nom [1], ne perdit pas un seul des moments dont le calme

---

(*a*) Ives de Chartres, épît. 160.
[1] Dont il a été parlé un peu plus haut.

lui permit de profiter pour gagner et exciter tous ses religieux à la vertu; il travailla surtout à ranimer, par de fréquentes exhortations, la ferveur dans les divins offices, l'amour du silence et l'esprit de pauvreté, ce qui ne l'occupa que très peu de tems, parce qu'il trouva des religieux dociles à sa voix et disposés à tout bien; il continua cependant ses conférences, et quatre ans se passèrent de la sorte sans que nous aions d'autres lumières sur ce qui le regarde, si ce n'est qu'au mois d'août de la quatrième année, il s'adressa à Guillaume de Tancarville, officier de la Chambre de Henri I, roy d'Angleterre, pour lui demander la confirmation du patronage et des dîmes de Mireville en Caux[1], que Foulques de Mireville avoit donnés à l'abbaïe de Jumièges, en 1079, pour l'entretien des lampes, et que Raoul, père de Guillaume de Tancarville, avoit confirmé, la même année, avec Jean de Bayeux, archevêque de Rouen. Guillaume consentit volontiers à la demande d'Urson, et engagea même Adam de Mireville, fils et héritier de Foulques, à confirmer de nouveau la donation de son père; ce qui fut exécuté, par une charte datée de Tancarville, le 13 des calendes de septembre 1105 (a), mais, dès le milieu du même siècle, l'abbaïe de Jumièges ne possédoit plus rien à Mireville, dont le patronage appartient au seigneur.

Tandis qu'Urson s'occupoit ainsi du spirituel et du temporel de son église, le roy d'Angleterre envoia

(a) *Preuves*, art. 20 et 21.
[1] Mirville (Seine-Inférieure), arr. du Havre, cant. de Goderville.

Guillaume de Warélwast[1], évêque d'Excester, au Bec, prier S. Anselme de revenir au plus tôt à Cantorbéri[2], l'assurant qu'il étoit entièrement disposé à suivre ses conseils et à être toujours d'accord avec l'église romaine (a). Le prélat étoit alors malade, mais Guillaume, qui désiroit sincèrement son retour à la liberté de l'église, lui fit sentir le danger qu'il y avait à différer de profiter de la bonne disposition du roy, et le pressa tant, qu'il partit du Bec en cet état, malgré les instances des religieux, qui vouloient le retenir jusqu'à la fin de sa maladie. Ils vinrent l'un et l'autre à Jumièges, où S. Anselme comptoit ne passer que quelques jours avant de s'embarquer, mais son mal augmenta de telle sorte qu'il ne put aller plus loin. C'étoit environ le commencement du mois du mai de l'an 1106. S. Anselme dépêcha aussitôt vers le roy Henri, pour lui faire sçavoir la cause de son retard. L'évêque d'Excester auroit fort souhaité que le prélat eût chargé quelques religieux de Jumièges de ses lettres ; mais celui-cy s'en excusa, sous prétexte qu'il feroit plus facilement agréer ses raisons au roy. Ainsi Guillaume fut forcé de prendre sur lui la commission et de se séparer de S. Anselme après huit

---

(a) *Lodmer*, apud *S. Anselm*.

[1] Warelwast, aujourd'hui Véraval, hameau de la commune de Hautot-le-Vatois, canton de Fauville (Seine-Inférieure), dont Guillaume, évêque d'Excester était originaire, comme nous l'avons dit plus haut.

[2] Le célèbre archevêque avait été obligé de quitter son siège et de se réfugier à Rome, puis en France, dans son ancienne abbaye du Bec, par suite de ses démêlés avec Guillaume-le-Roux et son successeur (1097-1106).

jours de séjour à Jumièges. Quant à l'archevêque, il y demeura jusqu'à la mi-juin, et retourna ensuite au Bec, attendre le roy, qui lui avoit mandé de prendre du repos, de ménager ses forces et qu'il passeroit incessamment en Normandie. Il y vint effectivement, peu de temps après, et passa la fête de l'Assomption de Notre-Dame au Bec, où le prélat célébra solennellement la messe en sa présence, et convint avec lui de tous les articles qui les avoient divisés.

La même année 1106, qui fut aussi celle de l'entière réduction de la Normandie sous l'obéissance du roy Henry, l'abbé du Mont-Saint-Michel fut transféré à l'abbaïe de Corneli, en Angleterre, et le roy donna sa place à Roger, prieur de Jumièges, qui la conserva jusqu'en 1123; qu'aiant obtenu une pension de vingt-cinq marcs d'argent, il revint à Jumièges, où il mourut le 2 avril de l'année suivante. L'auteur anonyme de la chronique du Mont-Saint-Michel [1] en parle avec honneur, et le décore du titre de sage et religieux personnage (a), éloge qui renferme en peu de mots tout ce que nous pourrions dire de la pureté de sa vie et des connoissances qu'il avait acquises pour la conduite des âmes. Il fit réparer l'église et les recettes, qui avoient été brûlées par le feu du ciel; il enrichit la sacristie de plusieurs beaux ornements; il fit bâtir un dortoir, un réfectoire et la salle des chevaliers, et, si l'on en croit

---

(a) Apud l'Abb., t. 1, p. 348 et 351.

[1] C'est-à-dire des *Annales du Mont-Saint-Michel*. Elles ont été publiées de nos jours par M. L. Delisle, à la suite de Robert de Torigni, t. II, pp. 214-235.

l'auteur déjà cité (*a*), l'abbaïe lui est presque redevable de tous ses édifices et du rétablissement de la discipline, dont son prédécesseur s'était mis peu en peine [1].

Quelque tems après le départ de Roger pour le Mont-Saint-Michel, et dans le même voiage du roy Henri en Normandie, ce prince donna à l'abbaïe de Jumièges la terre de Dudelle, dans la forêt de Roumare, à deux lieues environ de Duclair (*b*). La charte est datée de l'an 1107 et signée de Guillaume Bonne-âme, archevêque de Rouen. Robert de Candos, fondateur du prieuré de Beaumont-le-Perreux, fut chargé d'en investir les moines, mais on ignore si l'ordre du roy fut exécuté ; ce qu'il y a de certain, c'est que cette terre est sortie des mains des religieux, et qu'il n'en est plus fait mention depuis la charte de Henri II, fils et successeur de Henri I, qui l'avoit aumônée à l'abbaïe.

L'année suivante (1108), Urson, voyant la paix affermie dans la province par la soumission des partisans du duc Robert au roy d'Angleterre, son jeune frère, songea tout de bon à faire restituer à son monastère les biens qu'on lui avoit pris pendant les troubles. L'église et dîme de Gauville [2], avec une terre assez considérable dans la même paroisse, étoient de ce nombre ; et il n'y avoit sorte de traverses que les reli-

---

(*a*) Apud. Mabil. *Ann. Ben.*, t. VI, p. 101.

(*b*) *Cart.*, c. 292.

[1] Cf. Dom Huynes, *Hist. du Mont-Saint-Michel*, t. I, pp. 161-165 et 249.

[2] Gauville-lèz-Verneuil, commune réunie à Verneuil (Eure, arr. d'Evreux) en 1844.

gieux n'eussent essuiées à son occasion depuis plus de quatre-vingt-dix ans. Voici comme Urson en parle dans sa notice qu'il nous en a laissée: « Tedbold avoit donné Gauville à l'abbaïe de Saint-Pierre pour cent sols de deniers, monnoie de Chartres. Foulques, son fils, s'en étant ressaisi par violence, Albert le Riche le retira de ses mains, moiennant six livres de deniers, que Gilbert Crespin lui fit accepter ; mais Foulques étant mort, son frère Guérin s'en rendit le maître, et les religieux eurent beau se plaindre, leurs clameurs, quoique justes, furent infructueuses ; ils ne purent rien obtenir de l'usurpateur pendant sa vie. Guilbert, son fils et son héritier, suivant l'exemple de son père, s'empara de Gauville comme d'un bien de patrimoine, et ferma l'oreille aux remontrances des moines et de ses amis mêmes, jusqu'à ce qu'aiant été blessé d'une flèche dans une embuscade avec ses gens, l'idée d'une mort prochaine le contraignit à le leur rendre, à condition qu'ils lui donneroient l'habit monastique et qu'ils emporteroient son corps à Jumièges, pour y être enterré comme un religieux, ce qui fut exécuté ; mais ses frères, encore plus méchants et plus injustes, regardant ces biens comme un héritage qui leur étoit propre, s'en saisirent de nouveau. Les moines renouvelèrent leurs plaintes et firent plusieurs poursuites en justice, dont ils ne purent voir la fin durant la guerre. La paix aiant été rendue à la Normandie par la déroute du duc Robert et de son armée, à la bataille de Tinchebrai [1], Urson

---

[1] En 1106.

envoia un de ses moines au Vieux-Verneuil[2] avec ordre de reprendre l'instance et de citer les usurpateurs au tribunal de Gilbert Crespin, fils de l'ancien Gilbert, seigneur dominant, et juge en cette partie. Les usurpateurs comparurent et plaidèrent leur cause. Le moine député parla ensuite, et Gilbert, ayant reconnu l'injustice des premiers, les condamna à restituer la terre avec ses dépendances et en ressaisit les religieux, par une sentence datée du chateau de Tillières, l'an 1109. »

Vers le même tems mourut Raoul, abbé de Saint-Taurin d'Evreux. Il avoit été religieux de Fécamp, dont l'abbaïe de Saint-Taurin dépendoit alors, par une concession de Robert I, duc de Normandie. Cet assujettissement déplaisoit depuis longtemps aux moines de Saint-Taurin ; mais la difficulté étoit de secouer un joug qu'ils avoient eux-mêmes souffert qu'on leur imposât. Ils l'entreprirent, à la mort de Raoul, en choisissant un de leurs confrères pour lui succéder, sans en donner avis à ceux de Fécamp. Ceux-ci, instruits de la convention, portèrent leurs plaintes au roy Henry, qui voulut bien en être le juge, avec Guillaume Bonne-âme, archevêque de Rouen, Turold de Bayeux, Gilbert d'Evreux, Hilgot abbé de S. Ouën, Arnoult de Troarn, Urson de Jumièges et Gautier de la Sainte-Trinité-du-Mont.

---

[1] Paroisse réunie à Verneuil en 1791 ; elle était située sur la rive droite de l'Avre et perdit son importance par suite de la construction, en 1120, de la forteresse de Verneuil, sur la rive gauche de cette rivière. — Cf. Rateau et Pinet, *Hist. et Géogr. du départ. de l'Eure*, p. 257.

L'abbé de Fécamp fut maintenu dans le droit de nommer et de déposer les abbés de S. Taurin, et de changer les religieux à son gré (a).

L'archevêque Guillaume, dont il est icy parlé, mourut aussi au mois de février 1110[1], et eut pour successeur, après dix mois de vacance, Geoffroy, doïen de l'église du Mans, et frère de Judicaël, évêque d'Aleth. Urson eut le bonheur de lui plaire et de s'en faire un protecteur pour les intérêts de sa maison. Il entra avec lui dans un détail exact de tout ce qu'elle avoit souffert depuis que le duc Robert étoit revenu de Palestine. En effet, elle avoit été pillée plusieurs fois sous la domination de ce prince par une bande de voleurs et de scélérats, qu'il protégeoit, soit par crainte, soit par indolence. L'usurpation de Baudouin trouva naturellement sa place dans la suite des entretiens d'Urson avec l'archevêque. Mais, pour en donner une juste idée, il faut reprendre la chose de plus loin et l'approcher d'un point capital de l'histoire de Rouen, que nous n'avons pu montrer jusqu'icy.

Du temps de Robert, duc de Normandie et frère de Henry, roy d'Angleterre, il s'éleva dans la ville de Rouen une fâcheuse querelle, dans laquelle plusieurs

---

(a) *Ann. Ben.* t. V, p. 490.

[1] Il occupait depuis 1079 le siége de Rouen, où l'avait précédé le célèbre Jean d'Avranches. Dadré fait observer que Guillaume fut « le « premier moyne et le second abbé de S. Estienne de Caen, » et que « sous luy et par luy fut tenu un concile provincial à Lisle-bonne « (Lillebonne) en 1080. — *Chronol. historiale*, p. 154. »

familles furent engagées par des motifs différents[1]. Les chefs se nommoient Pilate et de Caux, d'où l'on appela leurs partisans *pilatins* et *cauchois* Un des principaux du parti pilatin, nommé de Claire, que son mérite et son service rendoit cher à l'abbé et aux religieux de Jumièges, leur demanda la tour d'Alvérède, qui étoit très forte, et l'obtint pour quelque tems, avec les maisons voisines, qui étoient elles-mêmes très fortifiées. De Claire s'y retira avec sa famille et devint redoutable au parti cauchois ; il y eut beaucoup de sang répandu de part et d'autre, pendant près de cinq ans que la mésintelligence dura entre les chefs de parti. Mais Henri, dont les Normans avoient imploré le secours, ne pouvant en attendre de leur propre Duc, eut pitié du malheur de la Normandie, et y rétablit la paix en lui faisant changer de maître. Il eut été facile à l'abbé de Jumièges de rentrer en possession de la tour

---

[1] M. Chéruel, dans son *Histoire de Rouen pendant l'époque communale*, raconte différemment ce douloureux épisode. Une conspiration se trama, en 1050, pour livrer la ville au roi d'Angleterre. A la tête du complot étaient deux riches bourgeois, Conan, fils de Gilbert Pilate, et Guillaume, fils d'Auger. Ils promirent de livrer Rouen et le duc qui s'y trouvait aux partisans de Guillaume le Roux, alors campés près de Gournay. Le complot fut éventé, Robert appela ses barons à son aide. Henri Beau-Clerc, son jeune frère, se hâta d'accourir du Cotentin. La lutte s'engagea le 3 novembre 1090. Elle fut terrible ; la ville, dit Vital, déchira ses propres entrailles ; bourgeois contre bourgeois, parents contre parents combattaient aux portes, au milieu du tumulte et des cris. Les séditieux furent enfin écrasés. Conan fut précipité du haut de la tour, et son cadavre traîné à la queue d'un cheval. Guillaume, fils d'Auger, le second chef du complot, fut jeté en prison, et les bourgeois qui avaient pris part à la révolte furent « dépouillés et traités comme des ennemis barbares, » selon l'expression d'Orderic Vital.

d'Alvérède et des maisons voisines, qu'il n'avoit cédées que pour un tems; mais il lui parut indécent d'en faire sortir un amy, qui lui en païoit les loyers avec beaucoup d'exactitude, et qui l'y recevoit d'ailleurs avec joie, lui et ses religieux, quand leurs affaires les appeloient à Rouen. Bien lui en eût pris cependant; car, de Claire étant mort quelques années après, Beaudouin prétendit que ces maisons lui appartenoient, à titre de fils et d'héritier; et ce fut inutilement qu'Urson eût recours auprès de lui aux Chartes de l'abbaïe, pour établir une possession de plus de quatre cents ans; c'est-à-dire depuis S. Filbert, fondateur de Jumièges, auquel S. Ouën les avoit données, pour l'y avoir injustement emprisonné.

Geoffroy n'écouta pas ce récit avec indifférence. Son indignation éclata contre l'usurpateur, et il ordonna à Urson de le citer incessamment à son tribunal. L'affaire y aiant été portée, fut jugée en faveur des religieux, en présence de l'évêque de Lisieux, de Robert comte de Meulant, de Gilbert de l'Aigle, de Guillaume de Tancarville, de Guillaume de Ferrières, et d'un grand nombre d'autres seigneurs (a).

Tandis qu'on plaidoit cette affaire à Rouen, Baudri, évêque de Dol (b), ne pouvant remédier aux désordres de ses diocésains, ni souffrir plus longtems leur méchanceté, abandonna la Bretagne et vint en Normandie, où

(a) Archives de Jumièges.
(b) *Ann. Ben.*, t. V, p. 145.

il avoit une terre et une maison de plaisance sur la rivière de Risle, dans le territoire des trois paroisses de Saint-Sanson, de la Roque et du Marais-Varnier.[1], qu'on sçait être encore aujourd'hui soumises immédiatement à la jurisdiction spirituelle de l'évêque de Dol. Baudri avoit pris résolution, en quittant son diocèse, de ne travailler qu'à sa propre sanctification; mais les abbés de la province, connoissant ses talents, voulurent profiter de sa sagesse et de ses avis. Ils le visitèrent souvent, et ils l'engagèrent quelquefois à sortir de sa retraite. L'abbaïe de Jumièges eut plus de part que toutes les autres au fruit de ses sorties. Il y passoit quelquefois six semaines entières, gardant le silence et la solitude comme les religieux, et vivant dans une innocence et simplicité admirables (a). On rapporte à l'un de ses séjours à Jumièges l'histoire de la translation du chef de S. Valentin; il la composa dans l'abbaïe même, après le miracle de Bliquetuit, dont il avoit été témoin [2].

Les habitans de Jumièges n'avoient point eu jusques

(a) *Ord. Vital.*, I. IX, p. 760.

[1] On dit aujourd'hui le *Marais-Vernier*.
Les deux paroisses de Saint-Samson-sur-Risle et de La Roque-sur-Risle ont été réunies en 1844 sous le nom de Saint-Samson-de-la-Roque Toutes trois formaient jadis, avec la paroisse de Conteville (qui est également aujourd'hui de l'arrond. de Pont-Audemer et du canton de Quillebeuf) une exemption relevant de l'évêché de Dol, ainsi que la baronnie de Saint-Samson.

[2] Les Œuvres de Baudry de Dol figurent dans la *Patrologie latine* de Migne, t. CLXVI, col. 1057-1217. Il a écrit, entre autres, une vie de s. Hugues, archevêque de Rouen.

là d'autre église que l'abbaïe ; ils y faisoient l'office, après celui des religieux, premièrement dans la basilique de Saint-Pierre, et ensuite dans la nef de la grande église, où l'on voioit encore en 1694 un reste de fonts baptismaux, lorsqu'en cette même année on la fit paver à neuf. Mais les bienfaits que ces mêmes habitans recevoient continuellement de Dieu, par l'intercession de S. Valentin, qu'ils avoient choisi pour patron, les portèrent à demander une église sous son nom, avec offre de contribuer de leurs travaux et de leurs facultés à sa construction. L'abbé ne fut pas obligé de se faire violence pour acquiescer à leurs désirs, quand il vit sa communauté réunie faire les derniers efforts pour appuier leur demande. L'incommodité d'une troupe de païsans, qu'il falloit souffrir dans la maison, les fêtes et dimanches, jointe à la sollicitation de ses religieux, qui crurent devoir donner à S. Valentin cette marque de reconnoissance et de dévotion, le détermina sans peine. On choisit un fonds de terre à mi-côte, et l'on y bâtit, en fort peu de temps, une église assez belle pour n'être en rien inférieure à toutes celles du païs qui ont quelque réputation, comme on le peut voir par la nef, qui subsiste encore aujourd'hui, et qui montre bien qu'on n'y avoit rien épargné [1]. L'année de sa dédicace nous est inconnue, mais le jour en est marqué, dans l'ancien martyrologe de l'abbaïe, au 15 de Novembre.

---

[1] La nef de cette église paroissiale offre aujourd'hui encore des particularités intéressantes à étudier ; malheusement elle a été défigurée dans son ensemble par de maladroites réparations.

Les paroisses de Jumièges, du Ménil et d'Yainville, avec la chapelle de Saint-Nicolas-du-Trait, renfermées dans la péninsule, étoient alors exemptes de la juridiction de l'archevêque de Rouen et de son archidiacre. L'abbé seul l'exerçoit sur les curés et le clergé de ces trois paroisses, avec une autorité presqu'épiscopale, de sorte qu'il ne lui manquoit que le pouvoir de conférer les ordres ; encore en étoit-il dédommagé par le droit d'examiner ceux qui s'y croioient appelés, et de leur donner des dimissoires pour les faire recevoir de l'évêque qu'il voudroit leur indiquer. Les causes ecclésiastiques étoient portées à son tribunal, et ses jugements réputés canoniques ; on n'en pouvoit appeler qu'au pape ou à l'archevêque (a). Il y avoit même des cas, comme la destitution d'un prêtre et l'interdit d'une église, où l'appel comme d'abus à l'archevêque étoit nul. Le prélat n'en pouvoit connoître sans une commission du souverain pontife, auquel ces sortes d'appels étoient dévolus ; ses mandements n'obligeoient à rien, et les curés n'en pouvoient faire la publication qu'après qu'ils leur avoient été envoiés par l'abbé, ou le prieur, claustral en son absence. Il n'en étoit pas de même des décrets du Concile provincial ; soit que l'abbé y eût assisté en personne ou par procureur, il falloit en poursuivre l'exécution. Aussi l'abbé de Jumièges étoit-il obligé de tenir, immédiatement après, un synode extraordinaire, pour en donner connoissance aux prêtres de son exemption, et les faire observer.

(a) Archives et cartul. à la fin.

Cependant la tranquillité, que le roy Henri avoit rétablie dans la province après la bataille de Tinchebrai, qui lui avoit assujetti toute la Normandie, donna à peine le tems aux peuples fatigués de reprendre haleine. Dès l'année 1109, Hélie de S. Saens, auquel il avoit remis la garde de son neveu Guillaume, fils encore mineur du duc Robert, se voyant chargé du gouvernement de Falaise, forma un parti en faveur du jeune orphelin, et jugea qu'il pouvoit se déclarer ouvertement pour ses intérêts ; il engagea plusieurs seigneurs normans dans sa cause ; Robert de Belesmes devint le plus ardent de ses partisans ; Foulques, comte d'Anjou, et Louis Le Gros, qui avoit succédé à Philippe, roi de France, entreprirent de secourir ce prince, pour lui faire recouvrer l'héritage paternel. Henri, informé de ces préparatifs, repassa en Normandie, et commença la guerre, où il eut différens succès contre les partisans de son neveu.

L'abbaïe de Jumièges souffrit de grandes pertes dans cette occasion ; mais elle s'en seroit relevée facilement, après le traité conclu la même année, si la guerre n'avoit recommencé, cinq ans après, entre les deux rois de France et d'Angleterre, qui brûlèrent et ravagèrent tout le païs. Le roy Henry, pour remédier à ces désordres, fit tenir un Concile à Rouen, le 7 octobre 1118 ; il y traita de la paix, entre lui et le roi de France, avec Raoul, archevêque de Cantorbéri, et les barons de la province de Normandie, qu'il avoit convoqués, tandis que Geoffroi, archevêque de Rouën, traita des affaires de l'église (a), avec Richard, évêque de Bayeux, Jean de Lisieux, Turgis d'Avranches et Roger de Coutances. L'abbé Urson assista à ce même Concile, avec Roger, abbé de Fécamp, et plusieurs autres abbés, dont Orderic Vital nous a conservé les noms. Conrad, légat du pape Gélase second, présida au Concile, et s'y plaignit fortement de l'empereur et de l'anatippe Bourdin, demandant aux évêques et aux abbés le secours de leurs prières et de leur argent pour le pape, que la persécution avoit réduit à venir au deçà des Alpes comme en exil (b). On ignore si la harangue eut quelqu'effet.

Gélase mourut le 29ᵉ de janvier de l'année suivante, et fut enterré à Cluni. Les cardinaux qui étoient présens élurent en sa place Gui, archevêque de Vienne, fils de Guillaume-le-Grand, comte de Bourgogne, parent des empereurs et des rois de France et d'Angleterre, et on lui donna le nom de Calixte second. Il demeura plus d'un an en France et il y tint plusieurs Conciles, entre autres celui de Reims, où l'on traita de la paix entre l'église et l'empire (c). Urson, abbé de Jumièges, y assista, avec les évêques et les abbés de Normandie, et quelques prélats d'Angleterre, qui étoient alors à Rouen, auprès du roy Henry, contre lequel Louis-le-Gros porta ses plaintes au sujet de la Normandie, qu'il disoit lui avoir été enlevée par ce prince, pour ne lui en avoir

(a) *Concil. Rotomag.*, part. I, p. 80.
(b) *Ord. Vital.*, l. XII, p. 846.
(c) *Ord. Vital.*, l. XII, p. 857.

pas fait hommage depuis qu'il en avoit dépouillé le duc Robert son frère. Geoffroi, archevêque de Rouen, avec les évêques et abbés de la province, voulut répondre à ces plaintes, mais il s'émut un si grand tumulte, que le pape fut obligé de rompre l'assemblée sans avoir pu entendre la réponse des Normans. On fit cinq décrets dans ce Concile, depuis le 20 octobre 1119 jusqu'au 30 du même mois, contre les principaux abus qui régnoient alors ; contre la simonie, les investitures des évêchés et des abbaïes, les usurpateurs de biens de l'église, le trafic des choses saintes, et l'incontinence des clercs.

Urson, étant revenu du Concile de Reims, s'appliqua tout entier au maintien de la discipline et à la réforme de quelques abus qui s'étoient introduits durant son absence, dans la nourriture et le vêtement des frères ; il fit de sages réglements à ce sujet, et afin que le remède fut plus prompt et plus efficace, il se chargea lui-même de l'exécution. Il n'y consacra pas néanmoins son loisir jusqu'à négliger les affaires temporelles de son monastère, quand il trouvait occasion d'y travailler. Ce fut dans cette vue qu'avec le consentement de sa communauté, il céda, sur la fin de la même année 1119, à un nommé Herbert, de Lisieux, le fief et terre de Hauville [1] pour l'espace de trente ans, moïennant une redevance annuelle de soixante francs, monnoie de Rouen, et à condition qu'il y feroit construire autant de bâtiments qu'il seroit nécessaire pour loger com-

[1] Sur le territoire de Saint-Waast-Dieppedalle (Seine-Inférieure).

modément le maître et le fermier après l'expiration de son bail. Telle est l'origine du manoir seigneurial de Hauville, sur les terres que Guillaume et Osberne de Hotot avoient données à l'abbaïe en 1073, dans l'étendue du fief qui lui avoit été aumôné, vers l'an 1056, par Gilbert Crespin. On lui a donné le nom de Cour-l'Abbé dans la suite des tems.

Il est triste pour nous que les mémoires de l'abbaïe de Jumièges ne nous aient rien conservé, ni le détail, ni le succès des travaux d'Urson, depuis ce dernier acte jusqu'à sa mort. Le peu qui nous en reste est une charte, écrite de sa main, en très beaux caractères, et dans des termes qui ne respirent que la charité, en faveur de Robert de la Haie, qu'il gratifioit d'un arpent de terre à Longueville, pour y bâtir une maison, exempte de toute autre charge que du service de l'église, quand il en seroit requis, et qu'il ne seroit pas occupé pour le roy ; mais cette pièce unique ne nous dédommage pas de ce qui nous manque. Il mourut, regretté du peuple et de sa communauté, le 27 octobre 1127, et fut enterré dans la partie supérieure du chapître, où l'on voit encore sa tombe en petits carreaux qui le représentent [1].

---

[1] On en peut voir encore le dessin à Oxford, dans la collect. Gaignières t. V, fol. 40. — Hennin, *Les Monum. de l'Hist. de France*, t. III, p. 78. L'obituaire de Jumièges s'exprime ainsi à ce sujet: « 27 oct. Ursus « abbas : jacet in capitulo versus sedem prioris inferius. » — *Rec. des Histor. des Gaules*, t. XXIII, 422 A.

Voici son épitaphe :

>Hic sub mole jacet pius abbas Urso sepultus;
>   Luctus non modicus fratribus et populo.
>Hic res ecclesiæ rexit sic intus et extra
>   Ut nullis causam murmuris inde daret.
>Victum et vestitum præbebat sufficienter
>   Sanis, infirmis, sicuti opus fuerat.
>Mitibus ille fuit mitis, rigidusque superbis,
>   Devius in nullo tramite justitiæ.

GUILLAUME, TRENTE-QUATRIÈME ABBÉ (L'AN 1127).

Les religieux de Jumièges, se voiant sans abbé, firent choix de deux députés, qu'ils envoyèrent à Rouën vers le roi Henri, pour avoir permission d'en élire un autre. L'aiant obtenu, ils tinrent chapitre, et résolurent de ne se point séparer que l'élection ne fût faite. Elle ne traîna pas en longueur ; un de leurs confrères avoit gagné leur estime et mérita toute leur attention. C'étoit un vieillard d'environ soixante ans, nommé Guillaume, qui portoit sur son front et dans toutes ses démarches je ne sçay quoy de respectable, qui se déceloit malgré son humilité. Il fut élu d'une commune voix ; mais on eut bien de la peine à vaincre sa modestie, et ce ne fut qu'après bien des instances qu'on vint à bout de lui persuader d'accepter cette dignité. Le temporel du monastère étoit alors dans une désolation presque générale, causée par la révolte de plusieurs seigneurs de la province, qui s'étoient réunis en différens, temps avec le roy de France, pour rétablir Guillaume, fils du duc Robert, dans le duché de Normandie. D'un autre côté, le roy d'Angleterre avoit fait défense aux abbés de prêter le serment aux évêques après leur élection et les évêques, pour s'en venger, refusoient de les bénir. Ces considérations, jointes à l'idée que Guillaume avoit de son incapacité, ne servoient qu'à lui inspirer plus d'éloignement pour une charge dont il appréhendoit les périls et les inquiétudes, qui ne manquent jamais de l'accompagner.

Nous ne sçavons sur quel fondement l'éditeur du sixième tome des *Annales de l'ordre de S. Benoit* (a) et les auteurs de *Gallia christiana* (b) ont avancé que Guillaume n'avoit point encore reçu la bénédiction abbatiale au mois de juillet 1132, lorsque le pape Innocent II écrivit à l'archevêque de Rouen pour l'exhorter à consentir aux volontés du roy et à lever les censures qu'il pouroit avoir prononcé contre les abbés de son diocèse, qui avoient refusé de jurer la soumission à son siége [1]. Nous avons de la peine à croire que Geoffroy, qui étoit encore archevêque de Rouen au tems de l'élection de notre abbé, lui ait refusé ce qu'il avoit accordé trois ans auparavant à Boson, abbé du Bec,

(a) P. 233.
(b) T. XI, col. 195.

[1] Cette lettre, adressée à l'archevêque Hugues d'Amiens, et une autre sur le même sujet, écrite au roi Henri I le 15 du même mois de juillet 1132, se trouvent dans Mansi, *Concil.* XXI, 426 et 424, et dans *la Patrologie latine* de Migne, tom. CLXXIX, col. 150.

quoique celui-cy n'eût jamais voulu faire la profession d'obéissance que l'archevêque exigeoit. Si Alain, abbé de Saint-Wandrille, ne put obtenir la même faveur, c'est que Geoffroy étoit mourant, et que Hugues d'Amiens, son successeur, voulut absolument assujettir les abbés à cette formalité. Aussi voyons-nous que le pape ne fait mention que de l'abbé de Saint-Wandrille dans la première lettre qu'il écrivit de Pise à l'archevêque Hugues, pour lui promettre sa protection contre cet abbé, s'il s'opiniâtroit davantage à lui refuser l'obéissance (*a*). Quel privilége pouvoit avoir l'abbé de Jumièges, pour n'être pas compris dans les plaintes de l'archevêque, ni dans la réponse du souverain pontife à ce prélat[1]; il semble qu'on ne doit point en chercher la cause ailleurs que dans la bénédiction qu'il avoit reçue de Geoffroi, qui étoit certainement son ami, et qui ne croioit pas son droit encore assez affermi pour l'exiger à la rigueur d'un abbé de l'ordre de Saint-Benoît, où l'on pouvoit s'autoriser de l'exemple du bienheureux Guillaume de Dijon, qui avoit refusé de prêter serment à l'évêque de Verceil, qui vouloit l'ordonner diacre, soutenant que c'étoit un abus et une espèce de simonie (*b*).

Quoiqu'il en soit, Guillaume se trouva, l'année

(*a*) *Hist. des archevêques de Rouen*, p. 320.

(*b*) *Hist. eccl.*, t. XII, L, an 994.

[1] La cause de l'abbé de Saint-Wandrille paraît distincte de celle des autres abbés; et la lettre d'Innocent II, postérieure aux précédentes, nous semble traiter d'une affaire différente. — V. cette lettre dans Migne, *Patr. Lat.*, t. CLXXIX. col. 304, ou dans la *Neustria pia*, p. 174.

d'après son élection (1128), au Concile de Rouen, que le cardinal Mathieu, évêque d'Albane et légat du Saint-Siége, tint en cette ville, au mois d'octobre, avec les évêques de Chartres, de Soissons, de Baieux, d'Avranches, de Lisieux, de Coutances et de Séez (a). Il y avoit aussi plusieurs abbés, dont les plus distingués étoient Roger de Fécamp, Guillaume de Jumièges, Rainfroi de Saint-Ouën, Varin de Saint-Evroult, Philippe de Saint-Taurin, et Alain, élu abbé de Saint-Étienne de Caen. On fit plusieurs règlemens de discipline en ce Concile, en présence du roy, et du consentement de l'archevêque Geoffroi, qu'on allait consulter à son lit. Un de ces décrets porte que les abbés et les moines ne recevront point de dîmes ecclésiastiques de la main des laïques, mais que les laïques rendront à l'évêque les biens qu'ils auront usurpés, et que l'évêque les restituera aux moines, selon l'intention des donateurs ; de là ce nombre prodigieux de chartes d'évêques et d'archevêques en faveur de l'abbaïe de Jumièges, qui leur ont acquis le titre de bienfaiteurs, quoiqu'ils ne lui aient donné que ce qu'ils ne pouvoient justement retenir.

Geoffroi, archevêque de Rouen, mourut le 28 novembre de la même année. L'abbé de Jumièges, aiant appris sa mort, célébra solennellement la messe pour le repos de son âme, et fit insérer son nom dans le nécrologe, avec obligation de lui faire tous les ans un service au jour de son décez. Quelque tems après, un

(a) *Concil. Rotomag.*, part. II, p. 81, et *Ord. Vital.*, l. XII, p. 888.

gentilhomme de Mantes, nommé Guidard de Farcis, donna à l'abbé Guillaume et à ses religieux une petite terre dans la paroisse de Saint-Martin-de-Boaffle[1], à condition qu'ils seroient reçus gratuitement, lui et son fils, s'ils vouloient embrasser l'état religieux. L'acte fut déposé sur l'autel de Jumièges, et prouve, ce semble, assez bien qu'on exigeoit dès lors des pensions de ceux qui se consacroient à Dieu dans le cloître. Au reste, on ne doit pas s'en étonner, puisque l'abbaïe étoit très pauvre, à cause des guerres sanglantes et dispendieuses dont la Normandie fut presque toujours le théâtre, sous le règne de Henri, jusqu'à la mort de Guillaume, fils de Robert, qui mourut, en 1127, d'une blessure, devant la ville d'Alost.

S'il ne se passa rien de considérable à Jumièges pendant les cinq ou six années qui suivirent, on les employa du moins en partie à réparer les pertes qu'on avoit faites durant la guerre, et il paroit qu'on y réussit, puisqu'en 1124, l'abbé Guillaume et ses religieux, voulant obliger le roy et les barons de la province, se trouvèrent en état de disposer, en faveur des abbés et religieux de Saint-Martin-de-Séez, du patronage utile et des dîmes de Serans[2] et de la Potterie[3], et de ce qui appartenoit à ces deux églises ; elles avoient été données à l'abbaïe par Richard II (a),

(a) *Preuves*, art. 27 ; la dernière est située dans le païs de Caux. Archives.

[1] Bouaffles, dép. de Seine-et-Oise, arr. de Versailles, cant. de Meulan.
[2] Dép. de l'Orne, arr. d'Argentan, cant. d'Ecouché.
[3] La Poterie-au-Perche, cant. de Tourouvre, arr. de Mortagne (Orne.)

au moien d'une redevance annuelle de dix sols, payables au jour de Saint-Jean-Baptiste, ainsi qu'il se voit par un contrat du cartulaire de l'abbaïe de Séez, qui jouit encore du patronage et des dîmes de ces dexu paroisses, sans aucune prétention sur le fief de Serans, que l'abbé et les religieux de Jumièges s'étoient réservé. L'acte de cession est daté de Rouen et souscrit par Durand, prévôt de Saint-Martin, Robert du Bosc, fils de Renaud, et Raoul du Ménil, tous deux moines de Jumièges, et députés par la communauté pour accompagner l'abbé Guillaume.

L'année suivante (1135) est remarquable par la mort de Henry, roy d'Angleterre et duc de Normandie. Orderic Vital, et quelques auteurs après lui, l'ont placée au premier jour de décembre, mais le nécrologe de l'abbaïe et un manuscrit de ce tems là n'en font mention que le 2 du même mois, auquel on a fixé son anniversaire[1]. Elle fut précédée d'une horrible tempête, qui dura depuis le coucher du soleil jusqu'au lendemain six heures (a).

Les religieux de Jumièges ne profitèrent pas longtemps après son décez de la restitution que l'archevêque Geoffroi leur avoit fait faire de la tour d'Alvérède. Etienne 3e, fils du comte de Blois et d'Adèle, fille de Guillaume-le-Conquérant, aiant succédé à son oncle, tant au duché de Normandie qu'au roïaume

---

(a) *Manusc.*, sous la lettre *q*, num. 39.

[1] Voir la lettre de Hugues d'Amiens au pape Innocent II sur la mort du roi Henri. Martène, *Ampliss. collect.*, IX, 1236.

d'Angleterre, malgré les précautions que ce prince avoit prises pour assurer la couronne à Mathilde, sa fille, veuve de Henri V, se laissa surprendre aux calomnies de Claire [1], frère de Beaudouin, et le renvoia en possession de la tour et des maisons qui en dépendoient. L'abbé Guillaume, qui ne se croioit point fait pour les biens de la terre, auxquels il avoit renoncé, ferma les yeux à l'injustice, et laissa jouir l'usurpateur. Mais le célerier de la maison, nommé Gilbert de la Mare, n'eut pas la même complaisance; il porta ses plaintes à divers tribunaux, dont il n'eut pas lieu d'être content, parce qu'on n'osoit y juger en sa faveur, dans la crainte d'offenser le roy, protecteur de sa patrie. Voyant que la chose n'alloit pas aussi vite qu'il avoit sujet de l'espérer, il se pourvut en déni de justice devant Guillaume de Roumare, grand sénéchal de Normandie. Alors les amis de Claire et de l'abbé de Jumièges résolurent de les accommoder. On choisit pour celà la ville de Rouen et la maison d'Ouën Postel, où les parties se trouvèrent, le dimanche avant Noël, dix-huitième de décembre 1138. Il fut arrêté, pour le bien de la paix, que l'abbé donneroit quatre marcs d'argent à Claire, qui lui feroit une cession en bonne forme de ce qu'il y avoit entr'eux de contencieux, et la feroit

---

[1] Fils de ce de Claire, dont il a été parlé un peu plus haut. Il faudrait lire partout *De Claire*, comme l'auteur lui-même écrit un peu plus loin.

Dans l'obituaire de Jumièges figurent, au 12 janvier : *Dionisia de Clara*, et au 12 Avril : *Nicholaus de Clere;* mais il serait téméraire de conclure à une assimilation.

ratifier par ses enfants à leur retour d'Angleterre, où ils avoient suivi le roi Etienne. L'acte est du même jour, 18° de décembre 1138, et est signé de Louis, abbé de Saint-Georges de Boscherville, de Galeron, comte de Meulant, de Guillaume de Varenne, son frère, de Hugues de Gournai, de Robert de Neubourg, de Jean De La Londe, de Roger de Pavilly, de Raoul de Bos-Robert, et autres seigneurs de la province, qui étoient parvenus par leur médiation à faire cet accommodement.

L'entreprise de De Claire fut suivie d'une beaucoup plus dommageable à l'abbaïe de Jumièges, si elle eût réussi au gré de l'aggresseur. Henri, évêque de Winchester, se saisit d'une partie de l'isle d'Hellingen[1], en Angleterre, et réduisit les moines qui desservoient le prieuré à une telle indigence, que deux d'entre eux furent contraints de repasser la mer et de rentrer dans leur premier monastère. On conseilla à l'abbé Guillaume d'aller trouver le roy et lui présenter ses titres de possession, mais il refusa, parce que l'évêque étoit frère du roy. Cependant, pour ne pas trahir les droits de son abbaïe, il s'adressa au pape Innocent II, qu'il avoit eu l'honneur de saluer à Rouen en 1130[2], et en obtint un bref pour la restitution des biens qu'Henri

[1] Notre auteur orthographie ce nom de toutes les manières Hellinger, Helling, Ellingen.
[2] On sait que le Pape Innocent II, vint à Rouen pour conférer avec Henri Beau Clerc, et qu'il fut reçu avec empressement par la population tout entière qui lui offrit de magnifiques présents *Script. rer. gallic. XII.* 580.

lui avoit enlevés (*a*). L'évêque, l'aïant appris, aima mieux renoncer à ses prétentions que de courir les risques d'une excommunication, dont il étoit menacé.

Il rappela les deux moines, qui s'étoient retirés à Jumièges, et renonça à ses prétentions sur l'isle d'Helling, par une charte qu'on croit être de l'an 1140. Et en effet on ne peut guères en avancer ni reculer la date, puisque Théobald, archevêque de Cantorbéri, qui la signe comme primat de la Grande Bretagne, ne fut sacré qu'en 1139, et qu'Innocent II, auquel l'abbaïe est redevable de cette restitution, mourut le 23 septembre 1143.

Pendant ces démêlés avec De Claire et l'évêque de Winchester, un jeune gentilhomme, nommé Robert de Bonnebos, plus traitable que les autres, vint trouver l'abbé de Jumièges et renonça volontairement à une rente de vingt sols que son père avoit exigée depuis plusieurs années sur le moulin de Maleville [1] dépendant de l'abbaïe. Sa démarche lui fit d'autant plus d'honneur que, n'étant point inquiété par les moines, elle paroissoit être le fruit d'une piété tendre envers son père et d'une salutaire componction que la grâce opéroit en lui, par la crainte d'être réprouvé s'il persévéroit plus longtemps dans son injustice (*b*). C'est ainsi qu'il s'en explique dans ses lettres, expédiées en 1138, dans le

---

(*a*) Archives, *Cartulaire*, c. 505.
(*b*) Archives.

[1] Probablement Malleville-sur-le-Bec, cant. de Brionne, arr. de Bernay (Eure).

chapitre de Jumièges, en présence des religieux, à qui il promit de donner toute la satisfaction qu'ils voudroient exiger de lui.

Trois ans ou environ après, Hugues d'Amiens, archevêque de Rouen[1], remit à l'abbaïe, sur la renonciation de Geoffroi, fils d'Osbert, la terre d'aumône de Hotot-l'Auvrai[2] et leurs mines de grain, moitié froment et moitié avoine, que Geoffroi prétendoit avoir droit de prendre sur cette église, dont le patronage et les dimes appartenoient aux religieux de Jumièges. Peu de tems après, l'abbé Guillaume tomba malade et mourut le dixième jour d'aoust 1142. Il fut enterré dans le chapitre, et l'on ordonna d'un commun consentement que tous les ans on célèbreroit son anniversaire solennel, en la manière prescrite dans le nécrologe pour les services de seconde classe.

EUSTACHE, TRENTE-CINQUIÈME ABBÉ (L'AN 1142).

Eustache, prieur et religieux de la maison, fut élu abbé la même année, après une vacance de six semaines. Il étoit humble, doux et plein de charité, exact à tous

---

[1] Ce pieux et savant prélat qui eut, pendant son épiscopat, bien des constestations et des litiges à juger, et qui le fit toujours avec justice et charité, avait reçu de S. Bernard, à l'occasion de son sacre, une lettre où il lui recommandait la patience avec les Rouennais. « Apud Rothomagenses opus est patientiâ » S^{ti} *Bernardi. epist. XXV* (édit. de 1690.

[2] Hautot-l'Auvray, cant. d'Ourville, arr. d'Yvetot (Seine-Inférieure).

les devoirs de l'observance, retiré, aimant le silence, appliqué constamment à l'oraison, même au milieu du travail, et fort intelligent dans les choses divines. C'est presque tout ce qui nous reste de la connoissance que nous devrions avoir des vertus et des actions de ce grand homme. Deux titres seuls nous font connoître son zèle et son application pour la conservation des priviléges et des biens de son abbaïe. Le premier est une bulle du pape Eugène III, pour la liberté des élections et la sauvegarde de ces biens, dont il fait ainsi le détail : 1° Dans l'archevêché de Rouen : là terre de Jumièges, où est située l'abbaïe, avec l'église de Saint-Valentin et le hameau de Heurtauville ; le Mesnil, avec l'église de Saint-Filbert ; Yainville, avec l'église de Saint-André et ses dépendances ; Duclair, avec l'église de Saint-Denis ; la moitié de Trubleville, et le droit sur l'église du même lieu (cette église, fondée sous le nom de Saint-Cucuphat, et que l'on appelloit la cure du Mouchel, a été détruite par succession de tems et réunie à celle de Saint-Paër-sur-Duclair, parce que le village de Saint-Paër s'étoit aggrandi insensiblement des débris du bourg de Trubleville [1]. Mais, depuis cette réunion, la cure a toujours été partagée en deux portions, dont la première, exempte de déport, appartient à l'abbaïe) ; Norville, [2] qui est une baronnie, avec

---

[1] Cf. L'abbé Tougard, *Géogr. du dép. de la Seine-Inférieure, arr. de Rouen*, p. 309-310.

[2] Seine-Inférieure, arr. du Havre, cant. de Lillebonne.

l'église de Saint-Martin ; Trouville-la-Haule[1], avec l'église de la Sainte-Vierge ; Quilbœuf[2], avec l'église sous l'invocation de la Mère de Dieu ; Wambourg, avec l'église de Saint-Aubin ; Guisiniers, avec l'église de Saint-Denis ; Genesville, avec l'église de Saint-Pierre, les dîmes, et tout ce qui en dépend ; les églises de Saint-Vast[3], de Hotot-l'Auvrai, avec la chapelle de l'Emanville, qu'on dit être depuis longtemps unie à la cure, et qui subsistoit avec beaucoup de vraisemblance dans le hameau qu'on appelle aujourd'hui d'Edmonville ; les églises de Saint-Martin de Foleni ou Fouligni[4], de Saint-Martin de Tourville-sur-Seine[5], de Saint-Pierre de Goui, de Saint-Martin à Druelle, de la Sainte-Trinité au Bos-Berenger, de Saint-Georges à Gros-Mesnil (ces trois dernières églises sont dans le territoire de Cotevrard, dont Druelle étoit le chef-lieu[6]. Dans la suite, le titre de la paroisse a été transféré à Saint-Nicolas de

[1] Eure, arr. de Pont-Audemer, cant. de Quillebeuf.

[2] Quillebeuf, port sur la Basse-Seine, chef-lieu de canton de l'arr. de Pont-Audemer (Eure).

[3] Saint-Vaast-Dieppedalle, cant. d'Ourville, arr. d'Yvetot (Seine inférieure). C'est de cette paroisse, et non de Hautot-l'Auvray, que dépend le hameau d'Emondeville ; nous ne croyons pas d'ailleurs que jamais l'église de Saint-Waast ait dépendu de Hautot-l'Auvray ;

[4] Cette paroisse, réunie à celle de Fresnoy et de Bailly-en-Campagne, forme aujourd'hui Fresnoy-Folny, cant. de Londinières, arr. de Neufchâtel (Seine-Inférieure).

[5] Aujourd'hui Tourville-la-Rivière, cant. d'Elbeuf, arr. de Rouen (Seine-Inférieure).

[6] Cf. Dom T. Du Plessis, *Descrip. Géogr. de la Haute-Normandie*, IIe part., p. 509. — Druelle s'appelle aujourd'hui Dreulles, d'après M. l'abbé Cochet, *Répert. Archéol. de la Seine-Infér.*, col. 11, et M. l'abbé Tougard. *Géogr. de la Seine-Infér.*, arr. de Dieppe, p. 85.

Cotevrard, le Bos-Berenger est devenu paroisse en titre, et Druelle a dégénéré en simple chapelle, comme étoit Gros-Mesnil. L'abbaïe de Jumièges présente à la cure de Cotevrard, à celle de Bos-Berenger et à la chapelle de Druelle, à cause d'un fief qu'elle possède à Cotevrard. La chapelle de Gros-Mesnil ne subsiste plus); la portion de Hauville; Vieux-Port, avec la seigneurie, qui est un membre dépendant de la baronnie de Trouville-la-Haule; les églises de Saint-André de Rouen, de Saint-Martin-Du-Parc [1], de Saint-Martin de Maleville, et de Sainte-Croix du Landin [2]. 2° Dans l'évêché d'Évreux, les églises et seigneuries du Pont-de-l'Arche, de Joui, de Ganciel, du Rouvrai [3], de Saint-Pierre d'Antiu ou Longueville, de Saint-Marcel [3], de Saint-Etienne de Canteloup [4], de Gauville et de Puiseux [5]. 3° Dans le diocèse de Séez, les seigneuries et églises d'Oisy, Vieux-Fumé, Coulonces et Dammarie. 4° Dans le diocèse de Lisieux : les seigneuries et église de Sainte-Marie de Vimoutiers et de Saint-Michel de Crouptes. 5° Dans le

---

[1] Commune réunie en 1828 au Bec-Hellouin, cant. de Brionne, arr. de Bernay (Eure).

[2] Le Landin, cant. de Routot, arr. de Pont-Audemer (Eure).

[3] Rouvray et Saint-Marcel, cant. de Vernon, arr. d'Evreux (Eure).

[4] Aujourd'hui Saint-Etienne-sous-Bailleul, cant. de Gaillon, arr. de Louviers (Eure).

[5] Piseux, cant. de Verneuil, arr. d'Evreux (Eure).
Le pouillé de l'abbé Saas (1728) défigure ces deux noms, en attribuant à l'abbaye de Jumièges, dans le « diocèse d'Évreux, les cures, « d'Antis ou Longuille, Gantiel, Joüy, Rouveray, Pont-de-l'Arche, les « Dens, *Gavieulle, Pisieur.* »

diocèse de Chartres ; Verneuil[1], avec l'église de Saint-Martin de Boafle. 6° Dans l'évêché de Paris : la moitié de Ville-Juive[2], et vingt hôtes ou vassaux à Ivry[3]. 7° Dans le diocèse de Beauvais : l'église de Saint-Pierre et de Saint-Léonard, avec ses dépendances, dans le territoire de Montaterre[4]. 8° Dans le diocèse de Bayeux : l'église, terre et dime de Saint-Pierre-du-Manoir[5], avec la dixième semaine de la coutume, et quelques terres et maisons à Bayeux. 9° En Angleterre : la plus grande partie de l'isle d'Elling, avec les églises et dimes de toute l'isle : (le pape ne fait mention que d'une partie de la seigneurie, parce que l'évêque de Winchester étoit revenu sur la cession qu'il en avoit faite sept ans auparavant, prétendant que l'abbé de Jumièges ne lui avoit pas païé les cents marcs d'argent qu'il lui avoit promis. L'affaire ne fut consommée que quelques temps après, par la décision de Théobald, archevêque de Cantorbéri, qui avoit assisté à l'accord fait entre les parties)(a); 10° Dans l'église de Salisburi, en Wiltonie[6] : les églises de Saint-Pierre de Wynterbournestoth et

(a) *Cartul.*, c. 506.

[1] Non pas Verneuil, dans l'Eure, mais Verneuil, cant. de Poissy, arr. de Versailles (Seine-et-Oise). — Cf. Louis Mellet, *Dict. topogr. du dép. d'Eure-et-Loir*, Introd., p. VII.

[2] Villejuif, arr. de Sceaux (Seine).

[3] Ivry-sur-Seine, canton de Villejuif.

[4] Montataire, cant. de Creil, arr. de Senlis (Oise).

[5] Le Manoir, cant. de Ryes, arr. de Bayeux (Calvados).

[6] C'est-à-dire dans le comté de Wilt ou Wiltshire, dont Wilton était la capitale, avant la translation de son siège épiscopal à Salisbury. — Cf. La Martinière, *Grand Dict. Géogr. et Crit.*

de la Madeleine de Theutoire, en circonstances et dépendances.

Cette bulle est datée des ides d'avril, indiction dixième, l'an 1147, la troisième année du pontificat d'Eugène III, qui y souscrivit avec trois cardinaux et deux archevêques (*a*). Tous les biens de l'abbaïe n'y sont pas spécifiés, parcequ'elle n'en jouissoit pas paisiblement, et qu'on l'avoit même dépouillée d'une partie de ses anciennes possessions.

L'année suivante, l'abbé Eustache reprit le procèz intenté en 1129 contre les religieux de Saint-Vincent du Mans, au sujet des églises de Saint-Pierre de Courtgains et de Saint-Hilaire de Soonne, qu'il soutenoit être de l'ancien domaine de son abbaïe, sous les noms de *Curtwahan* et de *Segia*, mentionnés dans la charte de Charles-le-Chauve pour les partages des biens de l'abbaïe entre l'abbé Rodolfe et les religieux (*b*). Pour les y faire rentrer, il eut recours à la protection du pape, qui étoit encore à Reims, avec quelques évêques de France, d'Allemagne et d'Espagne, qu'il y avoit assemblés pour la tenue d'un concile contre les erreurs de Gilbert de la Porée. Mais le souverain Pontife ne crut pas devoir s'arrêter à la discussion de cette affaire; il nomma cependant deux commissaires pour en juger définitivement. Ces commissaires étoient Jules, cardinal-prêtre du titre de Saint-Marcel, et Jean, cardinal-diacre du titre de Saint-Adrien. On en vint donc

---

(*a*) *Preuves*, art. 2.
(*b*) *Preuves*, art. 5.

à un examen juridique, et, le cinquième jour d'avril 1148, les parties aïant été ouïes contradictoirement dans le chapitre de Reims, leurs titres examinés et les témoins entendus, la contestation fut décidée en faveur des moines de Saint-Vincent, par une sentence (a) dont la justice ne paroît pas à quiconque a entre les mains la charte de Charles-le-Chauve. On a d'ailleurs des preuves que l'abbé de Saint-Vincent se servit de la voie de la prescription (b).

Quoique nous n'aions pas d'autre connoissance de ce qui regarde l'abbé Eustache en particulier, il est néanmoins à présumer qu'il n'eut pas moins de part dans tout ce qui se passa à Jumièges depuis cette année 1148 jusqu'à l'an 1154, qui fut le dernier de sa vie, qu'il n'avoit eu dans ce que nous venons de rapporter. Aussi ne ferons-nous pas difficulté de lui faire honneur de la donation de la chapelle et des dimes de Saint-Martin du Trait (c), par Simon, comte d'Evreux, et Mathilde, son épouse, à condition de la faire desservir par le chapelain de Saint-Nicolas ; sauf la dignité de l'église d'Yainville, où les habitans des deux hameaux de Saint-Martin et de Saint-Nicolas doivent recevoir les sacrements et assister à l'office les jours de Pâques, Noël, S. André[1] et Toussaint, voulant que ces deux chapelles

---

(a) *Monum. Mart.*, t. I, p. 659 et 804.
(b) *Vie des évêques du Mans*, par D. Jean Bondonnet, p. 459.
(c) *Cartul.*, c. 309.

[1] Patron d'Yainville.

ne formassent qu'un seul titre de bénéfice, sous le nom de succursale ou annexe d'Yainville.

Nous sommes portés à croire que la charte de Simon est de l'an 1150, à l'occasion du présent que Richard de Morville fit cette année à l'abbaïe de sa terre du Boishalduc, près de Norville, sous le bon plaisir du comte, dont elle relevoit. Au reste nous ne prétendons point faire passer nos conjectures pour des décisions; nous disons seulement ce que nous pensons, et ce qui nous paroît plus vraisemblable. Quoi qu'il en soit, la chapelle de Saint-Martin, qui, comme nous l'avons remarqué, ne formoit alors qu'un seul titre avec celle de Saint-Nicolas, ne subsiste plus, et celle-cy, de succursale d'Yainville, est presque devenue la principale église, depuis que les curés, y faisant leur résidence, obtinrent de l'abbaïe, le 23 novembre 1512[1], la permission d'avoir des fonts baptismaux et un cimetière, de sorte que, depuis ce tems-là, la cure a toujours porté sur les pouillés de l'archevêché de Rouën le nom du Trait-Yainville, comme si Yainville n'étoit plus que l'annexe du Trait. Mais ce n'est point icy le lieu d'entrer dans cette discussion.

Voicy un autre bienfait d'un de nos rois de France, durant le gouvernement d'Eustache, dont la date est plus certaine. Louis VII, aiant fait casser son mariage avec Eléonore, fille de Guillaume IX, duc d'Acquitaine, sous prétexte de parenté, mais dans le fond à cause de

---

[1] Du Plessis dit : 1614; *Descr. Géogr. de la Haute-Norm.*, Ire part. p. 711.

la mauvaise conduite de cette princesse[1], Henri II, duc de Normandie et depuis roy d'Angleterre, plus avide de biens que d'honneur, épousa Eléonore, et joignit, par ce mariage, les provinces de Guienne, de Poitou et de Saintonge à celles qu'il possédoit en France, ce qui le rendit aussi puissant dans le roiaume que le roi même. Louis VII en eut de la jalousie, et se brouilla dès lors avec Henri. Il commença ses hostilités par la prise de Neufchâtel-en-Lions ; puis, tournant ses armes du côté de Vernon, qu'il se proposoit de surprendre, il en brûla le faubourg et le village de Longueville, où les moines de Jumièges avoient un prieuré, que les François réduisirent en cendres.

Le roi en fut affligé et prit la résolution de leur faire du bien dès que l'occasion s'en présenteroit. Les religieux la lui fournirent dès la même année ; car, comme ils ne jouissoient pas paisiblement de quarante arpens de bois, que Louis-le-Gros, son père, leur avoit donnés à Genesville, ils lui portèrent leurs plaintes, et en obtinrent la confirmation, dans une assemblée tenue à Paris, la seizième année de son règne, 1152 ; et même, pour réparer en quelque sorte le dommage qu'ils avoient souffert à Longueville, le roy leur accorda vingt autres arpens de bois et de terre

---

[1] Louis VII ayant déclaré au pape qu'Eléonore était sa parente au degré prohibé, réunit un concile à Beaugency (1152), où les évêques, après avoir pris connaissance des documents de la cause, prononcèrent l'annulation du mariage. Ils se fondèrent sur la parenté, qui fut attestée juridiquement, et non sur les désordres de la reine, qui ne pouvaient être invoqués comme empêchement dirimant.

adjacents (*a*), dont les païsans de Genesville s'étoient saisis, parce qu'ils n'étoient pas compris dans la donation des quarante premiers, faite par Louis-le-Gros.

Eustache mourut deux ans après, suivant la chronique de Robert du Mont, et fut enterré dans le chapitre [1]. Le nécrologe en fait mention au 17 de décembre, qui fut sans doute le jour de sa mort.

PIERRE Ier, TRENTE-SIXIÈME ABBÉ (L'AN 1155).

Le siège abbatial fut rempli par un étranger, connu sous le nom de Pierre de Cluni, où il avoit fait profession. Son arrivée à Jumièges causa un soulèvement intérieur presque universel. Il fut cependant reçu sans opposition, parce qu'il usa de prudence. Il paroit que les commencements de son gouvernement furent assez paisibles, et nous trouvons, dès la première année, une restitution faite entre ses mains d'une terre à Trouville, par Raoul de S. Vandrille (*b*), moiennant une somme de quinze livres, restant de quatre marcs

---

(*a*) *Cartul.*, c. 55.

(*b*) Archives.

[1] La tombe de l'abbé Eustache (Ustacii) a été dessinée par les soins de Gaignières, et ce dessin est conservé dans la Bibl. d'Oxford, *Coll. Gaign.*, tom. V, fol. 44.

« Jacet in capitulo ante sedem prioris superius », dit l'Obituaire. *Rec. des Histor.*, XXIII, 422 J.

d'argent, que l'abbé Guillaume avoit promis à son père pour rentrer dans la possession de cette terre. La charte de Raoul n'est pas la seule où il soit parlé de Pierre de Cluni ; avant que la guerre fut ouverte entre lui et quelques-uns de ses religieux, nous voions encore qu'un nommé Lucas, fils de Guillaume de Trouville, lui rendit, et à la communauté de Jumièges, une partie des dîmes que ses auteurs avoient injustement usurpées sur l'abbaïe (*a*), tant à Tourville [1] qu'aux Autieux [2] et à Gruchet [3] ; à condition qu'on lui paieroit 17 l. 10 s., monnoie de Rouen, et que, s'il vouloit embraser l'état monastique, on le recevroit sans autre dot qu'une moitié de ses effets mobiliers et immobiliers. L'acte est de l'an 1156, et fut dressé en présence de Raoul de Cauteterre, qui païa la somme stipulée pour les religieux.

Le pape Adrien IV confirma ces privilèges et revenus de son abbaïe [4] par une bulle de la même année (*b*), et Hugues d'Amiens lui fit restituer les deux parts de toutes les dîmes dans la paroisse de Notre-Dame de Varengeville-la-Chaussée (*c*) [5], dont le patronage

(*a*) Archives.

(*a*) Archives.

(*b*) *Cartul.*, c. 283.

[1] Probablement il faut lire Trouville (la-Haule).

[2] Ce nom est très commun et nous manquons des éléments nécessaires pour déterminer le lieu auquel il s'applique.

[3] Fief et chapelle à Pont-Authou. — *Dict. topogr. de l'Eure*, p. 105.

[4] Il faut entendre sans doute : *de l'abbaye de Pierre de Cluny*.

[5] L'une des deux paroisses dont fut formé Saint-Pierre-de-Varengeville, comme nous l'avons dit plus haut.

appartenoit encore à l'abbaïe de Jumièges en 1526, à cause d'un fief qu'elle possède au même lieu.

Ces précautions de Pierre de Cluni, pour la conservation des biens de son abbaïe, n'empêchèrent pas le comte de Dreux, Robert, premier du nom, fils de Louis-le-Gros et frère de Louis VII, de s'emparer de la terre de Bu[1], à deux lieues de Dreux, sur les confins de la Normandie, et d'y bâtir un château pour la sûreté du païs, en cas de guerre contre les Anglois, qui tenoient encore la province sous la conduite de Henri II, couronné roy d'Angleterre, à Westminster, par Théobald, archevêque de Cantorbéri, en présence de tous les prélats et de tous les barons du royaume, le 20 décembre 1154. L'abbé et les religieux de Jumièges eurent d'autant plus de peine à se résoudre à perdre cette seigneurie, qu'elle étoit de leur ancien domaine, et que les papes Eugène III et Adrien IV venoient de la confirmer par leurs bulles de l'an 1147 et 1156. Ils se plaignirent donc au pape Adrien IV, qui donna commission à Robert, évêque de Chartres, de leur faire justice au nom du saint siége. L'évêque alla trouver le comte de Dreux et parvint enfin à faire un accommodement, qu'il dressa lui-même du consentement des parties, en la manière suivante : 1° Que les religieux auront dans leur dépendance le côté de la seigneurie de Bu, qui se trouve séparée du château nouvellement construit par le che-

---

[1] Canton d'Anet, arr. de Dreux (Eure-et-Loir).
Les religieux de Jumièges n'y possedaient pas seulement des terres, mais un prieuré où plusieurs d'entre eux résidaient habituellement; il en sera parlé plus loin.

min de Dreux tendant au Coudrai-Henri[1] ; 2° que tous leurs vassaux seront francs, quittes et exempts de tous droits coutumiers, tels qu'ils puissent être ; et que, si quelqu'un d'eux, venant à frapper, ou même à tuer un des sujets du comte, peut se retirer en deçà du chemin sur leur territoire, qui que ce soit ne pourra le poursuivre ni l'arrêter au delà, mais qu'il en sera fait justice par les officiers du prieur ; 3° qu'à l'égard du petit bois qui se trouve du côté des religieux, ni eux, ni ledit seigneur comte, ni leurs vassaux, ne pourront le couper, mais qu'il sera conservé commun pour les réparations de l'enceinte du village et du château ; 4° qu'à l'égard de la partie du territoire qui est au delà du chemin du Coudrai, où est situé le château, elle appartiendra audit seigneur comte, à la réserve des églises et de l'hôpital, ou Maladrerie, qui demeureront aux religieux ; 5° que les dits religieux percevront la dixième semaine de tous les droits de marché et des fours à bans [2], ainsi que le dit seigneur comte perçoit les neuf autres semaines, avec la dixme des fruits, des cens et génerallement de tous les droits et rentes qui lui appartiennent ou qui pourront lui appartenir, et à ses héritiers, dans toute l'étendue de la seigneurie du château de Bu ; 6° que les

---

[1] Deux communes d'Eure-et-Loir portent encore aujourd'hui le nom de Coudray : Le Coudray, proprement dit, cant. et arr. de Chartres, dont il nous paraît être ici question, et le Coudray-au-Perche, cant. d'Authon, arr. de Nogent-le-Rotrou. Le *Dictionnaire topographique d'Eure-et-Loir* (p. 53) n'offre pas moins de quatorze lieux dits du même nom, mais l'affixe *Henri* n'est joint à aucun d'eux.

[2] Expression qui correspond à celle plus usitée de *four banal*.

droits à percevoir sur les légumes, porreaux, oignons, et généralement sur toutes les espèces d'herbes qui se vendent pour la bouche, appartiendront aussi aux religieux, mais qu'à l'égard des droits de la foire Saint-Léger, ils seront partagés également entre les parties ; 7° que les religieux et leurs vassaux pourront, sous la garantie et protection du dit seigneur comte, prendre dans la forêt de Bu tout le bois à chauffer et à bâtir qui leur sera nécessaire, et que, s'ils viennent à souffrir quelque trouble ou empêchement, il prendra leur fait et cause, comme il le pourroit faire en faveur d'un de ses vassaux ; 8° que toutes les terres pâturables des deux côtés, tant qu'elles subsisteront en nature de pâturage, seront communes aux vassaux des religieux et du comte ; 9° que toutes les terres qui composent la seigneurie de Bu seront mesurées au cordeau, et partagées, moitié par moitié, entre les parties, en sorte néanmoins qu'une pièce de terre, qui, avant ce partage, auroit été défrichée et distraite de la forêt, demeurera au fermier qui l'auroit fait essarter, en payant le champart à celui des deux seigneurs dans le lot duquel elle tombera ; 10° que, tant que les religieux voudront envoyer leurs vassaux au moulin des Ormeaux [1], appartenant au dit seigneur comte, ils percevront la dixième semaine du revenu du moulin, tant en grains qu'en argent, mais que, dans le cas de défense de leur part, ils ne pourront

---

[1] Le *Dictionn. Topograp.* d'Eure-et-Loir ne cite aucun moulin, mais seulement un écart de la commune de Nogent-le-Rotrou qui porte le nom des Ormeaux.

rien prétendre au droit de cette dixième semaine ; 11° qu'ils ne payeront aucune mouture des grains qu'ils feront moudre pour eux et leur domestique ; 12° que les religieux percevront la dime où le comte lève le champart ; 13° que le prévôt de Bu, dans le troisième jour qu'il aura obtenu la prévôté, prêtera serment de fidélité au prieur du lieu, et jurera une exacte et inviolable observation des droits des religieux de Jumièges, au sujet des droits sus-mentionnés, ainsi et de la manière que le tout est déclaré dans le présent acte, et qu'il n'empêchera, en quelque façon que ce puisse être, qu'ils n'en jouissent pleinement ; 14° que le dit seigneur comte, ou tout autre de ses hoirs qui possèdera la seigneurie de Bu-le-Château, paiera tous les ans, entre les mains du prieur de Bu, par forme d'hommage et pour reconnoitre que le château est situé dans la dépendance de Jumièges, dix livres de cire, dont le prieur fera faire un cierge, qu'il enverra à l'abbaïe, pour y être allumé et y brûler en l'honneur des apôtres S. Pierre et S. Paul, au jour de leur fête ; 15° qu'en reconnoissance de ce bienfait et d'autres cy devant accordés, ou qui pouroient l'être dans la suite, les religieux célèbreront tous les ans l'anniversaire du dit seigneur comte, celui d'Agnès de Braine, son épouse, et ceux de ses hoirs, à qui la seigneurie pouroit appartenir après eux (a). Cette transaction est de l'an 1158, et fut confirmée la même année par le comte Robert et par le roy son frère, qui, pour donner une nouvelle marque de bienveillance aux

---

(a) *Preuves*, art. 24. — *Neust. pia* et *Sainte Marth.*

religieux de Jumièges, prit en sa protection ce qui leur restoit de la terre de Bu, afin d'obvier aux nouvelles entreprises du comte ou de ses héritiers.

Vers le même temps, on vit éclater à Jumièges les dissensions domestiques dont les premiers soulèvements, causés à l'arrivée de l'abbé Pierre de Cluni, avoient été comme les avant-coureurs. Le mal étoit augmenté jusqu'au point que plusieurs de ses religieux écrivirent contre lui au pape Adrien, l'accusant de divers crimes, pour lesquels ils demandoient sa déposition. Mais le souverain Pontife n'eût garde de se laisser prévenir par leur clameur, ni de leur accorder ce qu'ils souhaitoient si passionnément, avant d'être mieux informé. Pour y réussir, il renvoia l'affaire à Arnould, évêque de Lisieux [1], avec ordre de faire approcher les parties, et de lui faire son rapport. L'évêque, malgré sa répugnance, accepta la commission; mais, comme il n'étoit pas moins habile que désintéressé, il ne jugea pas à propos de contraindre les moines à venir chez lui faire leurs dépositions, persuadé qu'il trouveroit plus de lumières sur les lieux, et qu'il feroit lui-même le voiage avec moins de frais et de dépenses

---

[1] Arnould, ou Arnulphe, était un évêque fort instruit, et qui avait une grande expérience des hommes et des choses. Il a laissé plusieurs ouvrages qui ont été imprimés. (Ses œuvres ont été reproduites par M. l'abbé Migne, au tome CCI de sa *Patrologie latine*). Pendant les quarante ans qu'il gouverna l'église de Lisieux, il a été chargé de négociations importantes, soit en France, soit en Angleterre, et fut un des légats du pape Eugène III à la deuxième croisade. S. Bernard a fait dans une de ses lettres (Ep. 63) un éloge mérité de ce savant et zélé prélat.

qu'une communauté entière, qu'on disoit être dans la plus extrême indigence. Il arriva à Jumièges au commencement de l'année 1159, publia les lettres du pape, et reçut le même jour les dépositions de seize religieux contre leur abbé. Les accusations étoient graves, et elles furent poursuivies vivement. Cependant, comme les témoins ne se trouvoient pas d'accord sur les mêmes faits, et que sept d'entre eux étoient fort jeunes, la présomption fut pour l'accusé, et l'évêque le déclara absous, sur le témoignage de trois abbés et de trois religieux, d'une probité reconnue par les accusateurs mêmes, qui, ne voulant pas passer pour des calomniateurs, appelèrent de la sentence. Mais leur appellation demeura sans effet, par la mort du pape Adrien, arrivée à Amagnie [1], le premier jour de septembre de la même année 1159. Si nous en croyons l'évêque de Lisieux, dans la lettre qu'il écrivit au saint Père pour lui rendre compte de sa commission, l'abbaïe de Jumièges, autrefois respectable à toute la terre, étoit tombée dans un tel désordre, pour le spirituel et le temporel, qu'à la réserve de trois ou quatre moines, qui tenoient ferme pour la régularité, il n'y avoit pas d'apparence qu'elle pût jamais se relever, ni qu'on vît rétablir la paix entre le chef et les membres (a).

Le mal n'étoit cependant pas venu au point qu'il n'y eût plus d'espérance de l'arrêter, et le souverain arbitre des cœurs fit bien voir, dans la conduite pleine de misé-

(a) Arnulph. *epist.* 9, t. XII. — *Bibliot. patr.*, part. II, p. 461.
[1] Anagni.

ricorde qu'il tint à l'égard des religieux de Jumièges, où Arnould reconnoît qu'il y en avoit encore trois ou quatre qui ne s'étoient point embarassés dans cette affaire, que les pensées des hommes sont souvent bien différentes des siennes, et qu'il n'y a point de plaies si profondes qu'il ne puisse guérir par sa grâce. Il ne fut pas longtems à faire connoitre cette conduite si admirable et divine, dont il avoit caché le secret à Arnould, si toutefois ce prélat n'avoit pas des raisons assez fortes pour espérer le rétablissement de la paix dans une communauté de près de soixante religieux, où l'on doit supposer qu'il y en avoit au moins quarante qui vivoient dans une parfaite intelligence, puisque, de son propre aveu, dans l'interrogatoire qu'il leur fit prester, il ne s'en trouva que seize entièrement déclarés contre l'abbé. Quoi qu'il en soit, le moment arriva où Dieu permit que les plus déterminés à poursuivre sa déposition, voyant l'église agitée par le schisme de deux papes [1], et le jugement de leur appel différé pour quelque temps, à cause de l'irrésolution du roy d'Angleterre dans le choix de l'obédience, furent les premiers à rechercher la paix. Elle fut ménagée par ceux de leurs frères qui étoient demeurés dans la neutralité, et, par un effet de la grâce divine, la réconciliation fut si sincère et si heureuse-

---

[1] Alexandre III et Victor III, auquel l'empereur d'Allemagne avait à peu près seul adhéré et qui eut pour successeurs les antipapes Pascal III, Calixte III et Innocent III ; le schisme, commencé en 1159, ne finit qu'en 1177, par l'emprisonnement d'Innocent, auquel Alexandre III survécut encore quatre ans (1181).

ment consommée, qu'on ne vit jamais paroître le moindre ressentiment. C'étoit environ le mois de février 1160.

Quelques personnes du dehors, charmées d'une réunion si peu attendue, les assistèrent de leurs facultés pour réparer le prieuré de Longueville, qu'on avoit abandonné depuis huit ans. Deux ans après, Odeline de Cramesi leur donna, pour la nourriture et entretien de leurs confrères qui desservoient le prieuré de Saint-Pierre et de Saint-Léonard de Montaterre, en Beauvaisis, la troisième partie du moulin de Leurel (*a*); et, afin de rendre sa donation autentique et permanente, elle la fit confirmer par Raoul, comte de Clermont, qui y ajouta dans la suite les deux autres parts dont il jouissoit, avec l'isle de la Comtesse, et toute la pêche dans la rivière, depuis la pointe de l'isle jusqu'à leur moulin. Il confirma aussi la donation, que Gautier de Clermont, son frère, leur avoit faite, de sa dîme de Montaterre et de Cressy, tant en grains qu'en vin. La charte est du 7 juin 1162 (*b*).

L'an 1163. — Alexandre III étoit alors reconnu en France et en Angleterre pour pape légitime, et c'étoit en effet le bon parti. L'abbé Pierre et les religieux lui écrivirent en commun, pour le reconnoitre aussi, et ils le prièrent en même tems de confirmer les privilèges et les revenus de leur abbaïe, afin d'obvier aux contestations et aux entreprises qu'on ne faisoit que trop

---

(*a*) Charte origin. — *Cartul.*, c. 3 et 4.
(*b*) Ex autographo. — *Cartul.*, c. 5.

souvent contre les droits et les biens de leur église. Mais le pape étoit déjà sorti de Rome pour se retirer en France, l'asile ordinaire des souverains pontifes persécutés, lorsque leur lettre y arriva. Nous ne sçavons en quel lieu Alexandre la reçut, mais il est certain qu'il leur accorda leur demande, par une bulle datée de Bourges, le 4ᵉ jour d'aoust 1163, indiction 11, la quatrième année de son pontificat. Elle est conçue dans les mêmes termes que les précédentes, et ne diffère qu'en ce que le pape y ajoute la confirmation des anciens usages et coutumes de l'abbaïe, et des biens qui lui avoient été donnés ou restitués depuis la bulle d'Eugène III, ou qui n'y avoient pas été emploiés. Voici leurs noms : la chapelle de Saint-Martin du Trait, avec les dîmes ; une partie de Saint-Martin-d'Epinai-sur-Duclair ; l'église et dîme de Notre-Dame de Varengeville ; la terre d'Emondeville, dans Hautot-l'Auvrai ; un trait de dîme dans Vinemerville[1], dans Bourville[2], et Bretteville ; trois maisons dans la paroisse de Saint-André de Rouen, avec le petit bois hors du fauxbourg la tour d'Alvérède, avec les maisons qui en dépendent ; les prés d'Emendreville[3] ; la chapelle de la Bucaille[4], à Guisiniers ; un hospice à Hannesis, avec une portion de

---

[1] Canton de Valmont, arrondissement d'Yvetot (Seine-Inférieure).

[2] Canton de Fontaine-le-Dun, arrondissement d'Yvetot (Seine-Inférieure).

[3] Aujourd'hui Saint-Sever, près Rouen.

[4] La Bucaille formait à Hennesis un quart de fief relevant du fief de la Bucaille, aujourd'hui hameau de Guisiniers, de Blosseville. *Dictionn. Topograp. de l'Eure*, vᵒ Bucaille.

dîme audit lieu et au Bos-Roger ; un moulin à Caudebec, et un à Lillebonne ; le fief et terre de Hauville ; la dîme de Flancourt ; une partie de la dîme d'Epreville[1] et de Pont-Autou avec un fief et une place de moulin ; un moulin à Corneville ; l'église de Dans, qui est une succursale du Pont-de-l'Arche ; un moulin sur la rivière d'Iton ; la troisième partie des dîmes de Saint-Just[2] ; une terre à Varaville et à Gerouville, proche Coulonces, avec le Mesnil-Renouard ; l'église de la Luzerne, avec un moulin ; un vignoble à Vaux[3] et à Villers-Saint-Paul ; les donations de Raoul et Gautier de Clermont ; quatorze sommes de sel au village de Leure[4], vers l'embouchure de la Seine ; seize septiers à Dive ; et la seigneurie de Bu, avec les églises de Notre-Dame et de Saint-Léger, la dixième semaine dans les moulins des Ormeaux, et la dîme sur toutes les terres de Bu appartenant au comte de Dreux (a).

A quelque temps de là, deux gentilshommes du Vexin françois, nommés Pierre d'Herbeville et Hugues Brotin, s'emparèrent par violence, l'un de la dîme de Saint-Martin-de-Boafle, et l'autre des bois de Genesville, dépendants de l'abbaïe. On plaida longtems devant les tribunaux les plus proches, et Pierre d'Herbeville fut le premier condamné à la resti-

(a) *Preuves*, art. 25.

[1] Epreville-en-Roumois, canton de Bourgtheroulde.
[2] Plus probablement Saint-Just *de Longueville* ou *lès-Vernon*, canton de Vernon.
[3] Vaux-sur-Eure, canton de Pacy.
[4] Aujourd'hui section du Hâvre (Seine-Inférieure).

tution. Il se soumit de bonne grâce à la sentence, et voulut même, pour la rendre plus authentique, qu'elle fut confirmée par Louis VII, en présence duquel il renonça de nouveau à toutes ses prétentions (*a*). La charte est datée de Paris, l'an 1168, et signée de Thibaud, comte de Blois et de Champagne, et de Hugues, évêque de Soissons. L'abbé de Jumièges, qui avoit fait le voiage de Paris, malgré son grand âge, profita de cette occasion pour terminer le différent qui duroit depuis plusieurs années entre lui et Hugues Brotin, au sujet des bois de Genesville. Le roy donna commission à Renould de Beaumont de se transporter sur les lieux pour examiner cette affaire, et de mettre des bornes entre les héritages contestés, lorsqu'il auroit connu plus sûrement le droit des parties. Trente témoins furent entendus, et les bornes placées par son ordre, suivant leurs dispositions, en présence de Hugues Brotin et de l'abbé Pierre de Cluni. Les parties se retirèrent ensuite vers le roy, qui ratifia ce qu'avoit fait le commissaire nommé de sa part, par une charte de l'an 1169, à laquelle Hugues Brotin se soumit, moiennant trente six livres parisis, que l'abbé lui donna par forme de dédommagement (*b*).

Pierre de Cluni ne survécut que peu de temps à cet accommodement (*c*). Il mourut le 20 juin de la même année, selon le nécrologe, où son anniver-

(*a*) *Cartul.*, c. 56,
(*b*) *Cartul.*, c. 16.
(*c*) *Chron. Norm.*, édit. in *Biblioth. Labeana*, t. I.

saire est marqué de seconde classe. C'est donc à tort que la chronique du Bec a mis sa mort en 1166. Il fut enterré dans le chapitre, où l'on voit encore sa tombe en petits carreaux figurés [1], au-dessous de la chaire abbatiale.

ROGER Ier, TRENTE-SEPTIÈME ABBÉ (L'AN 1162).

Roger, premier du nom, fut élevé, par le suffrage de tous les frères, à la dignité d'abbé de Jumièges, après le décez de Pierre de Cluni. Il étoit moine du Bec, et s'y distinguoit par l'exercice constant de toutes les vertus du cloître, lorsqu'il apprit son élection. Cette nouvelle ne lui enfla pas le cœur ; il n'en parut pas même touché, parce qu'étant résolu de persévérer jusqu'à la fin dans l'état de simple religieux, il crut qu'il auroit assez de force pour soutenir cette épreuve, ou que ses confrères du Bec le fortifieroient contre la tentation, s'il manquoit de courage pour y résister. Mais il étoit choisi de Dieu ; et lorsqu'il vint à leur proposer son dessein, bien loin de les trouver disposés à entrer dans ses vues, ils n'écoutèrent pas même ses remontrances, persuadés que c'étoit sa vocation, et qu'il rempliroit dignement les fonctions d'une charge à laquelle il étoit visible que Dieu le destinoit. Il s'en falloit bien que Roger ne pensât comme eux sur

[1] Le dessin s'en conserve à Oxford, *collect. Gaignières*, t. V, fol. 43.

sa capacité et sur les desseins de la providence en cette rencontre. Plein d'une juste défiance de lui-même, et toujours intérieurement convaincu que Dieu vouloit l'éprouver, il s'excusa longtems, et ne put jamais se résoudre à donner son consentement qu'après un ordre exprès de son abbé. Il prit aussitôt la route de Rouen, pour se faire bénir par l'archevêque Rotrou, et, pendant la cérémonie, les députés de Jumièges, qui ne l'avoient point quitté depuis qu'ils lui avoient été porter l'acte capitulaire de son élection, écrivirent au prieur et à la communauté pour leur annoncer son arrivée. Il fut reçu sous la grande porte de l'église, par tous les religieux en chapes, au son des cloches et avec des marques de distinction qui calmèrent un peu ses inquiétudes, car il craignoit toujours que l'esprit de discorde ne fut pas parfaitement éteint parmi eux. On le conduisit ensuite à l'autel et dans tous les lieux dont il devoit prendre possession. L'entrevue qui suivit fut telle que les préliminaires lui avoient donné lieu d'espérer. Les religieux se jetèrent à son cou, et, de sa part, il les embrassa avec les témoignages de la plus tendre amitié et de la plus vive reconnoissance.

Mais la grande affaire, et celle qui l'inquiétoit davantage, étoit la régularité, dont il n'avoit encore pu juger par lui-même. Il se mit le lendemain à leur tête, et il essaïa de les prévenir dans tous les exercices ; mais presque tous firent de même, et, en moins de quinze jours, il eut la joie de reconnoître que ses inquiétudes étoient sans fondement, et que la règle de S. Benoît étoit observée à Jumièges avec la même fidélité qu'au Bec. En effet, l'abstinence, le jeûne, la retraite, le silence, la fuite des séculiers, le travail des mains, les lectures de piété, l'oraison, l'office divin, et généralement tous les exercices prescrits par la règle, étoient en honneur à l'arrivée de Roger, et nous ne lisons nulle part qu'il ait eu besoin d'autres exhortations que son exemple pour conserver toutes ces pratiques. Cependant la chronique du Bec le loue fort d'avoir procuré de grands avantages spirituels et temporels à l'abbaïe ; ce qui semble insinuer qu'il y auroit fait quelque réforme et corrigé quelques abus. Au reste, le bon exemple qu'il donna jusqu'à la fin à ses religieux n'aïant pas peu contribué à maintenir l'exacte discipline qu'il trouvoit établie, suffit pour avoir donné lieu à l'éloge qu'elle en fait, et qu'elle couronne d'une gloire plus solide, en nous apprenant que Roger étoit chéri de Dieu, des rois, et des plus grands personnages du royaume. Sans doute qu'il ne l'étoit pas moins de ses frères, auxquels il ne cessa de chercher à se rendre utile pendant son gouvernement.

Le premier acte qu'on rapporte de lui pour le temporel, est un accord fait, en 1170, en présence de Rotrou, archevêque de Rouen, avec un clerc, nommé Raoul, que la communauté avoit pourvu de l'église de Quillebœuf. Raoul s'oblige à païer dix livres de rente à l'abbé et aux religieux, et, par le même acte, les religieux font remise pendant, cinq ans, de soixante sols, monnoie d'Angers, pour l'aider à continuer ses études et se faire ordonner prêtre (a). La même année, Roger porta ses plaintes au roy Henry contre les pêcheurs de Quillebœuf, qui disposoient à leur gré du gros poisson de la Seine, sous prétexte qu'il appartenoit au prince. Ses remontrances eurent leur effet ; Henry, roi d'Angleterre et duc de Normandie, déclara, par une charte datée de Westminster, où il étoit alors pour le couronnement de son fils, qu'il ne prétendoit rien sur la pêche de Quillebœuf.[1] Il ordonna même à Gilbert de l'Aigle et à Guillaume de Tancarville de faire justice à l'abbé du dommage qu'il avoit souffert, et promit de leur en tenir compte à son retour en Normandie (b). Quelque tems après, l'abbé Roger céda aux chanoines réguliers du Bourgachart une place de moulin au Pont-Autou, avec le droit de mouture sur les vassaux de l'abbaïe, et le passage franc au port de Jumièges, pour eux et ceux de leurs domestiques qui les accompagneroient, à condition de lui paier, au mois de mars et d'octobre, cent sols de redevance, et d'être soumis pour le spirituel à l'archevêque de Rouen et à ses successeurs (c). Hugues d'Amiens, prédécesseur de l'archevêque dont il est ici question[2], ne les avoit soumis qu'à la visite et à la correction des prieurs de Saint-Jean-de-Falaise, d'où ils avoient été tirés vers

---

(a) *Cartul.*, c. 213.
(b) *Cartul.*, c. 214.
(c) *Ibid.*, c. 186.

[1] Cf. de Beaurepaire, *de la Vicomté de l'Eau*, p. 170.
[2] C'est-à-dire de Rotrou (1165-1184).

l'an 1142. Roger accorda le même droit de mouture sur les vassaux du fief de Hauville, dépendant de son abbaïe, à Robert de Bonnebos et à ses hoirs, moïennant une rente de cent sols aux jours de Noël et de Saint-Jean-Baptiste; mais il réserva le jugement de tous les procès à raison de forfaitures, au bailli de la Cour-l'Abbé (a), c'est-à-dire au juge établi par la communauté même sur son fief de Hauville.

Pendant que Roger travailloit ainsi au bien de son abbaïe, Richard de Canville en augmenta le revenu, par la donation qu'il lui fit de la tierce partie des dîmes de Hautot-l'Auvrai (b), dont ses auteurs avoient déjà donné les deux parts, avec le patronage, au monastère. La charte est de l'an 1171 (c).

L'année suivante (1172), Guillaume, archevêque de Sens et légat du Saint-Siège, confirma aux religieux de Jumièges le droit de présentation aux églises de Notre-Dame de Bû, de Saint-Martin-de-Boafle, et de Saint-Martin du Vieux-Verneuil, qu'on vouloit leur contester. Rotrou, archevêque de Rouen (d), ratifia aussi, vers le même temps, les donations et restitutions qu'on leur fit de la troisième partie des dîmes d'Epinay-sur-Duclair, de l'église de Croix-Mare, par Guillaume de Vateville, et de vingt-deux mines d'avoines au même lieu; avec tout

---

(a) *Ibid.*, c. 187 et Archives.
(b) *Preuves*, art. 26.
(c) *Cartul.*, c. 136.
(d) *Ibid.*, c. 330, 383, 385 et 153.

ce qu'ils possédoient à Oisy, Vieuxfumé, Coulonces et Dammarie, au diocèse de Séez.

Depuis le mariage de Henry II, roi d'Angleterre et duc de Normandie, avec Eléonore d'Aquitaine, répudiée par Louis-le-Jeune, roy de France, la guerre n'avoit guères été interrompue entre les deux rois que par des trèves et des traités de peu de durée. Mais elle devint plus funeste que jamais par la révolte des fils de Henri, qui ne craignirent pas de s'élever contre leur père, par les conseils du roy de France. Guillaume, roy d'Ecosse, et les comtes de Flandres, de Boulogne et de Champagne, entrèrent dans leurs intérêts, et la guerre dura depuis la fin de l'année 1172 jusqu'au commencement de l'automne de l'an 1174, que les trois fils de Henri, aïant été obligés d'abandonner le siége de Rouen à l'arrivée de leur père, firent la paix avec lui, et rentrèrent en grâce, dans une conférence tenue à Gisors le dernier jour de septembre. Ainsi la paix fut rétablie dans tous les états de Henri, mais après un dégât presque général de toute la province de Normandie, et en particulier des plus belles fermes de l'abbaïe de Jumièges.

Ce fut à peu près en ce tems là, c'est-à-dire en 1174, lorsque le roy Henri étoit encore à Rouen, que l'abbé Roger eut l'avantage de lui faire les premières félicitations de sa victoire et de la soumission de ses enfants, qui fut suivie immédiatement de la paix avec la France. Le roy reçut ses compliments avec beaucoup de bonté, et voulut traiter avec lui du dommage que son monastère avoit souffert durant la guerre ; mais Roger se contenta de ses dispositions et ne lui demanda que la confirmation des biens de son abbaïe, avec le droit de franchise dans tous les ports de sa dépendance (*a*), ce qui lui fut accordé par une charte à laquelle nous renvoions le lecteur curieux de voir d'un coup d'œil les revenus de Jumièges, tant en Angleterre qu'en Normandie (*b*). Roger, au comble de ses vœux, et plein de reconnoissance pour le roy, se disposoit à retourner à son monastère ; mais le cellerier de la maison, vint lui apporter la nouvelle que leurs vins étoient arrêtés à Mantes par les officiers de Louis VII, qui prétendoient exiger d'eux, comme des autres [1], certains droits de passage qu'ils n'avoient jamais païés. L'abbé, sans perdre de temps, se rendit à Paris, pour se plaindre au roy de l'exaction de ses officiers. Ils l'avoient déjà prévenu ; mais le roy, qui consideroit l'abbé de Jumièges, ne l'écouta pas moins favorablement, et, ayant pris le serment de cinq des plus qualifiés et des plus anciens bourgeois de Mantes, il lui fit remise de tous les droits que ses officiers pouvoient prétendre, avec défense à eux de rien exiger à l'avenir pour tout ce qui passeroit par Mantes à l'usage des religieux de Jumièges (*c*). La charte est de l'an 1174. La même année, Richard de Vernon en expédia une

(*a*) *Cartul.*, c. 508.
(*b*) *Preuves*, art. 27.
(*c*) *Cartul.*, c. 68, et Archives.

[1] Cf. de Beaurepaire, *de la Vicomté de l'Eau*, passim.

semblable pour confirmer le même droit de franchise, que Hugues de Vernon, son oncle (*a*), avoit accordé à l'abbaïe dans toute la lieüe de Vernon, tant par eau que par terre. C'étoit alors comme aujourd'hui l'étendue de la seigneurie de Vernon, possédée par M. le maréchal de Belle-Isle.

Le reste des actions de Roger nous est tout à fait inconnu, et nous n'entreprendrons pas d'arracher le voile dont son humilité les a couvertes, car c'étoit sa manière ; il observoit le secret des bonnes œuvres qu'il n'étoit pas obligé de faire en public, aux dépens même de l'édification qui pourroit y être attachée ; mais ce que nous ne pouvons taire, et ce qui met le comble à son éloge, c'est qu'au milieu des horreurs de la guerre, qui dura presqu'autant que son gouvernement, les pratiques de religion furent conservées à Jumièges dans toute leur pureté, et qu'il laissa à son successeur une communauté des plus régulières de toute la province.

Un manuscrit de la reine de Suède, gardé aujourd'hui dans la bibliothèque du Vatican[1], et imprimé en partie dans le premier tome de la bibliothèque du père Labbe, nous apprend que Dieu lui fit connoître, trois mois avant sa mort, qu'il devoit le retirer à lui et le couronner d'une

---

(*a*) *Ibid.*, c. 70.

[1] Serait-ce le ms. n° 553 du fonds de la Reine, décrit par M. L. Delisle, dans sa *Notice sur vingt manuscrits du Vatican*, pp. 28-52 (Ext. de la Bibl. de l'Ecole des Chartes, pp. 470-527) ; ce qui nous en fait douter, c'est que notre savant compatriote ne fait aucune mention du P. Labbe, parmi les auteurs qu'il cite comme ayant utilisé ces Annales de Jumièges.

gloire immortelle. Le saint abbé fit part de cet avertissement à ses religieux, qui n'en vouloient rien croire ; mais, le temps des trois mois approchant, on lui entendit prédire tant de choses qui devoient arriver, qu'un religieux de ses amis lui en demanda l'explication. C'étoit la veille de l'Assomption de la Vierge : il répondit qu'il n'en pouvoit dire davantage, et que, le lendemain, il mourroit. L'événement prouva la vérité de la prédiction, car il mourut le jour de la fête même, après avoir reçu le saint Viatique et donné le baiser de paix à ses frères. L'estime et la considération qu'il s'étoit acquises, par les services qu'il avoit rendus à son abbaïe auprès des rois de France et d'Angleterre, et, plus que tout cela, le souvenir de sa douceur, de sa modestie, de sa probité, de sa droiture et de l'exacte discipline qu'il avoit fait observer, fit tant d'impression sur leur cœur, qu'il fallut différer ses obsèques durant plusieurs jours. Enfin, après l'avoir pleuré tendrement, ils enterrèrent son corps dans le chapitre, lieu ordinaire de la sépulture des abbés[1], et ordonnèrent un service à perpétuité pour le repos de son âme.

La fin de cette lugubre cérémonie ne fut pas celle de leur douleur. Ils ressentirent leur perte si vivement et

---

[1] Les corps des abbés étaient en effet inhumés dans le chapitre par rangées ; en commençant par le fond, la première rangée était de six corps, la seconde de quatre.

Le corps de l'abbé Roger, par exemple, fut inhumé au bout de la première rangée, sur une élévation d'une marche (Bibl. d'Oxford, *coll. Gaignières*, t. V, fol. 38). Cette tombe, comme les autres, était *en carreaux* émaillés.

si longtemps, qu'ils n'auroient pas même songé à luy donner un successeur, si l'archevêque de Rouen ne les eut fait avertir que le roy d'Angleterre avoit pris occasion de la vacance du siège abbatial pour nommer un prêtre séculier à la cure de Malleville-sur-le-Bec, dépendante de leur abbaïe. Cette nouvelle les tira de leur léthargie ; mais elle ne les détermina pas à procéder à l'élection d'un abbé avant que d'avoir pourvu à la conservation de leurs droits, dont celui de présenter au bénéfice, conjointement avec l'abbé, et seuls pendant la vacance, étoit sans contredit un des plus incontestables. Aussi le roy ne voulut-il pas s'engager à soutenir sa nomination ; il les pria seulement de l'agréer pour cette fois, et ils le firent, par une nouvelle présentation, sur laquelle le pourvu obtint des provisions de l'archevêque Rotrou, qui ne pensoit pas alors comme ses successeurs (*a*).

ROBERT IV, TRENTE-HUITIÈME ABBÉ (L'AN 1178).

L'abbaïe de Jumièges étant demeurée vacante pendant sept mois depuis la mort de Roger ; les religieux, capitulairement assemblés le 20 mars 1178, élurent pour abbé Robert IV, dit d'Argences [1], leur cellerier.

(*o*) *Cartul.*, c. 229, et *Preuves*, art. 28.

[1] Parce qu'il était originaire du petit bourg d'Argences, au diocèse de Bayeux (Calvados), célèbre par son vignoble appartenant aux moines de Fécamp.

Il avoit des mœurs douces, un cœur compatissant, une religion éclairée, et du zèle pour la discipline, préjugé favorable et l'unique garant de la bonne opinion que nous avons de son gouvernement. Lorsqu'il eut pris possession, il donna la cellererie à Roger, qui lui fut offert par tous les frères comme le plus digne de cet emploi, et, de leur consentement, il ratifia les provisions de Rotrou, archevêque de Rouen, en faveur de Richard de Malpalu, que le roy d'Angleterre leur avoit proposé pour la cure de Maleville, sur laquelle il se réserva une rente annuelle de dix sols, par forme de pension.

Vers le même temps, et dans les premiers jours de l'année courante (1178), le nouvel abbé de Jumièges transigea avec Amauri, comte d'Evreux, au sujet de quelques redevances contestées de part et d'autre. Par cet acte, Robert reconnoit qu'Amauri a droit de prendre tous les ans, au jour de Noël, treize boisseaux de bled sur les moulins de Duclair, et que ses grains y seront exemts de moutures ; qu'il lui appartient, sur la grange de la Cour-du-Mont, vingt gerbes de seigle et pareil nombre d'orge et d'avoine, quatre mines d'orge au jour de Saint-Michel, et quatre fromages au mois de mai ; six pains et un settier de vin aux deux visites de la forêt du Trait ; vingt gerbes de seigle et autant d'orge et d'avoine, sur la grange d'Epinay; deux settiers de vin au tems des vendanges ; deux moutons, vingt-quatre pains, deux settiers de vin et deux settiers de cervoise à la fête de saint Pierre ; et vingt pains, deux moutons, deux settiers de vin et deux settiers de cervoise, sur la seigneurie de Norville (a); le tout aux conditions que l'abbé et les religieux de Jumièges prendront, dans les forêts du Trait et de Maulévrier, appartenantes aux comtes d'Evreux, tous les bois nécessaires aux réparations des dits moulins, grange et autres édifices qui en dépendent, même les bois de clôture et propres à faire charues, charettes et tout autre ustensile d'usage dans la manutention d'une ferme, outre le droit de panage [1], pour eux et leurs vassaux, et douze hêtres à leur choix.

Robert, comte de Meulant, transigea aussi avec l'abbé et les religieux de Jumièges au sujet de la pêche de Norville et de Vatteville, dont ils jouissoient chacun de leur côté jusqu'au fil de la rivière. Il étoit facile de vivre en paix, en se contentant chacun de son droit; mais les pêcheurs du comte firent querelle à ceux de l'abbaïe, et prétendirent qu'il ne leur appartenoit pas tant d'eau. Le comte, voyant que ces contestations pourroient dégénérer en voie de fait, vint à Jumièges, et proposa à l'abbé et aux religieux de rendre leur pêche commune, sous le serment de deux gardes, qu'ils choisiroient de concert, pour être présents à la pêche et partager également le poisson. Il n'y eut point deux avis sur la condition proposée. L'acte fut dressé et publié dans les deux paroisses, au nom du comte

---

(a) Cartul., c. 279.

[1] C'est-à-dire de faire paître leurs porcs librement dans la forêt.

et des religieux¹, et les divisions furent appaisées (a).

La paix ne fut pas le seul fruit que les religieux recueillirent de cet accommodement ; le comte Robert, satisfait du succèz de sa démarche auprès d'eux, leur fit remise de deux moutons de redevance annuelle sur le prieuré de Saint-Martin de Boafle, et leur en donna deux autres à prendre au même lieu sur Thomas et Raoul du Montier. La charte est datée de l'an 1178, la même année que le pape Alexandre III tenoit un concile général à Rome, où l'abbé de Jumièges fut invité par le cardinal Octavien, envoié du S. Père, pour y appeler les prélats de Normandie. Il s'y trouva trois cent deux évêques et quelques abbés ; mais celui de Jumièges ne voulut point y aller, quelques instances que lui en fit Gille du Perche, évêque d'Evreux, qui y assista seul de toute la province. Peut-être en fut-il détourné par l'archevêque Rotrou, qui étoit bien aise de l'avoir pour la cérémonie de la translation des reliques de Saint-Romain, qui se fit le 19 de juin 1179, de son ancienne châsse en une nouvelle, enrichie d'or et de pierreries, en présence d'Arnould de Lisieux, de Froger, évêque de Séez, d'Augustin de Wartefort et de plusieurs abbés, entre lesquels Robert d'Argences tenoit le premier rang (b).

Cependant le prieur et les religieux de Bu-la-Vieville,

(a) *Cartul.*, c. 342.
(b) *Conc. Rotomag.*, p. 162.

¹ Cf. de Beaurepaire. *De la Vicomté de l'Eau*, p. 165, où l'acte se trouve tout au long.

membres dépendants de l'abbaïe de Jumièges, étoient en procez avec les habitants, pour quelques redevances auxquelles ceux-ci refusoient de se soumettre. Comme ils étoient un jour en conférence au prieuré, l'abbé Robert y arriva, et, surpris d'une si nombreuse assemblée, à laquelle il ne s'étoit pas attendu, il en demanda la cause, avec tant de modestie, que les premiers auxquels il s'adressa engagèrent les autres, non seulement à traiter avec lui, mais à le prendre pour arbitre de leur différend. Il fut difficile de le gagner, parce qu'il apprehendoit que dans la suite sa décision ne leur parût suspecte, mais ils le pressèrent avec tant d'instances, qu'il ne crut pas devoir laisser échapper le moment favorable. Il prit quelques jours pour se mettre au fait de la contestation, et, afin de ne rien faire contre les intérêts des parties, il leur proposa le projet d'accommodement qu'il avoit dressé. Tous y applaudirent et convinrent des articles, dont le premier étoit : 1° que les habitans de Bu, mettant un porc en lard, en donneroient une épaule ou trois deniers au prieur ; 2° que chaque maison lui paieroit un pain au jour de Noël ; 3° qu'il lui reviendroit six deniers de chaque proclamation de justice ; 4° enfin, qu'outre la dîme due aux religieux de Jumièges, il auroit sur la terre des d'Estrées une gerbe par chaque arpent. On renouvela ce traité vingt ans après, sous l'abbé Alexandre, qui gouvernoit pour lors l'abbaïe en qualité de prieur.

L'abbé Robert, qui n'étoit allé au Bû que pour faire la visite du prieuré, étant de retour à Jumièges, apprit la mort du curé de Saint-Paër-de-Trubleville-sur-Duclair. Il assembla la communauté, et, d'un commun avis, on nomma un religieux, que l'abbé fut présenter à l'archevêque de Rouen, qui lui conféra aussitôt le bénéfice, à la charge de payer tous les ans à l'abbaïe la pension ordinaire en argent, avec la moitié des oblations, qu'elle étoit en possession immémoriale de percevoir au jour de Pâques et de la Purification. L'acte est daté de l'an 1181 (*a*).

Environ six mois après, Gazon de Poissy confirma les religieux de Jumièges dans le droit de faire passer leurs vins à Mantes, par eau ou par terre, sans lui paier aucuns droits (*b*). Il paroit que son action n'eut pas tout le mérite de la bonne volonté, Philippe-Auguste, fils et successeur de Louis VII, l'aïant obligé à leur donner cette reconnoissance, sur l'inspection des titres qui le leur assuroient. Il y a apparence qu'une crainte politique eut aussi plus de part que la volonté à la permission qu'il leur donna, en 1182, de défricher 61 arpens de bois à Genesville, qu'ils tenoient de la libéralité de Rainsed de Malestor et d'Anselme Talbot. Ce qu'il y a de certain, c'est qu'il n'y a qu'un acte pour ces deux objets, et qu'il fut dressé sous les yeux du roy, en conséquence des plaintes de l'abbé Robert, dont les démarches pacifiques auprès de Gazou avoient toujours été payées d'autant de refus. Quoi qu'il en soit, on ne le vit jamais reparoitre dans toutes les contradictions

(*a*) Archives.
(*b*) *Cartul.*, c. 71.

que l'abbé eut à souffrir à ce sujet pendant près de huit ans.

La même année 1182, Robert eut encore un autre démeslé avec le receveur de Dammarie au sujet de l'administration des biens du prieuré, dans laquelle il vouloit se maintenir, malgré le premier. On plaida quelque tems à la Cour de Rotrou, comte du Perche; mais l'abbé de Jumièges aïant été reçu partie intervenante, le receveur abandonna ses droits, bien ou mal fondés, et renonça même à tous les biens qu'il pouvoit posséder à Dammarie, moiennant une somme de deux cents vingt-cinq livres, qui lui fut comptée à l'heure même (a). Robert croioit être quitte après le paiement de cette somme; mais Rotrou, qui jusques là n'avoit rien demandé, voiant que tout étoit conclu et ratifié entre les contractans, refusa de donner son consentement, si on ne lui paioit aussi quarante livres pour la permission de vendre qu'il accordoit au receveur de Dammarie, quoiqu'il ne lui lui fût plus rien dû pour des fonds dont il n'étoit pas seigneur. L'abbé de Jumièges ne voulut pas contester, et l'affaire fut ainsi consommée.

En partant de Belesme, Robert, toujours attentif aux intérêts de sa maison, prit sa route par le Vieux-Verneuil, dont les dimes lui étoient contestées par le curé, quoique bien instruit de la donation qui en avoit été faite à l'abbaïe peu de tems auparavant par Richard

---

(a) *Cartul.*, c. 151.

de Gournai (*a*). Quelques bonnes raisons que Robert pût avoir pour prouver son droit, il fit néanmoins des propositions d'accommodement au curé, mais la protection d'un gentilhomme voisin le rendit intraitable, et l'abbé n'en put avoir raison que par une sentence de l'évêque d'Evreux et de l'abbé de Troarn, auxquels le pape Lucius III, successeur d'Alexandre, donna commission d'examiner et de finir cette affaire (*b*). Robert eut encore recours au pape pour le retrait de quelques biens en Angleterre, et en obtint un bref daté de Véletri[1] le 9 des calendes de juin 1182 (*c*).

L'année suivante[1], 1183 Robert, comte de Meulant, donna de nouvelles marques de son estime et de sa bienveillance à l'abbé et aux religieux de Jumièges, en leur cédant la chapelle de Saint-Filbert du Torp, dans la forêt de Brotonne[2], à condition d'y entretenir deux religieux qui prieroient Dieu pour lui et pour sa famille. Afin de n'être pas détournés de ce saint exercice, il pourvut à leur subsistance par la donation des biens qui pourroient leur être plus commodes et

(*a*) Archives.
(*b*) *Cartul.*, c. 142.
(*c*) Archives.

[1] Velletri, dans les anciens Etats Pontificaux. Un grand nombre des diplômes de Lucius III sont datés de cette petite ville, mais celui dont il est ici question ne figure point dans la collection des Actes de ce pape, réunis au tome CCI de la *Patrologie latine* de Migne.

[2] Cette chapelle subsiste encore en partie dans la ferme du même nom, sur le territoire de Guerbaville-la-Mailleraye (Seine-Inférieure), mais aucun des lieux-dits qui suivent ne figure ni sur le cadastre, ni sur la carte forestière.

plus à leur bienséance (*a*). On compte, parmi ces revenus, une cour de plus de neuf arpens et demi, avec les édifices et le bois adjacent, soixante acres de terres labourables, le marais [1] depuis le Vivier jusqu'au chemin appelé le Banket, et le droit d'écuelle, c'est-à-dire un met de sa table et une portion de vin, touttefois qu'il résideroit au Torp, ou à Hauville [2], ou même à Vatteville. A quoy il faut ajouter quarante sols de rente sur la forêt de Brotonne, les fruits nécessaires pour leur boisson et celle de leurs domestiques, le bois à bâtir et le panage de leurs porcs et autres bestiaux, avec le droit de prendre chaque jour, dans la forêt, deux chartrées [3] de bois mort pour l eur chauffage (*b*). La chapelle de Saint-Filbert a été annexée depuis à l'église de Heurtauville, que l'abbé de Saint-Simon a érigée en succursale de Saint-Valentin-de-Jumièges en 1727.

Deux ans après la donation de la terre du Torp par le Comte de Meulant (1185), Raoul de Varneville, évêque de Lisieux [4], vint à Jumièges par dévotion,

(*a*) *Preuves*, art. 29.
(*b*) *Cartul.*, c. 67.

[1] Le *Marais*, c'est-à-dire sans doute *la Harelle* de Heurteauville, canton de Duclair, arr. de Rouen.

[2] Hauville-en-Roumois, commune du département de l'Eure, arrondissement de Pont-Audemer, canton de Routot.

[3] *Charretées*.

[4] Raoul, dit de Venneville, ou de Varneville, ancien sacriste ou Trésorier, puis Grand Archidiacre de l'Eglise de Rouen (1152-1179), fut également Trésorier de l'Église d'York ; il remplissait les fonctions de Chancelier du royaume d'Angleterre, lorsqu'en 1182, il fut élu évêque de

et visita toutes les églises et chapelles de la péninsule. Il y en avoit une alors au Mont-d'Avilette, un peu au dessous de Duclair, sous l'invocation de Saint Paul, qui tombait en ruine depuis l'établissement d'une léproserie sur le chemin de Jumièges à Yainville [1]. La dévotion de Raoul le porta à entrer dans cette chapelle abandonnée. Il fit sa prière au pied de l'autel, et, le voyant encore dans son entier, il leva la pierre bénite et trouva dessous les reliques de saint Paul, de saint Clair et de saint Ciriace. Il en fit son rapport à l'abbé Robert, et fit tant par ses instances qu'il l'engagea à rebâtir cette chapelle et à la faire desservir par deux religieux de sa communauté (a). On parle encore de deux autres chapelles sur la paroisse de Jumièges ; l'une dédiée à S. Amateur, et entièrement inconnue, si ce n'est celle de maître Jean Justice [2] ; l'autre à S. Aus-

---

Lisieux, en remplacement d'Arnoul, démissionnaire. Lui-même fut obligé d'abandonner son évêché, après dix ans ou environ d'épiscopat. Il se retira à Paris en l'abbaye de Saint-Victor, où il mourut en 1193. — Dom Pommeraye, *Histoire de la Cathédrale de Rouen*, p. 229-230 ; Dom Bessin, *Concilia Rothomag. Provinc.* IIe partie, p. 476, etc.

(a) *Manusc. de l'abb. de Saint-Ouen*, et *Gall. Christ.*, t. XI, p. 779.

[1] Cf. L'abbé Cochet, *Répertoire archéol. de la Seine-Inférieure*, col. 312.

[2] M. l'abbé Cochet, qui identifie la chapelle de Saint-Amateur avec celle de Maitre *Jean Justice*, ajoute qu'on ignore jusqu'au lieu où elle était située (loc. cit.).

Les *Justice* étaient une famille noble et puissante du pays, qui eut de graves démêlés avec les religieux de Saint-Wandrille, au temps de l'abbé Geoffroy IV, de Hotot (1367-1389). — Cf. *Briefve Chronique de l'Abbaye de Saint-Wandrille*, dans la *Revue rétrospective Normande*, année 1837.

treberte, abbesse de Pavilly, bâtie en son honneur, dès le commencement du huitième siècle, en mémoire d'une merveille opérée par la sainte au milieu des bois de Jumièges. Elle rapportoit sur un âne le linge de la sacristie, qu'elle avoit blanchi ; le loup égorgea son âne dans la forêt. La sainte, sans se déconcerter, arrêta le loup, le chargea du linge et le conduisit à l'abbaïe. La chose est possible, mais est-elle vraie ? c'est ce que nous n'osons assurer. Ce que nous sçavons, c'est que cette chapelle fut détruite par les Danois, qu'elle n'a jamais été rebâtie et qu'on y a planté une croix qui a subsisté jusqu'au dix-huitième siècle [1]. Nous ajouterons que l'histoire du loup obéissant et soumis à S. Austreberte se voit encore aujourd'hui dans une chapelle de l'église abbatiale, où cet animal féroce est représenté à ses pieds avec la douceur d'un agneau, et chargé d'un fardeau qu'on ne peut distinguer [2].

L'an 1187. — Tandis que pour contenter l'évêque de Lisieux, l'abbé de Jumièges faisoit relever la chapelle de Saint-Paul, au Mont-d'Avilette, Henri de Sulli, abbé de Fécamp, lui fit un procez pour deux muids de vin que l'abbaïe de Jumièges exigeoit de celle de Fécamp, sur le clos Hardent, relevant de la seigneurie

---

[1] M. l'abbé Cochet (ibid.) pense que la chapelle dite aujourd'hui de la *Mère de Dieu* a probablement remplacé la chapelle de Sainte-Austreberthe. Près de là se voit un vieux chêne, qu'on nomme encore le *Chêne à l'Ane*, en souvenir de la légende.

[2] Cf. H. Langlois, *Notice sur le tombeau des Enervés*, etc., p. 13-16, et planche I.

de Longueville. Henri prétendit que cette prestation, dont les religieux de Jumièges avoient de bons titres, n'étoit qu'une collusion[1] entre eux et l'un de ses prédécesseurs ; qu'on avoit abusé de la simplicité de l'abbé de Fécamp, et que par conséquent le traité étoit nul et invalide. L'affaire aiant été éclaircie par l'abbé de Jumièges et examinée murement par les juges, fut terminée à l'avantage de l'abbé Robert, du consentement même de Henri et de ses religieux, l'an 1187.

Nous n'entreprendrons pas d'épuiser tous les titres du chartrier où il est fait mention de l'abbé Robert depuis la première année de son gouvernement jusqu'en 1188, nous aurions trop à faire. D'ailleurs, ce que nous avons dit jusqu'à présent de son attention à veiller aux intérêts de son monastère, renferme ou supplée tout ce détail, et justifie assez l'étendue de son génie dans le maniement des affaires temporelles. Depuis ce temps là, il rentra dans la solitude et ne travailla plus qu'à se sanctifier lui-même et à avancer le salut de ses frères par l'édification d'une sainte vie. Elle ne fut pas si longue qu'on pouvoit l'espérer, mais elle fut un portrait accompli de toutes les vertus religieuses. Aussi fut-il honoré, comme son prédécesseur, des regrets de sa communauté et de tous les habitans de Jumièges, si l'on en excepte un seul, qu'il avoit longtemps retenu dans les prisons de l'abbaïe pour

---

[1] Il faut entendre cette expression dans le sens juridique d'entente frauduleuse pour tromper un tiers.

avoir insulté ses religieux (*a*). Il mourut le 10ᵉ jour de juin 1190, et fut enterré dans le chapitre. Les larmes de tous les assistants firent le plus bel ornement de cette triste cérémonie. Les religieux de Saint-Germain-des-Prez, ayant appris sa mort, offrirent solennellement les divins mistères pour le repos de son âme, moins à cause de l'association spirituelle qu'il avoit faite avec eux dans ses voiages de Paris, qu'en considération de son mérite personnel, et de l'estime qu'ils avoient conçue pour sa vertu, son zèle, sa vigilance et sa charité.

ROGER II, TRENTE-NEUVIÈME ABBÉ.

L'abbaïe vaqua un mois et trois jours, après lesquels on élut Roger, qui y faisoit l'office de cellerier depuis douze ans. Il ne vécut qu'environ quinze mois depuis son élection. Mais, durant ce peu de tems, il fit ce qui lui fut possible pour être toujours à la tête des exercices, et y prévenir par sa présence jusqu'au moindre relâchement. Le reste du tems, il s'appliquoit à la prière et à la méditation des choses divines, tâchant de réparer les fautes qu'une vie dissipée et occupée des soins temporels lui avoit pu faire commettre. Il se fit une loi de ne plus sortir du monastère pour quel-

---

(*a*) Archives. — *Cartul.* c. 47.

qu'affaire que ce pût être ; et nous voyons, en effet, par deux actes dressés en son nom, l'an 1190, que toutes les affaires étoient traitées en chapitre et qu'on y appeloit les personnes intéressées, ou qui vouloient faire du bien à l'abbaïe (*a*). S'il ne pouvoit honnêtement exiger qu'on fît le voyage de Jumièges, il envoioit des députés avec une procuration, et c'est encore ce que nous voions être arrivé en 1191, à l'égard d'André Chalant, pour quelques prétentions à Ville-Juive, où Raoul, prieur de Saint-Martin-de-Boafle, et un de ses religieux, nommé Durand, stipulèrent pour l'abbé, en présence de Maurice, évêque de Paris, qu'ils avoient choisi pour juge. Roger mourut la même année, le 29 octobre, et fut enterré le lendemain dans le chapitre, au milieu d'un grand concours de peuple, que la reconnoissance y avoit attiré (*b*).

RICHARD I, DIT DE LA MARE, QUARANTIÈME ABBÉ

Les religieux de Jumièges ne purent mieux réparer leur perte qu'en jetant les yeux sur Richard de la Mare, un de leurs confrères, homme d'un grand mérite et d'une piété reconnue. Il fut élu le 16 de décembre,

(*a*) *Cartul.*, c. 227 et 270.
(*b*) *Cartul.*, c. 60.

après six semaines de vacance ; mais il ne fut pas sitôt béni, parce que Richard I, roy d'Angleterre et duc de Normandie, poussé par l'archevêque de Rouen, qui l'avoit été joindre à Messine pour le voiage de la Terre Sainte, avoit désapprouvé, par ses lettres du 6 décembre de l'année précédente, adressées au sénéchal et aux baillis de la province, l'élection de Roger Mansel (a) (c'est le nom que le père Pommeraïe donne au dernier abbé de Jumièges), comme aiant été faite sans la permission du prélat, ni du doyen de la cathédrale, qui gouvernoit le diocèse en son absence. Quelques-uns vouloient passer outre et profiter de l'occasion pour rejeter un joug qu'ils n'avoient pas encore subi, mais la crainte d'offenser un prince ambitieux, colère et vindicatif, l'emporta sur l'amour de la liberté, et on résolut d'écrire en Angleterre à l'archevêque Gautier, que le roy y avoit envoyé de Messine, avec Guillaume Mareschal, comte de Strigus, pour réprimer les violences de Guillaume de Longchamps, évêque d'Ely, qu'il avoit nommé chancelier et régent du royaume à son départ.

Il seroit difficile d'exprimer quelle fut la joie du prélat lorsqu'il reçut la lettre des religieux de Jumièges ; cette soumission de leur part dissipa tout son courroux ; il leur donna de grandes loüanges en présence de l'envoié, et le chargea d'une réponse honnête, pour approuver leur choix et les exhorter à mettre le

---

a Hist. des archevêques de Rouen, p. 391.

nouvel abbé en possession, en attendant qu'il put se dérober lui-même aux affaires de l'État pour venir à Jumièges lui donner la bénédiction, et leur prouver son attachement. Il y vint en effet quelque temps après, accompagné de trois évêques, Henri de Baieux, Guillaume de Coutance et Garin d'Evreux. Roger de Mortemer s'y trouva le même jour avec quelques autres seigneurs laïques, Gautier de Varneville, Hugues le Sauvage, et Raoul de Pelletot, qu'il avoit invités à venir avec lui, pour être témoins de la donation qu'il vouloit faire à l'abbé et aux religieux du fief Adam de Varvannes, que nous croions être dans la paroisse de Saint-Mards-en-Caux[1], ou même dans celle de Varvannes, qui est un plein fief de haubert, appartenant à l'abbaïe de Saint-Amand de Rouen, dont quelques gentils hommes relèvent (a), les uns par un tiers, les autres par un quart de fief. L'acte est sans date, dressé à Jumièges, et souscrit par l'archevêque et ses trois suffragants, qui l'assistèrent, le lendemain, dans la cérémonie de la bénédiction abbatiale, qu'il donna à Richard avec des témoignages de satisfaction et de bienveillance qui dédommagèrent en quelque

---

(a) *Cartul.*, c. 354.

[1] Il y a en effet à Saint-Mards, dit M. l'abbé Cochet, « tradition d'un prieuré dépendant de l'abbaye de Jumièges. Un sentier porte encore le nom de *Sente de Jumièges*. (*Répert. archéol.*, col. 7.) » — M. l'abbé Tougard place le fief Adam à Varvannes (*Géogr. de la Seine-Infér.*, arrondissement de Dieppe, p. 303.) — Le nom de Fief Adam ne subsiste, que nous sachions, ni à Saint-Mards, ni à Varvannes.

sorte la communauté de la démarche qu'elle avoit été obligée de faire pour avoir son consentement.

Après quelques jours de repos, l'archevêque reprit la route d'Angleterre, et les prélats qui l'avoient accompagné retournèrent à leurs églises. Richard, de son côté, reprit ses exercices ordinaires, que l'hospitalité lui avoit fait interrompre, et s'y livra avec tant de zèle, qu'il ne parut dans les affaires temporelles que pour approuver dans le besoin ce qui avoit été fait par ses officiers. Il en choisit deux pour la cellerie et la sacristie, sur la probité desquels il pouvoit plus sûrement compter, Raoul de Bâville et Hugues d'Ypeville, qui furent dans tout le temps de son gouvernement, avec lui et le docteur Alexandre, prieur de la maison et professeur en théologie depuis quatorze ans, les amis de la communauté, comme il paroit par la charte de Henri des Autieux à Clairembault Le Roux, par laquelle il lui vend, du consentement de l'abbé Richard, d'Alexandre, prieur, de Raoul de Bâville, cellerier, et de Hugues, d'Ypreville, sacristain, la dîme du fief de Gruchet, qu'il tenoit de l'abbaïe, à la charge par Clairembault de paier tous les ans à l'abbé la quatrième partie d'un cuir, et de ne pouvoir aliéner ou vendre, que sous la réserve des droits et revenus de l'abbaïe.

L'office de sacristain n'étoit pas alors un titre purement onéreux, qui ne consistât qu'à ouvrir et fermer les portes de l'église, à exposer et serrer l'argenterie et à prendre soin des ornements. Il avoit son revenu fixe, et même assez considérable, outre le droit mortuaire dans les paroisses de Jumièges et du Mesnil, où, lorsqu'il mouroit quelqu'un, le sacristain prenoit le meilleur habit du défunt et le tiers de ses meubles. Ce n'étoit point un usage nouvellement établi. L'abbé du Bosc, transigeant, le 15 septembre 1407, avec un maître d'école de Jumièges pour le droit mortuaire de ses père et mère, déclare que l'abbaïe avoit toujours perçu ce droit; et le vicomte de Pont-Audemer, dans le prononcé d'une sentence rendue en 1462, le fait remonter jusqu'à la fondation et donation de l'abbaïe (a). Aussi voyons-nous, par les registres du sacristain, à qui son office donnoit entrée dans toutes les familles, que les habitants de Jumièges et du Mesnil l'ont constamment paié jusqu'en 1552, que le bailli de Rouen y donna atteinte, par une sentence du 5 novembre, qui casse celle du sénéchal de l'abbaïe et défend aux religieux de traduire à l'avenir leurs paroissiens devant leur propre juge pour le droit mortuaire, dont un de ses prédécesseurs [1] avoit reconnu, dès le 25 mars 1395, qu'ils étoient en possession et saisine de temps immémorial. Il n'eût pas été difficile de se pourvoir contre une pareille sentence ; mais les procez sont toujours les dernières ressources des gens de bien. Les religieux de Jumièges, tirés de la réforme de Chezal-Benoît [2],

(a) Archives.

[1] Des prédécesseurs du bailli de Rouen.
[2] Chezal-Benoit (ou Chezal-Malin, *Casale Benedictinum*, ou *Malanum*), abbaye bénédictine, fondée en 1093 au diocèse de Bourges, devint

et plus occupés de leur sanctification que de la conservation de leurs droits, cédèrent à l'injustice, et se contentèrent de recevoir dans la suite, ce qui leur étoit offert. Ils perçurent encore quelque chose de tems en tems jusqu'en 1572; mais, depuis ce tems là, on ne voit plus ni registres, ni payements, si ce n'est pour quelques étrangers que la mort surprenoit dans l'étendue des deux paroisses, ou par quelques matelots, qui mouroient sur la rivière depuis la Mailleraie jusqu'au Mesnil.

La conduite de Richard dans le choix d'un homme de probité pour la sacristie, n'a rien qui surprenne, après ce que nous venons de dire de l'office de sacristain. On ne s'étonnera pas davantage de son attention dans la recherche d'un bon cellerier, pour peu qu'on scache en quoy consiste son emploi dans l'ordre de S. Benoit, dont il se proposoit de faire observer la règle à la lettre. Il avoit remarqué plus d'une fois, lorsqu'il n'étoit encore que simple religieux, que, sous le spécieux prétexte des intérêts de la maison, les officiers s'absentoient souvent et pour longtemps. On l'en avoit averti depuis son élection; son prédécesseur même l'en avoit quelquefois entretenu, et il lui tardoit

---

par la suite le chef-lieu d'une congrégation considérable, qui prit son nom, et qui fut érigée par Bulles de Léon X, du 1er décembre 1516. La réforme adoptée par cette congrégation avait été dès l'année précédente (1515), introduite à Jumièges par l'abbé Pierre de Luxembourg, non sans quelques résistances.

L'abbaye de Chezal-Benoit se réunit vers 1636 à la congrégation de Saint-Maur.

d'être béni pour mettre ordre à ces abus. Il le fit par la prudence de son choix, qui fut bientôt suivi de la nomination de Robert de Hugleville à l'office de procureur. Nous n'ajouterons rien à ce que nous avons rapporté de la confiance qu'il eut en de tels hommes pour le temporel ; nous nous contenterons de dire que, si elle fut bien placée, elle fut aussi abondamment récompensée par leur fidélité, et que la communauté, qui prétendoit au droit de nommer au moins le cellerier, eut lieu d'être contente de leur administration. Tout réussissoit entre leurs mains, et l'on ne vit jamais de leur tems aucune mauvaise affaire, tant ils étoient attentifs à ménager les esprits, et respectés pour leurs vertus.

Richard, ainsi déchargé des inquiétudes du dehors, s'abandonna entièrement à son penchant pour la retraite et l'observance des pratiques du cloître, qui dans toute sa vie avoient fait ses plus chères délices. On ne le voioit jamais qu'au chœur et dans les assemblées publiques, aux heures du repas, de la lecture et du travail des mains, où il avoit grand soin de se trouver toujours des premiers, pour ôter toute excuse aux négligents, et les corriger par son exemple. Il vécut de la sorte durant l'espace de six ans, sans sortir qu'une seule fois du monastère, pour visiter les prieurés de sa dépendance et y faire rentrer le bon ordre, qu'il étoit plus difficile d'y conserver par le défaut d'émulation.

L'an 1192. — La seconde année de son gouvernement, Richard I, roi d'Angleterre, s'étant engagé imprudemment au retour de la croisade dans les états de Léopold, duc d'Autriche, qu'il avoit mortellement offensé au siège d'Acre, fut pris et vendu à l'empereur Henri VI, qui le fit enfermer dans une étroite prison. La nouvelle en étant venue en Angleterre et en Normandie, l'archevêque de Rouen et les justiciaires ambulants des deux états levèrent des taxes sur toutes les terres, villes et bourgs pour la rançon du roy, qui fut réglée en 1194, après quatorze mois de captivité la plus dure et la plus injuste, à cent mille marcs d'argent pur, au poids de Cologne, pour l'empereur, et à cinquante mille pour le duc d'Autriche. L'abbaïe de Jumièges, à l'exemple des évêques, des abbés et de la noblesse de la province, abandonna le quart de ses revenus, tant en Angleterre qu'en Normandie ; mais ce qu'il y eût de remarquable, c'est que la somme ne s'étant pas trouvée complete, par l'infidélité de ceux qui levoient ces taxes, et le roy ayant été obligé de laisser l'archevêque de Rouen [1] et quelques autres seigneurs en otage, le pieux abbé de Jumièges, sans attendre une nouvelle taxe qui ne fut pas même imposée sur la Normandie, vendit son argenterie et en fit porter le prix, avec ce qui pouvoit rester d'or et d'argent dans la maison, au doien de la cathédrale, pour délivrer plus promptement le prélat des mains d'un prince cruel, qui faisoit traiter ses otages avec une

---

[1] L'Archevêque de Rouen, Gauthier-le-Magnifique, était allé en Allemagne rejoindre le roi, prisonnier à Worms, pour négocier sa délivrance.

rigueur excessive. Sa générosité fut bientôt récompensée. Le duc d'Autriche, aiant fait une chute qui lui brisa le pied, mourut sur la fin de la même année 1194. Il n'en demeura pas à ses premières marques de pénitence, que la crainte de mourir excommunié lui avoit arrachées, il le déchargea [1] de vingt mille marcs, qui restoient à payer de sa rançon, et voulut que les grands de son duché promissent avec serment qu'ils n'en exigeroient rien après sa mort. Ainsi, Gautier fut rendu à son troupeau, et les levées qu'on faisoit pour avancer son retour devinrent inutiles. Un des premiers soins de l'archevêque de Rouen fut de retirer des mains du doien de sa cathédrale les deniers qui lui avoient été confiés, et de rembourser l'abbé de Jumièges, à qui Dieu ouvrit une nouvelle voie, dès l'année 1197, pour faire un saint usage d'une somme qu'il avoit toute dévouée aux œuvres d'une officieuse charité. Les guerres continuelles entre les rois de France et d'Angleterre causèrent la famine dans la province, et le fléau devint si général, que les plus riches manquoient eux-mêmes de pain. L'abbaïe de Jumièges fut alors en quelque façon la mère et la nourice d'une infinité de malheureux, qui, sans elle, seroient péris de faim et de misère. L'abbé préféra d'abord ceux de la péninsule ; mais insensiblement tout le monde fut bien reçu. Les uns étoient nouris dans le monastère, les autres emportoient du bled et en faisoient part à leurs

---

[1] Lisez : « Il déchargea le prélat... »

familles. On donnoit du pain à celui-cy, de l'argent à celui-là, et chacun s'en retournoit content. La fin de cette calamité publique ne précéda que de six mois la mort de l'abbé Richard. Il expira, entre les bras de ses frères, le soir de la feste de Saint-Sébastien, vingtième jour de janvier 1198, et fut enterré le lendemain, dans le chapitre, auprès de son prédécesseur.

ALEXANDRE, QUARANTE-UNIÈME ABBÉ

Trois semaines après sa mort, on lui substitua Alexandre, dont nous avons déjà parlé. Son païs et ses parents nous sont entièrement inconnus; mais nous sçavons qu'il avoit appris les lettres humaines et divines à Paris, et qu'il étoit docteur lorsqu'il se fit religieux à Jumièges, le 14 août de l'an 1171. Il apporta avec lui plusieurs livres manuscrits [1], dont les principaux sont l'Exode [2], les épitres d'Adam,

[1] Un certain nombre d'entre eux sont encore conservés à la Biblioth. municipale de Rouen; nous allons noter au passage ceux qu'il nous a été permis de reconnaître : lorsque l'attribution nous en paraîtra douteuse, nous aurons soin de l'indiquer par un point d'interrogation (?). Le premier numéro est celui que portait le volume dans la Biblioth. de Jumièges et que cite le P. Labbé dans sa *Bibliotheca Bibliothecar. Manuscript.*; le second est le numéro du catalogue des mss. de la Bibl. de Rouen; le troisième est le numéro de classement sous lequel le volume est actuellement placé dans cette bibliothèque.

[2] Jum. B 67; Bibl. de Rouen, cat. 76, ms. A 419.

surnommé d'Evesham [1] ; l'exposition de la foi ou du simbole, par S. Athanase (a), copiée par Simon de Tournai ; le miroir de l'église sur les coutumes de Rome ; les œuvres de Claude [2] avec la philosophie d'Hildebert, archevêque de Tours, sur l'immortalité de l'âme [3] ; un volume d'excerptions [4], intitulé des bons

(a) *Manusc.*, sous la lettre B, nos 28, 70, 72, 76, etc.

[1] Adam d'Evesham, abbé du monastère de ce nom en Angleterre, fleurit vers l'an 1160. Pits (*De illustrib. Angliæ scriptoribus*) dit qu'il était bénédictin, et le P. Possevin (*Apparatus sacer*) assure qu'il était cistercien. Il a laissé, entre autres ouvrages, des sermons, des épitres et un livre de miracles de la Sainte-Eucharistie. Aucun de ces ouvrages ne figure dans la *Patrologie latine* de M. l'abbé Migne.

Le ms. cité ne se trouve point non plus à la Bibl. de Rouen.

[2] Quel est ce Claude ? Il serait bien difficile de l'établir avec quelque certitude.

Si bizarre que puisse paraître au premier abord cette idée, il ne semble point impossible qu'il soit ici question de l'empereur Claude. Jean Le Petit, plus connu sous le nom de Jean de Salisbury, contemporain de l'abbé Alexandre, cite en effet un livre philosophique (*De l'Analogie*) qu'il attribue à cet empereur et qui subsistait de son temps (*Hist. litér. de la France*, tome I, p. 173.).

Il semble pourtant plus probable qu'il s'agit des ouvrages de Claude, espagnol d'origine, chapelain de Charlemagne, puis, sous Louis le Débonnaire, modérateur de l'école du Palais, et enfin évêque de Turin ; outre des commentaires sur presque tous les livres de la Sainte-Ecriture, il avait composé une chronique se poursuivant jusqu'à l'an 814, et que le P. Labbe dans sa *Bibliotheca nov. manuscript.*, dit assez singulièrement avoir été composée *juxta hebraïcam sacrorum codicum veritatem*. (Cf. *Hist. lit. de la France*, tome IV, p. 223-224.) La plupart de ces ouvrages se trouvent dans la *Patrologie latine*, tome CIV.

[3] Quel ouvrage est ici désigné ? S'agirait-il de son dialogue en prose *De querimoniâ et conflictu carnis et spiritus* ? Mais il n'y est pas question de *l'immortalité de l'âme*. Nous ne voyons du reste aucun traité auquel on puisse appliquer ce titre dans tout le gros volume des œuvres d'Hildebert publié par Dom Beaugendre (de Caudebec-en-Caux) et réédité par M. l'abbé Migne dans sa *Patrologie latine*, tome CCXXI.

[4] *Excerpta*.

mots ; Claudien sur la substance de l'âme [1] ; l'art de la foi, par Nicolas d'Amiens [2], et quatre volumes de commentaires sur Salomon [3], Isaïe [4], les douze petits prophètes [5] et S. Mathieu [6], avec l'histoire scholastique de Pierre *Comestor* ou le mangeur, doyen de l'église de Troies en Champagne [7], qui comprend en abregé toute l'histoire sainte, depuis le commencement de la Genèse jusqu'à la fin des Actes des Apôtres (*a*).

On trouve parmi les œuvres de Pierre de Blois, archidiacre de l'église de Bath, en Angleterre, une lettre à Alexandre, prieur de Jumièges [8], où il le qualifie du nom de docteur, d'ami et de compagnon, *magister, amicus*, et *socius*, sans doute parce qu'ils avoient étudié ensemble à Paris ; si ce n'est que par cette expression équivoque de *socius*, il ait voulu désigner la res-

---

(*a*) *Chron. norm.*, Biblioth. Vatican [9].

[1] Mamert Claudien, *De statu animæ*, au tome LIII de la *Patr. lat.*

[2] Cet ouvrage paraît être resté inconnu aux auteurs de l'*Histoire littéraire de la France*, qui consacrent cependant quelques lignes à Nicolas d'Amiens (tome IX, p. 30) ; il en est question dans les lettres du pape Alexandre III ; cf. Martène, *Ampliss. collect.* II, 658 et 744.

[3] Jum. B 28 ; Bibl. de Rouen, cat. 125, ms. A 149.

[4] Jum. B 70 ; Bibl. de Rouen, cat. 149, ms. A 385.

[5] Jum. B 72 ; Bibl. de Rouen, cat. 164, ms. A 338.

[6] Jum. B 76 ; Bibl. de Rouen, cat. 180, ms. A 392.

[7] Jum. G 17 ; Bibl. de Rouen, cat. 35, A 136 (?)

[8] *Patrologie latine*, tom. CCVII.

[9] L'auteur veut indiquer sans doute le texte des *Annales de Jumièges* contenu dans la deuxième partie du ms. 553 du fonds de la Reine, à la Vaticane, fol. 153-168. — Voir la description qu'en a faite M. Léopold Delisle dans sa *Notice sur vingt manuscrits du Vatican*, p. 28 et suiv.

semblance de leurs occupations actuelles ; ce qui paroit également vraysemblable, quand on fait réflexion aux ouvrages de Pierre de Blois et à l'explication qu'Alexandre avoit déjà donnée de ces paroles de Jésus-Christ : *Quem dicunt homines esse filium hominis ?* Qui disent les hommes qu'est le fils de l'homme (*a*) ? Il est même à présumer que le livre qu'il avoit presté à Pierre de Blois, et que celui-cy s'excuse dans sa lettre de ne lui avoir pas renvoié, n'est autre chose que sa théologie, en un volume in–4° [1], où il traite de la foi, des sacrements, des vertus et des vices, et de la prescience de Dieu contre les curieux (*b*) ; ou quelques sermons ou commentaires sur divers passages de l'écriture sainte (*c*), dont les auteurs ne nous sont pas connus. Quoi qu'il en soit, on ne peut accuser Pierre de Blois d'avoir prodigué l'encens à Alexandre, en le qualifiant de docteur ; l'université de Paris l'avoit décoré de ce titre, et l'on peut juger, par le témoignage avantageux des écrivains qui l'ont suivi, qu'il n'en étoit redevable qu'à sa grande et profonde érudition : *Vir multa sciens, ac magnæ eruditionis doctor extitit.* Ce sont les termes d'Artur du Moustier (*d*).

Après avoir renoncé aux avantages que ses talents pouvoient lui faire espérer du siècle, pour se consacrer

---

(*a*) *Anec. Marten.*, t. I, p. 177.
(*b*) *Manusc.*, sous la lettre E, num. 19.
(*c*) *Ibid.*, E, 20.
(*d*) *Neust. pia*, p. 314.

[1] Cet ouvrage inédit se trouve à la Bibliothèque de Rouen, cat. A, 267.

au service de Dieu, Alexandre ne pensa plus qu'à pratiquer les vertus qu'il avoit acquises dans les écoles où l'on avoit formé sa jeunesse, et dont on lui donnoit l'exemple à Jumièges. Il fit voir dans toute sa conduite une humilité profonde, une douceur et une patience à toute épreuve, une fidélité inviolable dans l'exécution des commandements de Dieu et dans l'observance des plus petits points de la règle. L'opinion que l'on eut de son mérite alla si loin, que, neuf ans après sa profession, la communauté, aïant perdu son prieur, le demanda pour le remplacer et l'obtint. Il fut élevé à cette dignité du temps de Robert IV, qui le chargea d'écrire la vie de Roger Ier, son prédécesseur dans la charge d'abbé. Il la fit, dit la chronique de Normandie déjà citée, mais, ou elle a été entièrement perdue, ou elle demeure encore aujourd'hui cachée dans la poussière de quelqu'autre bibliothèque que celle de Jumièges, ainsi que quelques opuscules que la même chronique lui attribue. L'office de prieur n'empêcha point Alexandre de continuer les leçons de philosophie et de théologie, qu'on l'avoit chargé de donner aux jeunes religieux dès les premières années de sa conversion. Il étendit même ses soins aux personnes du dehors, et Jumièges devint sous lui une école célèbre. Il étoit, dans l'exercice des fonctions de prieur et de maître, considéré du roy d'Angleterre, estimé de l'archevêque de Rouen, respecté et consulté par tout ce qu'il y avoit de sçavants en Normandie, en France et en Angleterre, et aimé généralement de tous ses confrères, lorsqu'il fut élevé sur le siège abbatial, et béni le 15 février de l'an 1198.

Le premier usage qu'il fit de son autorité fut de mettre un prieur à sa place. Plus de vingt religieux la méritoient par leur piété et leur zèle, par leur régularité et leur sçavoir ; mais, comme il n'y avoit parmi eux d'autre émulation que celle de la vertu, personne n'y aspiroit et ne portoit envie à celui que l'abbé devoit choisir. Gautier fut nommé, et eut la consolation de voir qu'aucun ne fut choqué de la préférence qu'on lui avoit donnée. Si l'on remarqua que les sentiments d'estime et d'amitié avoient eu quelque part à son choix, on ne se dissimula pas non plus que des raisons de prudence y en avoient encore eu davantage, et que, l'abbé aïant destiné Gautier à l'instruction des jeunes religieux, rien n'étoit plus juste que de le distinguer des autres par une autorité qui ne cédât qu'à la sienne. Gautier vécut peu de tems depuis son élection, mais assez pour laisser un commentaire sur les Actes des Apôtres [1] (a). Les second, tiers et quart prieur, le chantre et le sacristain, le chambrier [2], le cellerier, le grenetier, le procureur, l'infirmier, le cuisinier et le pitancier [3] furent maintenus dans leurs dignités et offices par une nouvelle nomination, qui ne fit pas plus

---

(a) *Manusc.* B, 66.

[1] Bibl. de Rouen, cat. 237, ms. A 212.

[2] Cet officier claustral avait particulièrement soin du vestiaire.

[3] Le pitancier était chargé de distribuer aux moines la nourriture, dans la proportion si exactement déterminée par la règle de saint Benoit.

de jaloux, et qui montre assez combien ils devoient être exacts dans l'acquit de leurs devoirs.

On étoit en carême, et Alexandre n'ignoroit pas combien S. Benoît recommande dans sa règle que l'observance en soit exacte. Il y tint la main, conformément aux usages reçus dans Jumièges, où nous croyons que Pierre de Cluni les avoit introduits près de cinquante ans auparavant. En voicy quelques uns des plus remarquables [1]. Depuis le mercredy des cendres jusqu'au jeudi saint, excepté les dimanches et les fêtes, on disoit trois offices au chœur : celui du jour, celui de la sainte Vierge, et celui des morts. Les matines étaient suivies de trois psaumes : *Domine ne in furore ; Usque quò Domine*, et *Ad Dominum cum tribularer ;* du *Pater noster* et de quelques oraisons, qu'on disait prosternés. L'intervale qui restoit entre l'office de la nuit et celui de prime étoit employé à faire des lectures en commun sous le cloître, où le sacristain avoit soin de préparer les lanternes pour la commodité des lecteurs. Si c'étoit un dimanche, le célébrant de semaine alloit s'habiller au commencement des *Laudes*, et encensoit l'autel et le saint-sépulchre pendant le cantique *Benedictus*. A prime on ajoutoit aux psaumes ordinaires le *Beati quorum*, et *Levavi oculos meos in montes*. A tierce, on en ajoutoit deux

[1] Nous recommandons ce passage à l'attention du lecteur. Il prouve combien le grand devoir de la prière publique était consciencieusement rempli dans nos vieilles abbayes, où les louanges de Dieu ne s'interrompaient ni jour ni nuit.

autres, deux à sexte, deux à none, et quatre à vêpres. On chantoit tous les jours deux grandes messes : l'une du jour, et l'autre des morts. Mais le jeudi, la messe matutinale étoit de S. Pierre ; le vendredi, de la Trinité, pour les maisons associées ; et le samedi, de la sainte Vierge ; à moins que ces trois jours ne fussent occupés par le *trentain*[1] d'un confrère, ou par le service de quelque religieux étranger ; dans lequel cas, l'abbé ou le président, après la lecture du *martyrologe* et d'un point de la règle de chapitre, avertissoit, ou faisoit lire la *rotule*[2], et aussitôt la communauté se rendoit à l'église Saint-Pierre, en récitant le psaume *Verba mea auribus percipe Domine*, et chantoit ensuite la messe des morts, à laquelle les officiers et serviteurs de la cuisine étoient obligés d'assister, quand ils ne pouvoient la dire ou qu'ils prévoioient quelques affaires pendant la messe conventuelles. Toutes les heures de l'office divin étoient partagées, chantées en notes, et précédées de la prière. Le mercredy et le vendredy, avant la messe du chœur, les frères s'assembloient dans le cloître après none, et quittoient leur chaussure. Ils retournoient ensuite à l'église, et, après avoir récité les psaumes pénitentiels avec les litanies, prosternés sous les lampes, ils faisoient la procession, nuds pieds,

---

[1] On appelait ainsi le nombre de trente messes qu'on avait coutume de célébrer pour les défunts, immédiatement après leur mort.

[2] C'est-à-dire le fragment du *rouleau* de parchemin que l'on faisait circuler parmi les abbayes associées de prières avec celle du défunt. — Voir la belle étude de M. Léopold Delisle sur les *Rouleaux des Morts*, dans les publications de la Société de l'Histoire de France.

autour du cloître, à la réserve du semainier, qui s'alloit s'habiller pour la grande messe, tandis que le chœur, prosterné une seconde fois sous les lampes, récitoit en silence le *Miserere,* ou quelqu'autre psaume ordonné par le président à la coulpe du matin. Si néanmoins le froid étoit si grand qu'on ne put sortir nuds pieds sans un danger évident, l'abbé pouvoit en dispenser ; mais il falloit que le chantre le demandât au nom des religieux, et que le plus grand nombre fût de son avis. S'il prévaloit, on se contentoit de faire le tour du cloitre en chantant les litanies, comme on faisoit le lundi, le mardi, le jeudi et le samedi, lorsque ces jours n'étoient point chommés, et qu'il n'y avoit pas de mort à enterrer. On disoit les vêpres de la Vierge et du jour immédiatement après la grande messe ; mais on faisoit quelques prières auparavant ; et alors les novices cédoient aux prêtres et aux profès les places qu'ils avoient occupées sous le jubé, et reprenoient leurs places ordinaires près de l'autel. Les vêpres finies, on alloit processionnellement à l'église de Saint-Pierre, où l'on chantoit les commémorations de la Trinité, de la Croix, des saintes reliques et des patrons du monastère, avec l'office des morts, pendant lequel les serviteurs alloient préparer le réfectoire et déjeuner avec le lecteur de table. La lecture étoit toujours la suite de ce qui avoit été lu à l'office de matines, excepté le jeudi de la seconde semaine de Carême, où on lisoit l'évangile *Non possum a me ipso facere quidquam* [1], et ce jour

[1] Joann. V 30.

là, le cellerier donnoit du meilleur vin qu'il eût dans la cave. Le repas n'étoit qu'une soupe, des légumes et du hareng, si ce n'est qu'aux quatre derniers jours de la quatrième semaine, le cuisinier et le pitancier donnoient tout ce qu'ils pouvoient trouver de meilleur poisson. Il n'y avoit de collation que le jeudi, et elle ne consistoit qu'en un verre de vin.

La multitude et la longueur des offices laissoient peu de temps pour le travail des mains. Aussi ne voions nous pas que l'auteur du cérémonial, d'où nous avons tiré tout ce que nous venons de dire des coutumes de Jumièges durant le Carême, en fasse aucune mention. Il remarque seulement que le samedi après none, les religieux remontoient au dortoir et alloient au lavoir, jusqu'à la messe conventuelle. Encore sommes-nous portés à croire qu'ils n'y alloient que pour se laver les pieds, à cause du *Mandatum*[1] qui se faisoit ce jour-là en chapitre par l'abbé et le grand prieur. Nous ne pensons pas néanmoins qu'ils eussent déjà prescrit contre ce point de la règle de S. Benoît, que chacun s'efforçoit de pratiquer à la lettre. Il est plus probable qu'ils y occupoient l'après-midi, et que l'auteur n'en a point parlé parce qu'il n'avoit entrepris de toucher que ce qui regardoit le service de l'église, dans lequel il fait entrer les grâces du lecteur et des serviteurs après leur dîné. Nous passons plusieurs choses moins consi-

---

[1] La cérémonie du lavement des pieds, qui se fait encore le Jeudi-Saint dans toute l'Église catholique, prenait ce nom du répons que l'on chantait à ce moment : *Mandatum novum do vobis*....

dérables, comme les conversations aux jours de fêtes et de dimanches, entre prime et tierce, none et vêpres ; mais nous ne devons pas oublier la courtine, ou rideau[2], qui traversoit le chœur, et qu'on ne tiroit qu'au *per omnia* de l'*Agnus Dei*, pour ouvrir le passage à ceux qui vouloient communier.

Nous causerions au lecteur une perte qu'il pourroit regretter, si nous omettions les cérémonies particulières au dimanche de la Passion et à la semaine sainte, qui en étoit la plus chargée. Nous passerons cependant sur celles qui sont encore d'usage dans toute l'église, et même nous ne rapporterons des autres que ce qui nous paraîtra le plus important. Le dimanche de la Passion, on faisoit une profession de foi solennelle touchant la réalité du Corps et du Sang de Jésus-Christ dans l'Eucharistie. L'hedomadier, avant la communion, tenant entre ses mains les espèces consacrées, disoit tout haut : *Hoc Corpus quod pro vobis tradetur ; hic Calix testamenti est in sanguine Christi*, et, à l'instant, tout le chœur se mettoit à genoux et demeuroit en adoration jusqu'à ce que le prêtre eût communié. Les erreurs de Bérenger[3] pourroient bien avoir donné lieu à cette cérémonie. Le mercredi saint, à ces paroles de

---

[2] L'usage d'entourer les autels de courtines, ou rideaux, est de la plus haute antiquité. On le retrouve dans tous les anciens cérémoniaux des cathédrales et des abbayes. Il s'est continué de nos jours encore dans nombre d'églises d'Allemagne et d'Italie ; seulement ces rideaux n'enferment plus comme autrefois l'autel lui-même.

[3] Archidiacre d'Angers, dont les attaques contre la présence réelle soulevèrent en ce siècle les plus vives protestations, surtout dans l'Église de France.

la passion : *Velum templi scissum est*, deux moines tiroient la courtine, chacun de son côté, et la déchiroient en deux. Ce jour là et les deux suivants, on disoit quinze psaumes avant l'office de ténèbres. On chantoit la première antienne à genoux, et les *laudes*, jusqu'au dernier psaume exclusivement. L'office fini, l'abbé frappoit trois coups, et les frères alloient se coucher. Le lendemain, après sexte, on chantoit la messe matutinale dans l'église de Saint-Pierre, et tous les pauvres à qui l'on devoit laver les pieds y assistoient. Cette messe étoit précédée des psaumes pénitentiels et de l'absolution générale, que l'abbé, en aube et en bâton pastoral, donnoit à toute la communauté. On bénissoit ensuite le feu nouveau, comme au samedi saint, et tous les frères communioient. Un prêtre en tunique offroit autant d'hosties qu'il en falloit ce jour-là et le lendemain, car tout le monde communioit le vendredi saint, sans préjudice du samedi et du jour de Pâques. Après la procession du Saint-Sacrement, qu'on portoit d'ordinaire à la chapelle Saint-Etienne, tous les religieux alloient au réfectoire, disoient le *Benedicite* et prenoient leurs places, mais seulement pour la forme, quoiqu'il y eût un dîné servi ; car, à l'heure même, les pauvres, conduits par le prieur, entroient sous le cloître, et la communauté sortoit pour leur laver les pieds et les conduire au réfectoire, où elle les laissoit entre les mains du Chambrier, qui leur donnoit à chacun trois deniers après le repas. Cependant les religieux alloient dire vêpres et dînoient ensuite. Les grâces finies, l'abbé, avec le grand chantre et les onze plus anciens, lavoient les pieds à treize autres pauvres, les servoient à table, et leur donnoient à chacun douze deniers et une paire de souliers. Le *Mandatum* des frères n'avoit rien de particulier, que le lavement des pieds de l'abbé par le prieur, et le verre de vin qu'on leur donnoit après la cérémonie.

Le vendredi saint, après prime, on récitoit les sept psaumes avec les litanies ; et de suite, sans sortir du chœur, le psautier tout entier avec quelques oraisons. Après tierce, on chantoit le martyrologe au chapitre, et l'on y prenoit la discipline. Le service se faisoit nuds pieds dans les deux églises de Saint-Pierre et de Notre-Dame. Le premier étoit pour les serviteurs de la cuisine et du réfectoire, qui ne pouvoient assister au second, et ils y communioient. Le second, pour la communauté et les externes, et tous les religieux y recevoient la communion des mains de l'abbé. On bénissoit encore ce jour-là le feu nouveau, et à ces paroles de la passion *partiti sunt sibi vestimenta,* deux clercs, avertis par le chantre, s'approchoient doucement de l'autel et en enlevoient la nappe, qui n'étoit que faufilée, et emportoient chacun leur morceau. Après l'adoration de la croix, on la portoit processionnellement au sépulcre, et l'abbé l'y enfermoit jusqu'au dimanche, où il alloit la reprendre avant matines pour la remettre à l'autel, accompagné du chantre et de cinq ou six religieux, que le sacristain avoit éveillés une demi heure avant les autres. Les cérémonies du samedi saint étoient les mêmes que nous observons encore aujourd'hui, à la réserve de la messe matutinale et de la procession dans le dortoir et dans les coridors des recettes. Après complies, on faisoit une semblable procession, les veilles de Noel, de Saint-Pierre, de la Dédicace et de Saint-Filbert, avec cette différence qu'on n'alloit qu'autour des recettes. A la Saint Pierre, qui est la fête du patron, les nocturnes commençoient après complies par le verset, *Domine labia mea aperies*, et duroient presqu'autant que la nuit, en sorte qu'on dormoit très peu. A l'Exaltation de la Sainte-Croix, on faisoit l'adoration solennelle, comme le vendredi saint. L'oraison mentale se faisoit tous les jours dans le cloître avant prime, mais l'auteur ne marque point le tems qu'on y emploioit. Tous les vendredis de l'année, on jeûnait comme en carême; c'est-à-dire qu'après l'unique repas du midi, on ne mangeoit plus dans le reste de la journée, mais on avoit la liberté de boire un coup, comme le jeudi saint, en passant par le réfectoire pour assister à la lecture qui se faisoit dans le cloître immédiatement avant complies. Le dernier dimanche de la Pentecôte, on célébroit la fête de la Sainte Trinité, qui n'étoit encore alors que de dévotion, et qui ne fut reçue par l'église romaine que sous le pape Jean XX, cent vingt-cinq ans après.

Richard Ier, roy d'Angleterre et duc de Normandie, avoit cru qu'Alexandre se rendroit auprès de lui aussitôt après son élection, soit pour le remercier d'y avoir consenti, soit pour le féliciter du succès de ses armes contre Philippe-Auguste, qu'il avoit mis en déroute à

Vernon et poursuivi jusqu'aux portes de la ville, mais l'abbé de Jumièges, quoique fidèle et attaché à son roy, préféra les obligations de son état aux devoirs d'une politique humaine, qu'il ne pouvoit remplir que par une faute, et aima mieux employer le tems de carême avec ses frères dans les exercices réguliers, que de jouir pour quelques jours d'un plaisir incompatible avec la destination que Dieu venoit de faire de lui. Il demeura donc à Jumièges, et il eut la consolation que, non seulement le roy n'en fut point offensé, mais qu'il voulut même le prévenir en lui faisant une visite d'amitié trois mois après. Alexandre, avec toute sa communauté, le reçut à la porte de l'église, la veille de la Pentecôte, seizième jour de may 1198, et, après l'avoir harangué pendant un quart d'heure, il le conduisit dans le sanctuaire, où le prince entendit les vêpres avec beaucoup de dévotion. Il célébra la fête à Jumièges, et n'en partit que le mercredi, pour aller à la rencontre de Philippe-Auguste, qui se proposoit de faire le siège du château de Courcelles, que Richard avoit pris d'assaut après la bataille de Vernon (a).

Trois mois ou environ après, Richard se souvint des bons traitements qu'il avoit reçus à Jumièges, et lui accorda le droit de marché à Duclair, tous les mardis de chaque semaine, avec les privilèges et coutumes attachés aux autres marchés de la Province. La charte est datée d'Andely, le vingt-huitième jour d'août, la

---

(a) *Chron. Norm.*

neuvième de son règne, 1198 (*a*). Il avoit déjà fait l'échange de sa baronnie de Conteville pour le Pont-de-l'Arche, dépendant de l'abbaïe ; mais, étant mort le sixième jour d'avril de l'année suivante, Jean-sans-Terre, son frère et son successeur, reprit Conteville dès la même année, et rendit le Pont-de-l'Arche aux religieux (*b*). Vers le même temps, et dans la même année 1199, Ansquetil, de Cotévrard, leur donna sa terre de Gara, pour être réunie à Saint-Martin de-Druelle, qui, de chef-lieu de la paroisse, étoit dégénéré depuis quelques années en simple chapelle, à condition qu'il participeroit à touttes les bonnes œuvres qui se feroient dans l'abbaïe, et qu'on y enterreroit son corps après sa mort, avec les mêmes prières et cérémonies qui étoient d'usage pour les religieux (*c*). La chapelle de Druelle a été ruinée depuis, sans que personne se soit mis en peine de la relever, en sorte qu'elle ne subsiste plus aujourd'hui. L'abbé de Jumièges y présenta encore en 1676 comme à une simple chapelle en titre.

La piété d'Ansquetil de Cotévrard eut quelques imitateurs. Dès l'an 1200, Robert Pellerin, du consentement de sa femme et de ses enfants, donna à l'abbaïe sa terre et seigneurie de Bos-Guerard, dans la paroisse de Saint-Paër, pour être associé aux prières de la communauté (*d*). Roygon de Déville lui restitua

---

(*a*) *Preuves*, art. 30.
(*b*) *Chron. Norm.*
(*c*) Archives. — *Cartulaire*, c. 323.
(*d*) *Cartul.*, c. 286.

la dîme de Foligny, et Renaud, comte de Boulogne, lui fit présent d'onze livres de rentes foncières sur le fief du Vasquet, à Lillebonne (a). Cette dernière charte est datée de Jumièges en 1200, et signée du comte Renauld, de la comtesse Yde, son épouse, de Raoul et Simon, ses frères, d'Amauri, comte d'Evreux, et des abbés de Fécamp, de Sainte-Catherine-du-Mont, de Cormeilles, et du prieur de Saint-Vandrille, qui avoient assisté aux obsèques d'Alberic, comte de Dammartin, son père, mort le 19 septembre de la même année, et enterré dans la chapelle de la Vierge, où il avoit choisi sa sépulture. La date du jour n'y est point exprimée, mais il est aisé de voir qu'on ne peut guère la reculer au-delà du même mois de septembre. Nous pourrions encore raporter quelques donations du même tems ; mais, outre qu'elles ne sont pas considérables et qu'elles allongeroient trop notre histoire, nous ne voions que les moines de Jumièges qui soient intéressés à les connoître, et il leur sera aisé de s'en instruire en ouvrant leur cartulaire depuis le chapitre 85 jusqu'au 88, et depuis 97 jusqu'à 99. Nous ne nous étendrons pas davantage sur les bienfaits qu'ils reçurent dans les années suivantes ; les titres sont également entre leurs mains. C'est pour eux qu'ils ont été faits ; c'est aussi à eux de les examiner et d'en faire usage contre les entreprises téméraires de ceux qui leur ont déjà enlevé une partie de ces possessions ou qui voudroient leur ravir le reste.

(a) *Ibid.*, c. 332.

Cependant, quelque désir que nous aions de ne pas ennuier le lecteur par une trop longue énumération de donations entassées les unes sur les autres, nous ne pouvons nous déterminer à lui en sauver l'ennui aux dépens de la reconnoissance qui est due aux bienfaiteurs. Leurs noms doivent au moins trouver place dans cette histoire. Les principaux furent Roger Torel, seigneur de la Bucaille, Richard de Malfilatre, Richard Harou, Agnès de Meulant, et Guillaume de Barneville. Celui-cy avoit une mère, qu'il aimoit tendrement, et dont la vieillesse lui donnoit de l'inquiétude, à cause de ses fréquentes absences dans un temps de guerre, où il falloit nécessairement qu'il suivît touts les mouvements de l'armée françoise, dans laquelle il servoit comme officier, depuis qu'en 1204, la Normandie avoit été soumise et réunie à la couronne de France, après en avoir été séparée deux cent quatre-vingt-douze ans. C'est ce qui lui fit prendre le parti de donner à l'abbaïe de Jumièges son fief et terre de Mont-Hugues, afin de faire retrouver à cette bonne mère, dans les religieux de cette abbaïe, des enfants charitables, qui eussent pour elle les soins et les attentions qu'il auroit eus lui-même, si le devoir et l'honneur ne l'eussent appelé ailleurs (a). Les religieux répondirent parfaitement à ses vues. Emme, c'est le nom de la mère de Guillaume, vint établir sa demeure à Jumièges, en 1205, et y fut nourrie et entretenue jusqu'à sa mort, avec un domestique pour

---

(a) *Cartul.*, c. 215.

la servir et lui apporter chaque jour la portion des religieux. Aliz Le Bigue, trouvant la condition d'Emme avantageuse, sollicita pour elle la même faveur et l'obtint de l'abbé Alexandre, pour deux hôtes qu'elle avoit à Bouquetot [1], dans la vicomté du Pontaudemer et huit acres de terre à Braquetuit [2], avec le champ Dolent [3], dans le doienné de Cailli, vicomté de Rouen (a).

La même année 1205, Gautier, archevêque de Rouen, sentant diminuer ses forces et se croiant près de la mort, vint à Jumièges, avec deux de ses chanoines, se recommander aux prières de la communauté et faire ses derniers adieux. Il y passa près de quinze jours, et il y était encore quand la cure de Tourville-sur-Seine vaqua par la mort du religieux qui la desservoit. Le patronage fut constesté ; mais l'archevêque, aiant examiné les titres de l'abbaïe, conféra le bénéfice à Raoul, sur la présentation de l'abbé et des religieux, qu'il déclare, dans l'acte du 8 de février, donné en plein chapitre, être certainement les seuls patrons de cette église. Ils y ont en effet toujours présenté, et y présentent encore aujourd'hui, sans aucun trouble (b). Après ces marques de bienveillance, Gautier exigea des moines une promesse solennelle de ne le point oublier devant Dieu

---

(a) *Cartul.*, c. 201.
(b) *Cartul.*, c. 210.
[1] Canton de Routot, arrondissement de Pont-Audemer (Eure.)
[2] Canton de Tôtes, arrondissement de Dieppe (Seine-Inférieure.)
[3] Le nom de *Champ-Dolent* ou *Camp-Dolent* est assez répandu, et il est ordinairement l'indice de sépultures gallo-romaines ; mais nous ne connaissons aucun hameau de ce nom dans le doyenné de Cailly.

après sa mort. Ils le promirent, en versant des larmes sur la perte qu'ils alloient faire d'un protecteur auprès de Philippe Auguste, et l'archevêque partit pour reprendre les fonctions de son ministère dans sa capitale. Cependant le temps de sa mort n'étoit pas si proche qu'on se l'étoit persuadé. Il vécut encore trois ans moins deux mois, et mourut le 6 novembre 1207.

Alexandre, pour satisfaire à la parole qu'on lui avoit donnée et à la reconnoissance des soins qu'il avoit pris d'écrire au roy de France pour la conservation des franchises de l'abbaïe à Andely, fit insérer son nom dans le nécrologe, et lui fit un service solennel (a).

Peu de temps avant la mort de Gautier, archevêque de Rouen, les religieux de Jumièges réunirent en leur main la prévôté ou sergenterie de Longueville, qu'ils avoient inféodée aux auteurs[1] de Robert Desescoz (b). Ils achetèrent aussi les moulins de Saint-Mard et de Betue, une maison à Flancourt, un muid de vin à Saint-Martin de Boafle et trois hôtes à Bretteville (c). Au commencement de la même année, Gautier de Gournai leur restitua le patronage et le tiers des dimes de Puiseux et du Vieux-Verneil (d), dont il s'étoit emparé par violence, après la mort de son père. Il demanda pardon de sa faute en chapitre, en présence du

---

(a) Archives.
(b) *Cartul.*, c. 150.
(c) *Ibid.*, 207, 277, 368.
(d) *Petit Cart.*, 16-17.

[1] C'est-à-dire au père et à la mère.

curé de Verneuil, pria l'abbé de lui en donner l'absolution, renonça par un acte public à toutes ses prétentions, et s'engagea même à affranchir de tous droits et servitudes les acquisitions que l'abbaïe pourroit faire à l'avenir dans son fief (a). Au mois d'avril suivant, Foulque Basset gratifia l'abbé et les religieux de Jumièges des deux tiers de la dime de Louvières, qui est un hameau de la paroisse d'Ormeville[1] dans le baillage de Senlis, et le chef-lieu d'une commanderie de Malthe, à laquelle il est vraisemblable que les dîmes ont passé dans la suite des tems (b).

Il y avoit alors une contestation assez vive entre l'abbé et un gentilhomme voisin, nommé Thomas D'Iville[2], au sujet de quelques privilèges que ce dernier prétendoit avoir dans l'abbaïe à certains jours de fêtes. Comme ils étoient toujours en dispute, et sur le point d'en venir à un procez, l'abbé proposa un compromis. Le seigneur d'Iville y consentit, avec promesse de se soumettre à ce qui seroit décidé. Les arbitres furent choisis, et les parties se disposoient à faire leur production, lorsque, mieux conseillées, elles résolurent de se juger elles-mêmes et d'assurer leurs droits par une transaction à l'amiable. Il y est dit que Thomas d'Iville aura sa moute franche dans les moulins de Duclair, et

(a) *Cartul.*, c. 144.
(b) *Cartul.*, c. 166.

[1] Ormoy-Villers, canton de Crépy-en-Valois, arrondissement de Senlis (Oise).
[2] Yville-sur-Seine, commune du canton de Duclair, sur la rive gauche de la Seine, en face du Mesnil-sous-Jumièges.

le panage pour ses porcs dans la forêt de l'abbé ; que, venant à Jumièges les veilles de Noël et de Pâques, il y pourra demeurer trois jours durant, avec sa femme, un écuier, trois serviteurs, une servante et six chevaux ; qu'on lui servira le pain et le vin comme aux religieux, trois mets à diner et deux à souper ; et que ses domestiques et ses chevaux seront nourris comme ceux de l'abbé ; que les moines, en compensation de ce que dessus, jouiront du droit de bannalité [1] sur les vassaux d'Iville et y exerceront leur justice temporelle, comme dans tout le reste de leur territoire ; qu'on leur ouvrira un chemin dans Iville pour leurs besoins, dans les bois de Baulieu [2] et de la Londe, et que Thomas d'Iville accompagnera l'abbé dans tous ses voiages de Normandie, à ses propres frais et dépens, si ce n'est que l'abbé fût plus d'un jour en campagne, auquel cas l'abbé le défraïera le reste du tems (*a*). Ces conventions furent réduites, en 1238, à la seule moute franche dans les moulins de Duclair, et au panage dans la forêt de Jumièges, par un fils de Thomas d'Iville, qui se contenta pour le reste d'une somme de 4 frans 10 sols de

---

(*a*) *Cartul.*, c. 218.

[1] L'assujettissement à la banalité obligeait les habitants d'un pays à faire moudre tout le blé qu'ils consommaient au moulin duquel ils dépendaient, quelle que fut la provenance du blé. Ce droit n'était pas un droit ordinaire des fiefs, il devait être fondé sur des titres spéciaux. *Dictionnaire de la coutume de Normandie*, par Houard. Rouen, 1780. art. BANALITÉ.

[2] Le bois de Beaulieu fait partie de la forêt de Mauny, voisine de celle de la Londe.

rente, qu'on lui assigna sur divers particuliers (*a*).

L'an 1208. — Cependant le peuple de Rouen se plaignoit d'être si longtemps sans archevêque. Il y avoit déjà trois mois que Gautier étoit mort et l'on ne pensoit point encore à lui donner un successeur. Enfin les chanoines s'assemblèrent, au commencement de mars 1208, et élurent Robert Poulain, que son esprit et sa piété mettoient beaucoup au-dessus de sa naissance. Le neuvième mois de son pontificat, il vint à Jumièges visiter cette portion de son troupeau, qu'il sçavoit avoir été si chère à son prédécesseur, et l'assurer des dispositions où il étoit à son égard. Il voulut voir tous les religieux en particulier, les félicita sur le bonheur de leur vocation, leur en demanda le détail et les circonstances, et leur donna à tous des marques de la plus tendre amitié. Ainsi se passa le premier jour de son arrivée. Le lendemain, il visita les bâtiments, qu'il trouva trop petits et peu commodes. Il en dit son sentiment à Alexandre, qui pensoit à la vérité comme lui, mais qui ne se sentoit pas assez de fonds pour entreprendre de nouveaux édifices. La difficulté fut levée à l'instant. L'archevêque promit d'y contribuer, et l'abbé ne pensa plus qu'à concerter avec lui les mesures qu'il avoit à prendre pour augmenter le dortoir ou en construire un nouveau. Robert se détermina pour le dernier projet ; mais, l'année suivante, il proposa de faire des infirmeries et une chapelle pour les malades,

(*a*) Archives.

qui n'avoient d'autres appartements qu'une partie du dortoir, ce qui fut approuvé et exécuté avec le même avantage pour les religieux, dont plusieurs n'étoient pas bien aise d'être si près des infirmes. Il est vraisemblable que c'est de ce corps de bâtiments séparé que M. Bigot, dans un ancien manuscrit cité par Pommeraie (a), a pris occasion de dire que l'archevêque Robert avoit rebâti de fond en comble l'abbaïe de Jumièges. Elle le reconnoit pour son bienfaiteur ; mais en cette partie seulement.

Le prélat, charmé du bon accueil qu'on lui faisoit, demeura encore volontiers quelques jours, dont les moines profitèrent pour renouveler leurs prétentions auprès d'Alexandre, touchant l'élection du cellerier, qu'ils soutenoient leur appartenir. Ils se seroit trouvé sans doute des supérieurs d'un caractère à ne pas goûter une pareille demande, dans la crainte d'avilir leur autorité en en communiquant la moindre part. L'abbé de Jumièges ne tomba pas dans ce défaut. Il accorda avec plaisir à l'archevêque ce que ses religieux lui avoient demandé, à condition néanmoins qu'il en présenteroit trois à la communauté et qu'elle en choisiroit un. De nouvelles faveurs suivirent cette première grâce. Il permit à la communauté d'avoir un sceau qui lui fût propre, et qui seroit gardé sous trois clefs, dont il en auroit une, le prieur une autre, et un religieux du cloître une troisième. Il en admit cinq d'entre eux à l'examen des comptes, que les baillis des jurisdictions

(a) *Hist. des archevêques de Rouen*, p. 444.

de Jumièges, de Duclair et de Hauville, rendroient tous les mois devant lui, et consentit qu'ils ne pussent se faire les uns aux autres aucuns présents au-dessus de cent sols, sans son agrément et celui de la communauté ; qu'à l'égard des prieurs et des baillis de Jurisdictions plus éloignées, ils ne demeureroient point seuls, mais qu'on leur donneroit un ou deux confrères, sans l'avis desquels ils n'entreprendroient rien ; qu'on les obligeroit deux fois par an à rendre compte de leur administration, et qu'on les déposeroit quand ils seroient trouvés répréhensibles ; que les officiers en général ne pourroient rien recevoir à leur profit pour le loyer des fermes, en diminution du prix principal, et que la communauté elle-même ne feroit aucunes pensions à qui que ce soit, sans l'exprès consentement de l'archevêque (*a*). Ce réglement fut dressé le 17 novembre 1208, sous les yeux du prélat, qui déclara excommuniés ceux qui contreviendroient aux derniers articles.

Aussitôt après la conclusion de cette affaire, que les moines avoient fort à cœur, comme nous l'avons remarqué, l'archevêque, qui réduisoit toutes ses vuës aux fonctions du saint ministère dont il étoit chargé, prit congé d'eux pour retourner à Rouen. Dès qu'il les eût quittés, Alexandre donna avis de ce qui s'étoit passé à tous les religieux qui avoient des prieurés ou des baronnies à gouverner, et, pour exécuter lui-même ce qui avoit été arrêté, il envoia trois religieux à Montaterre, prieuré dépendant de son abbaïe dans le dio-

(*a*) Archives et *Cartul.*, c. 533.

cèse de Beauvais, deux à Joui, et deux à Longueville, au diocèse d'Evreux, deux à Helling, en Angleterre, deux à Genesville, et un à Cotevrard, au diocèse de Rouen. Les prieurés de Notre-Dame de Bû et de Saint-Martin, de Boafle, au diocèse de Chartres, de Dammarie au diocèse de Séez, et de Saint-Michel de Crouptes, au diocèse de Lisieux, étant desservis par un nombre suffisant de religieux, conformément au réglement, il ne jugea pas à propos d'y en envoyer d'autres, et il se conduisit de même à l'égard des chapelles de Saint-Paul, au Mont-d'Avilette, déjà appelée la chapelle de Saint-Julien du Bout-du-Bosc, où il y avoit deux religieux ; de Saint-Nicolas de la Bucaille, où il y en avoit un ; et de Saint-Filbert du Torp, dans la forêt de Brotonne, dont le roy Philippe-Auguste confirma la possession aux religieux, cette même année 1208, par une charte datée de Saint-Germain-en-Laye, le vingt-neuvième année de son règne (a) et le quatrième depuis la réunion de la Normandie à la couronne de France.

L'augmentation de deux religieux au prieuré de Joui n'apporta aucun dommage à ceux qui y demeuroient auparavant. Robert Devaux, voiant qu'on y en mettoit à proportion du revenu, voulut l'accroitre, en donnant à l'abbaïe les bois et les terres de Crenne[1], que son frère Raoul lui avoit abandonnés après la mort de

(a) Archives et *Cartul.*. c. 226.

[1] Aujourd'hui Le Cresne ; hameau de Jouy-sur-Eure, touchant au fief de Crèvecœur.

leur père, à condition de payer la rente dont ils pouvoient être chargés envers le fief de Crèvecœur[1], appartenant à la dame Heudebor de Beaumont, femme de Robert de Pequigny. Robert Devaux céda le tout à l'abbaïe pour être réuni à perpétuité au prieuré de Joui, ne se réservant qu'une rente de vingt sols, pour garantie des droits seigneuriaux envers la dame de Beaumont, qui confirma cette donation, par une charte datée du mois de mai de la même année 1209.

Dans le dessein que Philippe-Auguste avoit de conserver ses conquêtes sur Jean-sans-Terre, il n'étoit pas seulement nécessaire de mettre des garnisons dans les villes qu'il avoit prises en Normandie, il falloit encore faire garder et même fortifier celles qui avoient volontairement embrassé son parti, de peur que le roy d'Angleterre, profitant de sa négligence, ne les sollicitât de le quitter. Plein de ces idées, il fit proposer aux moines de Jumièges de lui céder le Pont-de-l'Arche, dont le domaine leur appartenoit, pour la baronnie de Conteville[2] près du Pont-Audemer, sans aucun dédommagement de part ni d'autre. La proposition étoit avantageuse et digne d'un grand roy, aussi fut-elle acceptée sans opposition ; mais lorsque Alexandre arriva au Pont-de-l'Arche pour consommer l'affaire, il trouva le roy dans des dispositions bien contraires à ce qu'on lui

---

[1] Hameau de la Croix-Saint-Leuffroy, commune du canton de Gaillon, arrondissement de Louviers (Eure).

[2] Commune du canton de Beuzeville, arrondissement de Pont-Audemer (Eure).

avoit fait espérer. L'échange se fit néanmoins, aux conditions que le patronage de l'église paroissiale du Pont-de-l'Arche demeureroit aux religieux de Jumièges, et qu'en faveur de cet échange, ils seroient exemts à perpétuité de païer aucuns droits pour le passage des vins de leur crû et de toute autre chose à leur usage, s'il arrivoit dans la suite que le roy ou ses successeurs établît ce droit au Pont-de-l'Arche ; mais parce que les revenus qu'ils cédoient au prince n'égaloient pas ceux de Conteville, qu'il leur donnoit en échange, il les chargea d'une rente de quatre-vingt livres payables aux termes de Pâques et de Saint-Michel (*a*). La charte est de l'an 1210, signée du roy et des grands officiers de la couronne, dont la présence étoit alors nécessaire dans les expéditions des lettres patentes.

Vers le même tems, le pape Innocent III donna à l'abbaïe de Jumièges des marques de sa protection, par une bulle qu'il lui accorda, le 4 septembre de la même année, pour lui confirmer la possession des églises de Saint-Valentin de Jumièges, de Saint-André d'Yainville et de Saint-Filbert du Mesnil (*b*). Alexandre l'avoit sollicitée deux ans auparavant, lorsque le chapitre de la Cathédrale de Rouen étoit assemblé pour l'élection d'un archevêque, afin d'obvier par l'autorité du Saint-Siège aux difficultés que le successeur de Gautier de Coutance pourroit faire à l'occasion de ces trois églises,

(*a*) *Preuves.* art. 51.
(*b*) Archives.

qui, comme nous l'avons remarqué, étoient exemtes de déport[1] et soumis immédiatement à la jurisdiction spirituelle de l'abbé de Jumièges. Le péril étoit passé quand la bulle fut apportée, on ne l'attendoit même plus, et on se soucioit peu de la recevoir depuis qu'on avoit vu le nouvel archevêque se dévouer entièrement aux intérêts de l'abbaïe. Il en donna de nouvelles preuves dès le mois de mai de l'année suivante, par la cession qu'il fit aux religieux du patronnage de l'église de la Sainte-Trinité du Mont-de-l'If[2], que Hugues de Torquênes lui avoit remis entre les mains pour en disposer en leur faveur (*a*), comme il paroit par la charte qu'il leur fit expédier un mois après dans l'abbaïe même de Jumièges (*b*). Richard Desvallées et Pierre de Bardouville, imitant son zèle, leur donnèrent aussi dans le même tems une partie de leurs biens à Gonneville, tant en rentes qu'en fonds de terre (*c*). Si ces donations flattoient Alexandre, parce qu'elles étoient faites de son temps, il ne craignoit pas moins que les donateurs ne s'en prévalussent dans la suite et qu'ils n'abusassent de la condescendance des moines pour exiger des séjours dans l'abbaïe, à l'exemple de quelques seigneurs, qui, pour être fils ou héritiers des bienfaiteurs de Jumièges,

---

(*a*) *Cartul.*, c. 395.
(*b*) *Preuves*, art. 32.
(*c*) *Cartul.*, c. 208, 217.

[1] Le déport était le droit que les évêques et les archidiacres avaient dans certains diocèses, et principalement en Normandie, de jouir une année durant des revenus d'une cure vacante par le décès du titulaire.

[2] Seine-Inférieure, arrondissement de Rouen, canton de Pavilly.

prétendoient avoir droit d'y loger tous les ans à la Saint-Pierre, et de s'y faire servir à leur gré chacun dans leur appartement. On ne trouvoit pas à la vérité l'origine de ces redevances, et il semble qu'il eût été facile de les supprimer ; mais elles étoient passées en usage, et les possesseurs les demandoient avec tant de fierté qu'on les croioit presqu'autorisés [1].

Ces ambitieuses prétentions, jointes au tumulte que ces sortes de séjours occasionnoient durant la fête, lassèrent enfin l'abbé. Il résolut de secouer un joug auquel il supposoit, avec assez de vraisemblance, que ses prédécesseurs s'étaient d'eux-mêmes soumis. C'étoit la grande affaire qui l'occupoit alors, et qui le rendoit comme insensible aux avantages temporels que la piété des fidèles procuroit de temps en temps à son monastère. Il informa l'archevêque Robert du dessein qu'il méditoit, et, sur sa réponse, il fit avertir partout qu'il n'admettroit personne à loger dans l'abbaïe le jour de la fête du patron. On ne vit jamais mieux qu'en cette

---

[1] On trouve fréquemment mention au moyen âge de ce droit de gîte. Le seigneur logeait seul ou avec ses gens chez son vassal, à certains jours déterminés. L'obligation d'héberger et de nourrir le seigneur et sa suite, entraînait parfois aussi celle de nourrir ses chevaux. Les abbayes n'étaient pas exemptes de ces redevances, que leurs bienfaiteurs leur imposaient en retour des donations qu'ils leur avaient faites. On comprend le trouble qu'apportaient à ces maisons de solitude et de prières ces chevauchées de séculiers qui venaient y faire séjour. Aussi les voyons-nous réclamer énergiquement contre cet usage, qui n'avait pas tardé à dégénérer en abus. Jumièges, à cause de l'importance de ses domaines, était exposé plus que d'autres aux inconvénients de ces séjours bruyants et dispendieux. L'abbé Alexandre et ses successeurs parvinrent à faire cesser, ou à peu près, ces désordres, comme on le verra par la suite.

rencontre combien la fermeté est nécessaire dans l'occasion. Plusieurs gentilshommes, le voyant résolu de ne point abandonner son projet, s'il n'y étoit forcé, renoncèrent d'eux-mêmes à leurs prétendus droits, ou, pour user de leurs termes, firent remise à l'abbaye de la livraison du pain et du vin, etc., qu'on avoit coutume de leur donner le jour de la fête des apôtres saint Pierre et saint Paul. Nous trouvons jusqu'à sept chartes sur ce sujet datées de la même année 1211 (*a*). Ceux qui ne voulurent pas suivre leur exemple eurent recours à l'archevêque, et lui portèrent leurs plaintes contre Alexandre, l'accusant de témérité et d'ingratitude, mais le prélat, instruit de la fausseté de leurs prérogatives, leur fit assez connoître qu'il n'en pensoit pas comme eux, et qu'ils n'avoient aucun service à attendre de lui dans ces conjonctures. Cependant la feste approchoit, et l'on appréhendoit quelque violence de leur part ; mais ils n'osèrent se présenter. La raison, sans doute, et la religion avoient déjà repris le dessus, et, s'ils n'étoient pas encore déterminés à faire la même démarche que les premiers, ils étoient au moins résolus de ne rien entreprendre avec éclat et d'attendre un tems plus favorable. La Providence fit servir ces délais à avancer l'extinction de leurs chimériques privilèges. Ils en sentirent eux-mêmes la faiblesse et l'injustice, et on les vit, en fort peu d'années, y renoncer par des actes publics et authentiques (*b*).

(*a*) *Cartul.*, c. 306, 307, 316, 317, 318, 319, 322.
(*b*) *Cartul.*, passim.

Alexandre n'eut pas néanmoins la consolation de voir entièrement la fin de cet heureux évènement; ses infirmités commencèrent, dès l'année suivante 1212, à lui faire sentir que ses jeûnes, ses veilles, son application à l'étude et son assiduité à tous les exercices de jour et de nuit avoient tellement épuisé ses forces qu'il ne pouvoit espérer une longue vie. Bientôt après elles le retinrent tout à fait dans une chambre de la nouvelle infirmerie, que l'archevêque Robert avoit fait bâtir à l'endroit où est aujourd'hui le parterre, et l'attachèrent à son fauteuil d'une manière peu douloureuse à la vérité, mais qui ne lui laissoit aucune force pour en sortir. L'archevêque de Rouen le vint voir en cet état, et passa plusieurs jours à conférer avec lui sur diverses matières, en présence du doyen de la cathédrale, de l'archidiacre d'Eu et d'un chanoine du Bourgachard[1] qu'il avoit amenés avec lui. On n'eût point dit à l'entendre parler qu'il fût malade, il fournissoit à la conversation et parloit avec une facilité merveilleuse. Ses réponses, quand on lui demandoit conseil, étoient décisives, mais toujours sensées, toujours justes; le prélat l'écoutoit avec admiration, et se seroit volontiers enfermé avec lui pour recueillir ses instructions et recevoir ses derniers soupirs; mais la solennité de Noël, qui approchoit, l'en empêcha. Il partit de Jumièges le 17 décembre 1212 et arriva le lende-

---

[1] Célèbre prieuré de chanoines réguliers au diocèse d'Évreux. — Cf. Louis Passy, *Notice sur le prieuré de Bourg-Achard.*

main à Déville, où il confirma la donation (a) que Philippe de Longueville avoit faite à l'abbaïe, au mois de septembre précédent, de son fief de Varengeville-les-Deux-Églises (b). Elle en a joui paisiblement jusqu'au 15 février 1620, qu'elle l'aliéna, par contrat passé devant Dussaussei, tabellion à Saint-Georges, à M. Duval de Coupeauville, pour une rente de quatre-vingt-cinq livres.

Nous avons vu que la maladie d'Alexandre l'avoit réduit à ne plus sortir de l'infirmerie, quoique les douleurs dont il était tourmenté ne fussent pas des plus aigües. Il en profita pour instruire sa communauté des devoirs de religion et lui en recommander la pratique. Comme sa tête étoit libre et saine, il assemblait régulièrement ses religieux autour de lui, trois fois la semaine, pour leur faire des conférences ; d'où l'on peut juger des soins qu'il s'étoit donné pour les former à Dieu depuis qu'il étoit chargé de leur conduite. Un des moiens qu'il avoit emploiés, après l'instruction et le bon exemple, étoit l'étude de l'écriture sainte et des pères, dont il nous reste encore quelques manuscrits de son tems. Le dernier est de 1210, la veille de sainte Luce, et contient un traité de la profession monastique, par Guillaume de Poitiers (a); le combat des vices et des vertus, par saint Augustin ; le livre du précepte et de

---

(a) *Cartul.*, p. 503.
(b) *Ibid.*, p. 421, 423.
(a) Manusc., sous la lettre *C*, num.

la dispense, par saint Bernard; un traité de la pénitence, sans nom d'auteur; le poëme de Jadin sur l'état religieux ; un catalogue de tous les évêchés du monde ; et un abrégé de la Bible, en forme de prières, par Thomas de Jumièges, qui avoit recueilli et copié ces différentes pièces, par ordre de son abbé.

Il seroit difficile de marquer au juste quelle fut la durée de la maladie qui conduisit ce respectable supérieur au tombeau. Il est vrai que le nécrologe, dont l'autorité doit être comptée pour quelque chose en ce point, met sa mort au 25 d'octobre 1213, mais un titre également respectable fait mention de son successeur avec la qualité d'abbé dès le mois de mars précédent ; ce qui nous porteroit à croire qu'Alexandre n'étoit plus au monde, si nous ne le voions reparaître comme abbé, et son successeur comme prieur, dans un acte dressé, en leur présence, au mois de mai suivant. Pour concilier ceci, nous supposons, comme rien n'empêche, qu'Alexandre, qui vivoit dans une continuelle et salutaire crainte de la mort, voiant que sa santé devenoit tous les jours plus foible, aura remis sa crosse à la communauté qui lui aura donné un successeur dès son vivant[1] et que, par respect pour lui, celui qui lui fut substitué ne voulut prendre que la qualité de prieur dans l'acte du mois de mai passé à Jumièges, sous les yeux d'Alexandre et presque en son nom. Quant à la

[1] Notre auteur n'est pas seul à admettre l'existence de pro-abbés, ou abbés auxiliaires (voir plus haut, p. 134, note 1); nous en pourrions citer d'autres exemples.

charte du mois de mars, dont il sera parlé ensuite, et dans laquelle son successeur se trouve avec le titre d'abbé, c'est qu'il avoit été député par la communauté, et que l'affaire se passoit hors de Jumièges. Il n'y a rien là qui se contredise, mais il n'y a aussi rien de certain.

GUILLAUME DE RENÇON, QUARANTE-DEUXIÈME ABBÉ

Ce qui demeure constant, c'est qu'après la démission ou la mort d'Alexandre, dont le tombeau se voit encore aujourd'hui dans le chapitre, les religieux nommèrent Guillaume de Rençon pour lui succéder. Il étoit de Rençon même, à une demi-lieue de Saint-Vandrille; mais il préféra le monastère de Jumièges à celui-ci, afin de s'éloigner davantage de sa famille et de pouvoir servir Dieu avec plus de facilité. Il n'y fut pas longtemps sans donner des marques de sa sagesse et du progrès qu'il faisoit dans le chemin de la vertu. C'est ce qui porta Alexandre à lui confier l'administration du prieuré de Saint-Martin-de-Boafle, et à l'établir depuis prieur de Jumièges, où il répondit parfaitement au choix de son abbé. Son caractère étoit la douceur, mais une douceur éclairée, qui n'avoit rien de cette faiblesse qui dégrade l'autorité et qui introduit le désordre. Il gouverna durant vingt-sept ans avec une satisfaction égale de la part des religieux et de quelques uns même de ceux qui sembloient n'attendre que la mort d'Alexandre pour continuer leurs poursuites au sujet de leurs prétendus droits de séjour dans l'abbaïe à certains jours de l'année. Mais cette satisfaction ne fut pas universelle dans le dehors, où il eut souvent des contradictions à essuier.

A peine était-il nommé qu'il fut contraint de faire le voiage de Coutance pour deffendre les intérêts de son monastère contre le doien et les chanoines de Saint-Cande de Rouen, qui lui disputoient la dîme des terres essartées dans la forêt de la Londe, sur la paroisse d'Imfreville, près du Bourgtheroude. L'affaire avoit été portée devant le pape, et il avoit nommé pour juges l'évêque de Coutances et le chantre de son église. Guillaume arriva le premier et pressa ses juges d'examiner ses titres; mais ils le refusèrent, sous prétexte que Jourdan, évêque de Lisieux, à qui étoit le doienné [1] de la collégiale de Saint-Cande, n'étoit pas encore arrivé. Il ne fut pas nécessaire de l'avertir que la politique avoit dicté cette réponse et que l'évêque de Lisieux n'arriveroit point. Il sortit donc de Coutance à l'heure même, et vint trouver l'évêque Jourdain, qui parut si satisfait de cette dé-

---

[1] On sait que l'église Saint-Cande, bien qu'enclavée dans la ville de Rouen, était le chef-lieu d'un doyenné exempt de la juridiction de l'archevêque et dépendant de l'évêché de Lisieux. — Cf. Floquet, *Anecdotes normandes*.

marche qu'il consentit de traiter avec lui et de lui céder à perpétuité les dîmes contestées, à condition que l'abbaye de Jumièges paieroit tous les ans à l'église de Saint-Cande un cierge de deux livres, et que les nouveaux essarts, qui pouroient être faits dans la suite, ne seroient point sensés compris dans le présent accord, qu'ils scellèrent chacun de leur sceau, au mois de mars 1213 (a).

Le dessein de Guillaume n'étoit pas de demander autre chose à l'évêque. Sa mission étoit même remplie au-delà de ses espérances. Mais Jourdain aiant voulu apprendre de sa bouche ce que la renommée publioit de la charité des moines de Jumièges, il fut si touché du détail de leurs aumônes et de la dépense qu'ils faisoient dans la réception des hôtes, que l'abbé, voyant couler ses larmes, en prit occasion de lui demander un règlement pour la portion du desservant de Saint-Michel-de-Croupte, et de la remise du droit épiscopal, que ses prédécesseurs avoient exigé d'eux à chaque mutation. Jourdain l'avait lui-même refusé quelques années auparavant, mais dans des circonstances différentes, et principalement parce qu'il ignoroit la vie austère et cachée des religieux de Jumièges et le bon usage qu'ils faisoient de leurs biens. L'admiration que lui causa le récit de l'abbé ne lui permit pas de persévérer plus longtemps dans son refus. Il le félicita sur le bonheur qu'il avoit de gouverner une si sainte famille, et, pour contribuer en quelque chose à

(a) Archives. — *Cartul.*, c. 231.

l'accroissement de leurs bonnes œuvres, il leur abandonna, par une charte dans laquelle il les comble de louanges et qu'il fit confirmer par le doien et les chanoines de sa cathédrale, tout le droit qu'il avait coutume de prendre sur leurs dîmes de Croupte, et consentit de s'en faire payer à l'avenir sur *l'autelage*, ou portion du desservant, lors de son institution (*a*).

On n'avoit pas compté à Jumièges, quand Guillaume en partit, que son retour dût être aussi prompt. La surprise fut générale en le voiant. Les moines crurent l'affaire de la Londe perdue, mais il les désabusa bientôt, en leur racontant l'extrême facilité qu'il avoit trouvée dans l'évêque de Lisieux, et en leur faisant voir les deux chartes qu'il avoit expédiées en leur faveur. Ils donnèrent mille bénédictions au prélat, et rendirent grâce à Dieu du nouveau bienfait dont il avoit pris plaisir à les combler dans un tems ou il sembloit qu'après les tentatives inutiles qu'ils avoient faites, ils devaient moins espérer que le prélat se laisseroit fléchir. Guillaume reçut aussi leurs exclamations les plus sincères ; mais elles ne furent pas sans quelque mélange d'inquiétude, car, aiant appris à l'heure même que le souverain pontife, auquel il avoit porté les plaintes de la communauté contre Richard d'Yvetot, qui prétendoit unir la dime des Novales et des Essarts de la forêt de Croixmare à la chapelle de Saint-Nicolas, qu'il avoit fait bâtir l'année précédente, avoit chargé l'abbé de la Nouë, le chantre et un chanoine de

(*a*) *Cartul.*, c. 168, 169 et 170.

l'église cathédrale d'Évreux de terminer au plus tôt ce différent, il craignit que la preuve de capacité et de zèle qu'il venoit de donner dans l'affaire d'Infréville et de Croupte avec l'évêque de Lisieux, n'engageât ses frères à le presser de se mettre encore à la tête de celle-cy, et que la régularité ne souffrît de son absence. Dans cette pensée il voulut user de son autorité et faire tomber le choix sur un autre; mais on étoit si persuadé que nul ne la manieroit avec plus d'habileté que lui, que, quelques mesures qu'il eût prises, on ne voulut pas même en délibérer. Ce fut donc une nécessité pour lui de se remettre en route. Il alla trouver le seigneur d'Yvetot; il l'amena au point qu'à l'arrivée des commissaires du pape, on termina le différent par une transaction conforme à la justice de sa cause (a).

Il rentra dans sa solitude au commencement du mois de décembre de l'année 1213, avec le dessein de n'en plus sortir, tant pour sa propre sûreté que pour entretenir, par ses exemples et par ses instructions, l'esprit de pénitence et de recueillement que la décadence des temps n'avoit point encore affoibli dans son monastère. Sa retraite dura près de trois ans, pendant lesquels il ne parla qu'à ses religieux, à l'archevêque de Rouen, qui venoit souvent le visiter, et à Valeran, comte de Meulant, dont on croit qu'il avoit la direction. Il étoit caché pour toute autre compagnie, quelque respectable qu'elle fût. Le prieur et les officiers tenoient sa place et recevoient les étrangers. Mais s'il prit plaisir à se

(a) *Cartul.*, c. 38.

dérober à la vue des hommes, par amour pour son devoir, les plus grands seigneurs de la province mirent leur gloire à faire du bien à son abbaïe en sa seule considération et pour avoir part à ses prières. Le comte Valeran commença par la remise d'un cheval, que les moines de Jumièges étoient obligés de lui donner tous les ans pour le libre passage de leurs vins à Mantes (a). Sa charte est remarquable par les expressions de *très cher père, de Seigneur et d'ami particulier*, qu'il donne à l'abbé Guillaume ; elle est datée de Vatteville-sur-Seine, où il faisoit sa résidence ordinaire, pour être plus à portée de recevoir ses avis. Un autre seigneur de grande piété, nommé Nicolas le Sénéchal, donna à l'abbaïe, en 1216, son fief de Neuvillette, dans la paroisse du Thuit-Simer[1], à condition que les revenus qui en proviendroient seroient emploiés par le chantre à l'entretien des livres du chœur (b). La même année, Thomas d'Iville, dont on a déjà parlé, la gratifia de deux portions de vavassorie à Iville, où elle avoit déjà quelques menues rentes, qui furent cédées à son fils, en 1230, pour son droit de séjour à Jumièges, les veilles de Noël et de Pâques (c).

Ainsi s'étoient passées les trois premières années du gouvernement de l'abbé de Guillaume, lorsqu'en 1216, l'aumônier de l'abbaïe vint lui annoncer que Geoffroi

---

(a) *Cartul.*, c. 5.
(b) Archives. — *Cartul.*, 195.
(c) *Ibid.*, 217.

[1] Canton d'Amfreville, arrondissement de Louviers (Eure).

de Monthiart[1] leur disputoit les deux parts des émoulments du moulin de Launai[2] sur la rivière des Vieux, sous Ecales[3], et prétendoit avoir droit de panage dans les bois de Jumièges. Guillaume ne perdit point de temps. La crainte d'occasionner par sa faute un procès, qu'une sortie de quelques jours pouvait empescher, l'emporta sur l'amour de la retraite, qu'il avoit résolu de ne point quitter. Il partit avec son religieux, et alla trouver Geofroi, qui vint à sa rencontre et se regarda dès lors comme vaincu. On ne laissa pas néanmoins de disputer longtemps, parce que Geofroi voulut couvrir son mauvais procédé de quelque lueur de justice, mais l'abbé le pressa par de si bonnes raisons, qu'il le mit dans l'impossibilité d'y répondre, et le força d'avouer qu'il avoit agi par passion et par avarice. Il étoit prêt d'en passer déclaration ; mais, comme il restoit quelques articles qui pouvoient devenir la matière d'une nouvelle contestation, ils jugèrent à propos, l'un et l'autre, de prendre des arbitres pour les régler et de n'en faire qu'un seul acte. On choisit l'abbé de Saint-Vandrille, Guillaume de Durescu[4], et Gautier de Villers, bailli de Caux[5], qui, après avoir entendu les plus anciens

---

[1] Geoffroy De Monthiart figure parmi les tenant-fief de l'abbé de Jumièges, dans le Registre de Philippe-Auguste.— *Rec. des hist.*, XIII, 615 G.

[2] Désigné plus haut sous le nom de *Moulin de l'Aunoi*, p. 198.

[3] Villers-Écalles, canton de Duclair.

[4] Seigneur du Mesnil-Durescu ; il figure à ce titre au Registre de Philippe-Auguste et dans le pouillé d'Eudes Rigaud. — *Rec. des historiens*, t. XXIII, pp. 615 et 524.

[5] Gautier de Villers était bailli de Caux en 1258 et encore en 1269. —

du lieu, rendirent une sentence où il fut premièrement stipulé que l'abbé et les religieux de Jumièges auroient les deux tiers de la moute de tous grains au moulin de de Launay, et le seigneur de Monthiart un tiers ; 2° que les réparations seroient faites à l'avenir aux dépens de l'abbaïe, mais que Geofroi seroit obligé de faire conduire le bois et les meules depuis le port de Duclair jusqu'au Launai, et de paier en outre un tiers du prix des meules ; 3° que l'aumônier auroit deux jours libres dans la semaine, sçavoir, le dimanche et le jeudi, pour faire moudre les grains destinés au pain des pauvres. Quant au droit de panage, les mêmes arbitres ordonnèrent que le seigneur de Monthiart en jouiroit, en paiant comme les autres (*a*).

On voit, par le troisième article de cette sentence, que les aumônes qu'on distribuoit à Jumièges étoient considérables, puisqu'on occupoit un moulin à eau deux jours de la semaine, pour satisfaire seulement à celles qui se faisoient en pain, ce qui pouvoit monter à quarante-huit ou cinquante boisseaux de grains par semaine, qui produisoient, à la mesure de Duclair, deux,

---

De la Roque, *Hist. généal. de la maison d'Harcourt*, II, 1130 ; *Rec. des historiens*, XXII, passim.

Cette famille fournit, du reste, deux grands baillis du Cotentin. Luc (1248-1252) et Nicolas (1292-1294), et un bailli de Caen, Gautier (1276), le même, peut-être, que le bailli de Caux sus-nommé.— *Mém. de la Soc. des Antiq. de Normandie*, XIX, 77 ; XXV, 129-133 ; XV, 207.

Pierre de Villers et Gautier son frère figurent au Registre des fiefs de Philippe-Auguste pour le fief de Villers-la-Chaussée, relevant de Péronne.— *Rec. des historiens*, XXIII, 647 J.

(*a*) Archives. — *Petit Cartul.*, c. 146 et 152.

trois ou quatre cent livres pesant, dont l'aumônier faisoit la distribution le lundi, le mercredi, le vendredi et le samedi de chaque semaine. Il étoit encore chargé de l'aumône générale du 16 décembre, jour de l'anniversaire du duc Guillaume de Longue-Epée, et cette aumône montoit, année commune, à cent vingt boisseaux de froment (*a*). La suite de cette histoire nous fera connoitre que la charité des moines, bien loin de s'être refroidie en ce point, n'a fait qu'augmenter.

La même année 1316, la persécution fut ouverte contre les religieux du prieuré de Montaterre, dépendant de l'abbaïe. Un gentilhomme, nommé Robert de la Tourette, leur défendit la pêche dans la rivière d'Aquetherre[1], dont ils avoient joui jusqu'alors. L'avantage qu'ils en retiroient surtout depuis l'augmentation de trois religieux en 1208, étoit trop grande pour en souffrir la privation avec patience. Ils poursuivirent leur droit devant le juge du lieu ; on peut dire même qu'ils l'établirent. Mais le juge n'osa prononcer, et il fallut encore que Guillaume fit le voiage de Montaterre. La persécution cessa à son arrivée. Le seigneur de la Tourette l'ala voir au prieuré, et reconnut, en présence de son chapellain et du maire de Pléville, que le droit de pêche appartenoit aux seuls religieux de Jumièges, dans l'enceinte de Saint-Léonard[2] et sur la rivière

---

(*a*) Archives.

[1] Cette rivière a changé de nom ; ce peut être la Nonnette, le Thérin ou le Thérinet, petits affluents de l'Oise.

[2] Commune de l'arrondissement et du canton de Senlis (Oise).

d'Aqueterre, depuis leur moulin de Leuret et la pointe de l'isle Saint-Loup jusqu'au pont de pierre ; l'acte est daté du mois d'octobre 1217 (*a*).

Le pacifique voyageur se flattoit de quelque repos à son retour, et ses espérances étoient d'autant mieux fondées, qu'avant son départ plusieurs seigneurs avoient fait des donations à son monastère, tant à Varengeville qu'à Quillebeuf ; mais la providence ne permit pas que son séjour fût si tranquille ni si long qu'il l'avoit espéré (*b*). Guillaume Leprévot et Geofroi de Hotot l'inquiétèrent au sujet du patronage des églises d'Oisy et de Hotot-l'Auvrai, qu'ils prétendoient leur appartenir. On plaida près de dix mois à l'archevêché de Rouen, et ce fut toujours l'abbé qui parut pour faire face à tout. Geofroi céda le premier (*c*), comme l'on voit par la charte de l'archevêque Robert, en date du 14 juin 1218. G. Leprévôt, n'aiant pas de meilleures raisons pour prouver son droit sur l'église d'Oisy, se fit honneur de l'imiter, et se désista de ses prétentions le 4 septembre suivant (*d*).

On rapporte à cette même année, et au procez dont nous venons de parler, la construction de la chapelle de Saint-Filbert, à Rouen, par l'abbé Guillaume, pour la commodité des religieux de Jumièges, quand leurs affaires les appelleroient à Rouen. Il l'érigea à côté de

---

(*a*) Archives. — *Cartul.*, c. 1.
(*b*) *Cartul.*, 410 et 494.
(*c*) *Ibid.*, c. 344.
(*d*) *Cartul.*, c. 156.

l'hôtel de la poterne, du consentement des religieux de Saint-Lô, curés du territoire, à condition que les bourgeois du quartier continueroient de faire la pâques dans leur église, et que les offrandes leur appartiendroient comme curés, à la réserve des oblations qui pouroient être faites par les locataires de l'hôtel et maisons dépendantes de l'abbaïe. La permission est du mois de mars 1218, et fut confirmée dans le même mois par l'archevêque Robert, et par Hugues Veret, évêque de Coutances, qui n'avoit pas encore abandonné ses droits sur l'église de Saint-Lô, quoiqu'elle n'eût été cédée à l'un de ses prédécesseurs que par manière de refuge dans le tems que les normans ravageoient le Cotentin. Cette chapelle n'a jamais eu aucun titre et ne peut être regardée que comme un oratoire de dévotion, que les religieux de Jumièges ont même abandonné[1] depuis que l'abbaïe de Saint-Ouen leur a été ouverte, par leur commune réunion, à la congrégation de Saint-Maur[2].

Une réflexion, qui ne fait pas peu d'honneur à nos moines, trouve naturellement icy sa place; c'est qu'ils étoient aussi recueillis dans leurs voyages, aussi dévôts, aussi fervents, qu'ils l'étoient en effet dans le cloître au milieu de leurs frères. On ne les voioit dans les maisons séculières que pour les intérêts de la leur;

---

[1] Les dernières traces de cet oratoire et de l'hôtel des religieux ont disparu récemment, par suite des travaux d'agrandissement du musée de Rouen.

[2] Dès le premier chapitre général (1618) pour Jumièges, mais seulement en 1660 pour Saint-Ouen. — L'abbé Sauvage, *L'Ecole de Bonne-Nouvelle*, p, 7.

ils n'y passoient que le tems nécessaire, et jamais celui de l'office divin, qu'ils récitoient dans l'oratoire de Saint-Filbert aux heures de la communauté. La prière, la méditation, la lecture, la célébration des saints mistères avoient aussi leurs heures réglées. Ils ne mangeoient point en ville, et n'invitoient personne à manger avec eux. Leur repas étoit simple et frugal. Deux sols six deniers, valant à peu près, de notre monoie courante, trois livres quinze sols, fournissoient chaque jour à la dépense d'un religieux, d'un domestique et de deux chevaux (*a*). Aussi revenoient-ils le cœur aussi détaché du monde que s'ils ne l'eussent pas vu, et l'esprit aussi uni à Dieu que s'ils eussent passé le tems dans une oraison continuelle.

Une vie si pure et si dégagée des sens les fit recevoir partout où leurs affaires les demandoient, avec des témoignages particuliers d'estime et de vénération. Les juges étoient si prévenus en leur faveur, qu'en quelque tribunal qu'on les appelât, ils étoient sûrs de gagner leur procez, parce qu'on sçavoit que l'équité ne leur permettoit pas d'en soutenir un mal fondé. Leurs adversaires perdirent courage et se lassèrent de les inquiéter, surtout depuis qu'en 1220 l'échiquier fut tenu à Jumièges (*b*). Plusieurs seigneurs leur firent même du bien, en considération de leur piété, soit en leur remettant des droits injustement prétendus ou en les comblant de nouveaux bienfaits. Guillaume de Tourville et

---

(*a*) Archivés.
(*b*) *Gall. Christ.*, t. XI, p. 425.

Richard Desbus, seigneurs de Flancourt, furent du nombre des premiers. L'un renonça, en présence de l'archevêque de Rouen, au patronage de Saint-Martin-de-Tourville ; l'autre fit remise de douze pains, d'un settier de vin, de trois galons de cervoise, d'un mouton, d'une charretée de paille, et des priviléges et immunités qu'il pouvoit avoir et prétendre dans les ports et marchez de Jumièges à cause de la dîme de Flancourt, que ses auteurs avoient donnés à l'abbaïe (*a*). Guillaume de Mouri leur donna, en 1219, son clos et sa grange, proche l'église de Foligni, à condition qu'Alberede, sa belle-mère, en auroit l'usufruit sa vie durante (*b*). Le 3 janvier 1221, Robert III, comte de Dreux et seigneur de Saint-Valeri, ratifia à Fermencourt la transaction de 1158, entre eux et son ayeul, au sujet des partages de Bû-la-Vieville, au diocèse de Chartres, et leur permit de prendre chaque semaine, pendant dix mois de l'année, dans sa forêt de Crotte[1], six charretées de bois mort pour leur chauffage à Bû, et le bois à bâtir autant de fois que leur manoir prioral auroit besoin de réparations ou de réédifications (*c*).

L'exemple d'un si bon père n'empêcha pas le fils

(*a*) Archives.
(*b*) *Cartul.,* c. 192.
(*c*) Archives.

[1] C'est-à-dire la forêt de Dreux ; notre auteur traduit un peu trop littéralement le nom de cette forêt, *foresta Crotensis* (1135) ; on l'appelait plus fréquemment la forêt de *Crotais* ou de *Crotois*, et le *bois de Bu* en faisait partie. — Cf. Lucien Merlet, *Dict. topog. du dép. d'Eure-et-Loir*, v° Dreux.

d'usurper en 1234 une partie des droits de l'abbaïe dans la seigneurerie de Bû. Les religieux s'y étant opposés, et ne pouvant fléchir son opiniâtreté, eurent recours à l'archevêque de Reims, exécuteur testamentaire de Robert III, et en obtinrent une reconnaissance. Dès la même année, le comte parut y acquiescer, et l'on avait tout lieu de croire que les religieux de Bû jouiroient paisiblement de leurs droits ; mais le prélat étant venu à mourir, le comte, prévenu par quelques personnes mal intentionnées, leur disputa de nouveau le droit de justice, et forma tant d'empêchements et de difficultés, que le procès dura jusqu'en 1265, qui fut terminé par une transaction, qui a servi de règle jusqu'à la fin du XVIIe siècle, que M. de Bellebat s'inscrivit en faux contre la première transaction, comme nous l'observerons en son tems (*a*).

Pendant le repos que les ennemis de l'abbaïe donnèrent aux religieux de Jumièges, une femme de grande piété, nommée Dreux de la Vilette, se trouvant sans logement après la mort de son mari, obtint d'eux, en 1221, une place vague au Vieux-Verneuil, pour y en bâtir un à son gré. Leur charité ne fut pas sans récompense. La pieuse veuve, y aiant passé environ 17 ans, voulut reconnoître le service qu'ils lui avoient rendu, et de peur qu'après sa mort ses parents ne prétendissent à la possession d'un bien qui ne leur appartenoit qu'en partie, elle en fit don à l'abbé et aux religieux de Ju-

---

(*a*) Archives

mièges, qui y rentrèrent au mois de novembre de l'année 1238 (*a*). En 1222 ils firent quelques donations aux prémontrés de Silly, que l'évêque Gervais leur avoit recommandés (*b*). On voit encore, dans un acte de l'année précédente, qu'ils inféodèrent leurs eaux de Longueville, qui sont de la même étendue que la seigneurerie, à un Odon de Giverny, qui s'obligea de les tenir féodalement, moiennant cinquante sols de rente, et à condition de ne vendre, ni engager, ni donner le droit de pêche, en tout ou en partie, qu'à ses enfants ou aux religieux, auxquels il est en effet revenu, sans que nous sachions ni le temps ni la manière.

Deux ans après l'inféodation des eaux de Longueville, Roger de Salmonville, abbé de Saint-Evroult, fit une association de prières avec eux. Il y en avoit eu une du tems du bienheureux Thierri de Matonville, religieux de Jumièges et restaurateur de la discipline monastique dans l'abbaïe de Saint-Evroult ; mais les religieux de Jumièges rejetèrent cette société comme indigne d'eux, depuis qu'en 1057 l'indocilité de quelques moines de Saint Evroult força le saint abbé à se démetre de sa charge et à faire le voiage d'outremer, où il mourut l'année suivante [1]. On remarque l'estime que Roger faisoit de la communauté de Jumièges, par la dénomination de *sainte communauté* qu'il lui donne en sa lettre, où, après avoir attribué à ses péchez et

---

(*a*) Archives.
(*b*) *Cartul. de S^t ly.*
[1] Voir plus haut, pp. 162 et 172.

à ceux de ses frères l'infraction du premier traité, il prie l'abbé Guillaume d'agréer celui qu'il lui envoie au nom de sa communauté, dans la forme suivante (a): « Les
« religieux de Jumièges seront reçus à Saint-Evroult
« et traités en toutes choses comme ceux de la mai-
« son. Ils auront voix au chapitre, conserveront leur
« rang de profession et célébreront la messe conven-
« tuelle à leur tour, quand ils seront envoiés par l'abbé.
« Celui qui viendra sans obédience, s'il est à cheval,
« sera reçu comme dessus ; il ne sera point admis au
« chapitre qu'on n'ait sçu auparavant le sujet de sa
« disgrâce ; mais il aura la liberté de rester dans la
« communauté jusqu'à ce que, par sa médiation, il
« soit rentré en grâce avec son abbé et avec ses frères.
« L'abbé de Jumièges viendra tous les ans, ou au
« moins une fois en deux ans, faire la visite de Saint
« Evroult, et après s'être informé de l'état présent des
« religieux, il pourra ordonner et corriger ce que la
« prudence lui suggèrera pour l'avantage du chef et
« des membres, qui s'obligent à le recevoir solennel-
« lement et en corps la première fois qu'il les visitera,
« lui et ses successeurs, pourvu qu'ils soient bénis ».
Roger ne demandoit pour tout cela que le renouvellement de la première association, dans laquelle il étoit marqué qu'un religieux de l'une ou l'autre communauté étant décédé, on diroit pour lui l'office des morts, avec une messe solennelle, et qu'on donneroit pendant un

---

(a) Archives.

mois une portion de religieux aux pauvres. Mais l'abbé Guillaume ne voulut point y entendre, et cette société n'eut lieu que près de soixante ans après.

Un gentilhomme, que nous ne connoissons que sous le nom de Martin, fils de Gautier, fit remise, cette même année, à l'abbaïe de Jumièges, d'un service de cheval, auquel les religieux de Boafle étoient tenus envers lui, à chaque mutation de prieur (*a*) ; il la fit à la sollicitation de l'abbé, qui lui céda un quartier de vigne en dédommagement, avec un pré dans la paroisse de Boafle, près de sa maison. L'année suivante, Raoul du Ménil-Vacé confirma à l'abbaïe la possession des dimes sur son fief, dans la paroisse de Saint-Paërt (*b*). Ce pourroit bien être le fief du Menil-Varin, qui se seroit insensiblement formé de celui du Mesnil-Vacé. Il lui donna le même droit dans toute l'étendue des trois autres fiefs, Montfort, Camelland et Alagaiteor ; mais ces fiefs nous sont inconnus (*c*). Guillaume Lordel lui donna aussi une terre à Saint-Vast de Dieppedale, et Emmeline Gastinel au Vieux-Verneuil.

Roger Torel, seigneur de la Bucaille, fit, cette année 1224, une entreprise contre l'abbaïe, qui auroit été une matière de procez, si l'abbé Guillaume n'avoit mieux aimé prendre la voie d'accommodement. Nous avons déjà remarqué que le pape Alexandre III avoit confirmé à l'abbaïe, en 1163, la jouissance de la chapelle de

(*a*) Archives.
(*b*) *Ibid.*
(*c*) *Ibid.*

Saint-Nicolas, au hameau de la Bucaille[1], pour être desservie en toute honneur et profit par les religieux de Jumièges, qui l'avoient fait bâtir pour la commodité d'une partie des habitants de Guisiniers. Les religieux étoient donc libres de n'y dire la messe que quand il leur plaisoit. Cependant Roger Torel, qui faisait sa résidence ordinaire à la Bucaille, et qui se considérait comme bienfaiteur de l'abbaïe, parce qu'il lui avoit donné environ vingt acres de terre avec le bois Rochard et quelques rentes en argent, les voulut astreindre à célébrer tous les jours, ou à lui abandonner la chapelle pour être unie à son fief. Sur leur refus, il nomma un chapelain. Ses religieux s'en plaignirent amèrement à l'archevêque, et firent d'abord quelques poursuites, mais l'oncle de Roger, qui étoit religieux de Jumièges, s'emploia avec tant de zèle auprès de l'abbé et de son neveu, que toute la procédure fut arrêtée et le chapelain remercié (a). On convint ensuite à l'amiable que les religieux de Jumièges, qui demeureraient à Guisiniers pour la régie de leurs biens, diroient la messe dans la chapelle de la Bucaille, alternativement avec le curé, le dimanche, le mercredi et le vendredi de chaque semaine, à une heure convenable, excepté les jours de Noël, Pâques, Pentecôte et les fêtes de S. Pierre, de la Dédicace, de l'église

(a) Archives.

[1] Hameau de Guisiniers; c'était jadis un fief relevant de Château-Gaillard. — *Dict. topog. de l'Eure*, v° BUCAILLE.

de Jumièges et de Tous les Saints ; que les religieux fourniroient le livre pour la messe, et le seigneur de la Bucaille le calice avec les ornements nécessaires, sans autres revenus ou autres rétributions, pour le curé ou les religieux, que les oblations par moitié. Quant aux habitants du hameau, ils sont déclarés paroissiens de Guisiniers, et, en cette qualité, obligés d'y faire à la vie et à la mort les devoirs de paroissien. L'acte est daté de Jumièges, le 23 novembre 1224.

Peu de temps après, les religieux de Jumièges eurent une contestation avec ceux de Marmoutier, touchant la dîme des novalles [1] de la forêt du Routoir, située dans leur censive, entre Dammarie et Belesme. N'aiant pu convenir entre eux, ils firent un compromis. L'affaire fut abandonnée, sous peine de 10 marcs d'amende pour les contrevenants, à la décision de Garin, abbé de Josaphat [2] et de Royer, doien de l'église collégiale de Saint-Maurice de Chartres, qui ordonnèrent, au mois de décembre 1226, sous la même peine, qu'à l'avenir les dimes du Routoir seroient partagées également (a). Ils n'auroient pas jugé de la sorte, dans l'incertitude où ils déclarent eux-mêmes qu'ils étoient du droit des parties, si le pape Honorius III avoit répondu plus tôt à la demande de l'abbé Guillaume au sujet des novales, dans les lieux où l'abbaïe était en possession

(a) Archives.

[1] On appelait ainsi les terres nouvellement défrichées et labourées' qu'on avait mises en valeur et semées.

[2] Abbaye bénédictine, à une lieue de Chartres, fondée en 1117.

de percevoir la dime. Le pape les lui adjugeoit sans contredit, mais parce que la sentence arbitrale étoit déjà rendue, la réponse du pape demeura sans effet. Elle est du 22 décembre 1226, l'onzième année du pontificat d'Honorius (a).

A quelques tems de là, le pape donna aux religieux de Jumièges de nouvelles marques de sa protection, par une bulle qu'il leur accorda, le 10 de février 1227, contre ceux qui prétendoient avoir droit de procuration[1] ou de gîte dans l'abbaïe et dans les terres qui en dépendoient. Cette bulle est la dernière qu'ils obtinrent d'Honorius. Il mourut le 18 mars de la même année, après avoir tenu le Saint-Siège dix ans huit mois. Le même jour, fut élu le cardinal Hugolin, évêque d'Ostie[2]. Il prit le nom de Grégoire IX et ne les honora pas moins de sa bienveillance que n'avoit fait son prédécesseur. Il leur en donna des preuves autentiques, dès la première année de son pontificat, par deux brefs datés de Rome, le 14 may 1227, pour les maintenir dans le privilége de ne paier aucunes pensions, conformément aux décrets du concile de Latran, ni dimes de leurs jardins et bestiaux dans les métairies de leur dépendance (b).

(a) Archives.
(b) Archives.

[1] Le droit de *procuration* permettait de prendre repas. C'est une extension du droit de gîte.

[2] C'est le 19 mars que les cardinaux s'assemblèrent pour l'élection du successeur d'Honorius III. Leur choix tomba d'abord sur Conrad, cardinal-évêque de Porto ; mais, sur son refus persévérant, ils élurent le cardinal Hugolin, qui fut couronné le 21 mars.

Une protection si marquée acheva de rabattre la fierté de quelques gentilshommes, qu'on n'avoit encore pu résoudre à renoncer à leur prétendu droit de procuration dans l'abbaïe, à la fête de Saint Pierre. Hugues Poignant fut le premier qui se désista, et son exemple attira tous les autres. Telle fut la fin des droits de gîte dans l'abbaïe de Jumièges, dont la bizarerie avoit souvent causé bien du chagrin à l'abbé Guillaume et à ses prédécesseurs.

La bulle de Grégoire IX pour l'exemption des pensions n'eut pas sitôt son effet. Le pape même se relâcha en faveur d'un ecclésiastique de Saint-André de Rome, et lui fit donner une pension de vingt-cinq marcs d'argent sur la cure de Winterbernestoche, en Angleterre, dépendante de l'abbaïe de Jumièges, à cause du prieuré d'Helling. Grand nombre de clercs, à son exemple, eurent recours au Saint-Siège pour se maintenir dans les bénéfices dont le pape Honorius les avoit pourvus, et, ne pouvant réussir, ni à s'y conserver, ni à obtenir des pensions, il cherchèrent à s'en venger en disputant le patronage de ces bénéfices à l'abbé et aux religieux de Jumièges, qu'ils se promettoient de fatiguer par la longueur des voiages et les dépenses excessives qu'ils leur faisoient faire en les traduisant dans les tribunaux les plus éloignés ; en effet, l'abbé Guillaume se lassa de ces difficultés, mais, sans abandonner les droits de son abbaïe, il recourut au pape et en obtint une bulle par laquelle le Saint-Père défendoit à tous clercs et laïques, nonobstant toutes lettres apostoliques, d'assigner les religieux de Jumièges à plus de deux *dietes* [1] ou journées de leur monastère (*a*). La bulle est datée de Rieti, le 6 des Calendes de mars, la 5ᵉ année de son pontificat, c'est-à-dire le 24 de février 1232.

L'an 1233. — L'année suivante, l'archevêque de Nicée vint en Normandie et fit quelque séjour dans l'abbaïe de Jumièges, où il fut reçu avec beaucoup d'honneur. Il officia pontificalement le dimanche de la quinquagésime, 5ᵉ jour de mars, et bénit une cloche, à laquelle il donna le nom de Marie (*b*). Cependant Guillaume de Rençon ne pensait plus qu'à achever sa course en paix, depuis que la tranquilité lui avoit été rendue par la dernière bulle de Grégoire IX ; mais, dès le mois de juin de la même année 1233, le curé de Croixmare lui suscita un procèz à l'archevêché de Rouen, pour la dime du lin, du chanvre et des fèves, qu'il prétendoit lui appartenir à droit de clocher. On plaida l'affaire pendant plusieurs audiences, et l'archevêque la termina, au mois de décembre suivant, à la satisfaction de l'abbé et des religieux.

Presqu'en même temps, le comte de Dreux, sans avoir égard à la transaction de 1158, renouvelée et ratifiée par son père en 1221, entra sur les terres du prieuré du Bû, et ravagea tout le païs pour forcer les

(*a*) Archives.
(*b*) *Cartul.*, c. 538.

[1] *Diète*, dans le style de la chancellerie romaine, signifie le chemin qu'on peut faire en un jour, c'est-à-dire dix lieues. (Diœta.)

moines d'en sortir. A cette nouvelle, Guillaume se rendit auprès de lui pour accomoder tous les differends qui pouroient être entre eux au sujet de cette seigneurie ; mais, n'aiant pu en venir à bout, il reprit la route de Jumièges, bien résolu de renoncer au soin des affaires temporelles et d'élire un procureur *ad lites*, sous prétexte que son grand âge ne lui permettoit plus d'en faire les fonctions. Il tint une assemblée de toute la communauté pour lui faire part de son dessein, et se plaignit avec douceur de n'avoir pu trouver personne jusques là qui voulût partager avec lui le poids d'une multitude d'affaires dont il étoit accablé depuis son entrée dans le gouvernement. Il remit ensuite la procuration qu'on lui avoit donnée, et voulut en même temps procéder à l'élection d'un nouveau procureur ; mais ses remontrances, comme ses plaintes, furent inutiles; on lui représenta qu'on avait besoin qu'il agît en personne, et on le pria avec tant d'instances, qu'il ne put s'y refuser. Un second voyage qu'il fit à Dreux, l'an 1234, procura la paix à ses religieux de Bû par la médiation de l'archevêque de Reims, dont la mort leur occasionna bientôt après de nouveaux troubles, ainsi que nous l'avons remarqué et que nous l'observerons encore dans la suite.

Cependant les religieux de Jumièges, voyant que leur abbé vieillissoit, l'obligèrent de prendre un domestique de plus pour l'accompagner dans ses voiages et pour coucher dans sa chambre. Plusieurs jeunes gens du petit peuple vinrent lui offrir leurs services ; mais

Guillaume voulut avoir un homme de compagnie avec lequel il pût manger lorsqu'il seroit seul, et qui lui fît honneur dans l'occasion. C'est ce qu'il nous fait lui-même entrevoir dans l'accord qu'il fit, au mois de mai de l'année 1235, avec un des plus apparents de Jumièges, qu'il fit son écuier, dignité qui avoit alors beaucoup de rapport avec celle de maréchal des logis dans une compagnie réglée, comme il est aisé d'en juger par le pouvoir qu'on lui donne de faire seul, en temps de guerre, la levée des soldats que l'abbaïe devoit au roy pour la presqu'isle de Jumièges et les fiefs de sa dépendance (*a*). Mais ce qui prouve mieux la conformité de sa charge avec celle de maréchal des logis, c'est l'obligation même où il étoit de former aux exercices militaires les nouveaux soldats qu'il enrôloit, et d'apprendre aux vassaux des trois paroisses de Jumièges, d'Yainville et du Mesnil, à monter à cheval et à combattre à pied, de les conduire à l'armée, et de fournir à leur dépense pendant les quarante jours que duroit le service en tems de paix; il résidoit dans la péninsule et n'en pouvoit sortir sans permission de l'abbé; il devoit le servir à table, quand il donnoit à manger à un comte, à un archevêque ou à un évêque, mais il mangeoit avec lui dans les voiages. Si l'abbé avoit un présent à faire au roy ou à quelque seigneur de la première distinction, il l'envoioit par son écuier, qu'on nomme aussi maréchal, et celui-cy mettoit son

---

(*a*) Archives.

fils à sa place pour veiller sur l'écurie et faire distribuer le foin et l'avoine. Il étoit entretenu dans l'abbaïe et nouri comme les religieux ; mais, dans les jours de Noël, de Carnaval, de Pâques et de Saint-Pierre, on faisoit acheter de la viande pour lui et son domestique ce qui prouve que la communauté faisoit encore maigre toute l'année. On lui donnoit d'appointements cinq mines de bled et quarante-deux deniers d'argent, avec le profit des vieux équipages, le panage pour ses porcs dans les bois de Jumièges, et le droit de franchise dans tous les ports, marchez et foires de l'abbaïe.

Les bons offices et les secours empressés que les religieux de Jumièges recevoient continuellement du nouvel écuier lui firent une si grande réputation parmi eux, qu'ils lui confièrent bientôt tout le soin de leur maison, sous la conduite du chapellain de l'abbé; et avec raison, car on ne vit jamais les affaires expédiées avec plus de célérité que quand il s'en mêla. L'abbaïe lui est redevable de plusieurs retraits et cessions de biens aliénés ou usurpés, et même de quelques donations qui lui furent faites, à sa recommandation, dans les paroisses de Duclair, de Saint-Etienne-sous-Bailleul, de Saint-Paër et autres lieux (*a*). Il obligea Guillaume de la Houssaïe à renoncer, en faveur des religieux, au droit de heurtage, qu'il prétendoit sur les bateaux, chargés ou vuides, depuis Iville jusqu'au port de Jumièges (*b*). Il tira de Pierre de Briône,

(*a*) Archives.
(*b*) *Ibid.*

seigneur du Lendin, une déclaration comme il n'avoit aucun droit de quai sur la rivière, et fit détruire celui qu'il y avoit bâti au-dessous de son chateau; ce qui servit beaucoup au procez de 1687 contre la dame Angélique Fabert, marquise de la Mailleraïe, et épouse non commune en biens de Messire François d'Harcourt, marquis de Beuvron, qui soutenoit avoir une extension de fief dans Jumièges au hameau de Heurteauville. Mais rien ne prouve mieux son intelligence et son habileté dans les affaires temporelles, que le silence de touts les titres de l'abbaïe sur l'abbé Guillaume, durant l'espace de cinq ans qui lui restèrent encore à vivre depuis qu'il l'eût choisi pour son écuier. Il falloit qu'il s'en rapportât bien à lui pour être demeuré tout ce temps dans l'inaction, si ce n'est qu'en 1238 il obtint du pape Grégoire IX une bulle de confirmation de tous les biens de l'abbaïe et la protection du Saint-Siége pour son monastère; il y termina heureusement ses jours le 6 mai 1239, et fut enterré dans la partie supérieure du chapitre, au-dessous de la chaire abbatiale.

Guillaume fut sans contredit un des plus grands supérieurs qui eût gouverné l'abbaïe de Jumièges depuis S. Gontard, et ce n'est point porter trop loin son éloge que de dire qu'il fut aussi grand serviteur de Dieu qu'il nous a paru zélé pour les intérêts de sa maison. Fidèle observateur de la règle, il jeunoit en compagnie avec la même rigueur que dans le cloitre; il ne portoit pas de linge, et ne voulut jamais permettre à ses religieux d'en porter ; quoique sa manse fut séparée, il n'en touchoit point le revenu, et, chaque fois qu'il sortoit, il demandoit de l'argent au cellerier. Dans la maison, il s'appliquait à la prière et à la lecture, sans jamais se dispenser des divins offices, auxquels il assistoit avec une modestie et une attention que rien ne pouvoit distraire. Les jours de fêtes et de dimanches, ce qui lui restoit de temps après les offices, il l'emploioit à faire de pieuses exhortations à ses religieux, sur le mistère du jour ou sur les vertus du saint dont on faisoit la fête ; et, ces jours-là, jamais il ne recevoit de visites, de quelque qualité que fussent les hôtes qui survenoient dans le cours de la semaine ; il ne souffroit point qu'on servît gras à sa table, quoiqu'elle fût alors séparée de la communauté. Il évitoit dans les repas les folles dépenses, autant qu'il pouvoit, se contentant de faire servir honêtement et proprement. Il mourut agé d'environ soixante-quinze ans, dont il en avoit passé huit au prieuré de Saint-Martin-de Boafle, dix dans la charge de grand-prieur de Jumièges, et près de vingt-sept dans les fonctions d'abbé (a).

GUILLAUME DE COURDIEU, QUARANTE-TROISIÈME ABBÉ

Pour lui succéder, on élut Guillaume de Courdieu, moine du Bec et abbé de Saint-Taurin d'Evreux. Nous

(a) *Cartul.*, c. 66.

n'avons aucune connoissance du temps de son élection, et nous ne nous persuadons pas aisément qu'elle ait précédé le mois de juillet, vu l'omission de son nom dans un contrat d'acquisition, faite dans le même mois par les religieux de Jumièges sur Jean de la Londe (a), d'une maison, masure, jardin et vigne à Saint-Pierre-d'Autez ; ou Guillaume ne prit pas aussitôt possession qu'il fut élu. Nous ne nous persuadons pas plus aisément qu'elle doive être reculée jusqu'en 1240, vu la remise qui lui fut faite, par Guillaume le Tailland et sa femme, au mois de novembre 1239, de vingt sols de rente et d'un demi-muid de vin blanc, sur les vignes de l'abbaïe à Metreville (b). Quoi qu'il en soit, dix mois après cette remise, l'abbé Guillaume aiant été à Rouen pour faire sa profession d'obéissance à l'archevêque, Pierre de Colmieux se plaignit au prélat que son archidiacre eût entrepris de faire la visite des églises de Saint-Valentin-de-Jumièges, de Saint-André-d'Yainville et de Saint-Filbert-du-Mesnil, et exigé des curés un droit de procuration dont ils avoient toujours été exempts, suivant l'ancienne liberté de l'abbaïe et la coutume observée jusqu'alors. Il soutint avec force que ces trois églises et leurs pasteurs, après Dieu, n'avoient d'autres supérieurs que l'abbé de Jumièges (c), le pape, ou l'archevêque, en certains cas ou par commission du souverain pontife. Mais ces remontrances,

(a) *Cartul.*, c. 33.
(b) *Ibid.*, c. 34.
(c) Archives de l'archevêché de Rouen.

quelque raisonnables qu'elles fussent, n'eurent aucun effet. L'archevêque prit la défense de son archidiacre et de ses propres droits, qu'il crut lézés par ces sortes d'exemptions. Il cita néanmoins l'archidiacre devant lui, et, pour donner quelque satisfaction à l'abbé, il déclara, par une sentence du mois de septembre 1240, que les curés de Jumièges, d'Yainville et du Mesnil seroient exemts à l'avenir du droit de gîte prétendu par l'archidiacre, mais que Jumièges lui paieroit vingt sols, Yainville douze et le Mesnil huit par chaque visite (a). Nous ne voyons pas qu'il y ait eu appel de cette sentence, ni que les religieux se soient mis en peine de maintenir plus longtemps leur exemption, à laquelle ils avoient eux-mêmes donné atteinte, dès l'année 1232, en se soumettant à l'interdit que l'archevêque Maurice avoit mis sur toutes les églises de son diocèse, pour avoir main levée de la saisie que le roy avoit fait faire des domaines de son archevêché[1]. Ainsi les curés de Jumièges, d'Yainville et du Mesnil sont demeurés, comme les autres, soumis à l'autorité immédiate, à la visite et à la correction de l'archevêque ou

(a) Archives de Jumièges.

[1] L'origine de ce conflit entre le pouvoir royal et l'archevêque de Rouen remonte à 1227. La reine Blanche de Castille, alors régente du royaume, avait confisqué le temporel de Thibaut, archevêque de Rouen, à cause des droits féodaux que Thibaut prétendait exercer au Vaudreuil. Thibaut répondit à l'acte de la régente en jetant l'interdit sur tout son diocèse. Thibaut mourut deux ans après, et Maurice, qui lui succéda, continua la lutte engagée par son prédécesseur. Cette fatale dissension prit terme en 1235, à l'époque où Louis IX, arrivé à sa majorité, prit en mains les rênes du gouvernement.

de ses vicaires généraux, avec cette différence qu'ils ne païent point le déport.

En Angleterre, les moines du prieuré d'Helling, dépendant de l'abbaïe de Jumièges, portèrent aussi leurs plaintes à Gosselin, évêque de Bath-sur-l'Avon, dans le comté de Sommerset, contre un clerc romain que le pape avoit pourvu de la cure de Cheutone, et qui prétendoit en cette qualité que les dimes de la paroisse lui appartenoient en totalité, au préjudice des patrons. L'évêque, qui n'aimoit pas les prêtres romains, parce qu'il y en avoit trop dans le royaume et que, n'entendant point la langue du païs, le soin des âmes et la prédication étoient négligés, écouta favorablement les moines, et leur accorda la totalité des dimes (*a*), à condition qu'ils paieroient une pension honnête au desservant, et qu'ils feroient ratifier cette clause par l'abbé et les religieux de Jumièges (*b*), ce qui fut exécuté, le 1ᵉʳ jour de mars 1241, par l'abbé Guillaume et toute la communauté, sous l'obligation de tous les biens qu'ils possédoient en Angleterre. Mais, douze ans après, l'évêque de Bath, voyant que la cure étoit desservie par un anglais, dérogea à ce règlement, et lui adjugea un tiers des dimes.

L'année suivante, 1242, le premier jour de mai, Guillaume profita de la bonne volonté de Gautier, curé de Guisiniers, pour annuler la transaction de 1224, entre eux et Roger Torel, au sujet des oblations

(*a*) Archives.
(*b*) Archives.

de la chapelle de Saint-Nicolas de la Bucaille, qu'ils partageoient par moitié. Il est porté dans l'acte que Gautier n'y pourra rien prétendre à l'avenir, et que l'abandon qu'il en fait à l'abbé et aux religieux de Jumièges ne préjudiciera point à leurs droits sur les offrandes des fidèles dans sa propre église (*a*). Il n'eut pas si bon marchez de Henri de Poissi, qui lui avoit intenté procez à l'échiquier de Normandie, de concert avec Geofroi de Monthiart, pour quelques usages dans les bois de Crenne, entre Joui et la Ronce [1], où ils prétendoient avoir la liberté d'abbatre le bois sec et de prendre tous les arbres dont ils pouvoient avoir besoin pour bâtir. Ils furent l'un et l'autre condamnés à l'échiquier du 26 mars 1242 ; mais Geofroi de Monthiart fut le seul qui se soumit à la décision des assises (*b*). Il fallut se résoudre, pour le bien de la paix, à donner 40 livres à Henri de Poissi, par forme de rachat de son prétendu droit, auquel il renonça le 12 mai suivant, en présence du bailli de Rouen et de Geoffroi [2] et Thibauld de la Chapelle (*c*). Ce ne fut pas le dernier différend que Guillaume fut obligé d'avoir au sujet de ces bois. Nicolas de Hotot lui en disputa la propriété dans le même temps, et prétendit y rentrer au droit de sa femme ; mais, aïant examiné les chartes de donation

---

(*a*) Archives.
(*b*) *Cartul.*, c. 524.
(*c*) *Ibid.*, c. 531.

[1] Hameau et fief situés à Fontaine-sous-Jouy, commune du canton d'Évreux-Sud.

[2] Geoffroy de la Chapelle, bailli de Caux dès 1227 et encore en 1234.

de Robert Desvaux et de Heudebon de Beaumont, il promit de se désister, moïennant une somme de cent livres, monnaie de Tours, qu'on paia, dès le mois de juillet, pour avoir le consentement de ses héritiers (a).

A peu près dans le même tems, Guillaume eut à combattre l'indocilité des habitans de La Mare[1] et de Quillebeuf, qui refusoient de lui donner l'esturgeon et autre poisson royal qu'ils prenoient dans la rivière de Seine[2], parce qu'il les avoit privés de leurs usages dans les bois de Trouville-la-Haulle[3], dont ils vouloient jouir sans paier aucun droit. Il ne leur opposa que la patience et quelques personnes de piété pour les exhorter à lui faire satisfaction; mais sa douceur ne servit qu'à la regarder comme une marque de faiblesse, et, persuadés qu'il se défioit de sa cause, ils osèrent le citer aux assises prochaines, pour s'y voir condamner à les rétablir dans leurs droits et à renoncer publiquement à celui dont ils avoient déjà commencé à le dépouiller. Les choses amenées à ce point, Guillaume se sçut gré de sa

---

(a) *Cartul.*, c. 107.

[1] Hameau de Sainte-Opportune, près Vieux-Port, où il y avait jadis un fief et un petit lac. — De Blosseville, *Dict. topog. du dép. de l'Eure*.

[2] De Beaurepaire, *De la Vicomté de l'Eau*, p. 169 et suiv.

[3] Commune du canton de Quillebeuf, arrondissement de Pont-Audemer (Eure).

C'était le chef-lieu d'une vaste baronnie appartenant aux moines de Jumièges et s'étendant sur Quillebeuf, Saint-Aubin et Vieux-Port, avec tous droits seigneuriaux sur la rivière de Seine *jusqu'au fil de l'eau*, c'est-à-dire sur la moitié de sa largeur, depuis la Croix-de-la-Devise jusqu'au Val-des-Essarts, entre le Marais-Vernier et Saint-Aubin-sur-Quillebeuf.

modération, qui lui assuroit la victoire sans aigrir ces mutins, qui ne pourroient s'en prendre qu'à eux de leur condamnation. Les assises se tinrent au Pont-Audemer, le lendemain de la Pentecôte 1244. Vingt-six juges s'y trouvèrent avec le bailli de Rouen. Les titres de l'abbaïe furent lus dans l'assemblée et l'on demanda aux habitans de La Mare et de Quillebeuf ce qu'ils avoient à y répondre : mais cette lecture les avoit tellement surpris, que, ne pouvant rien y opposer, ils aimèrent mieux passer condamnation et promettre d'obéir (*a*). Nous verrons bientôt qu'ils ne se souvinrent pas longtemps de leurs promesses.

Depuis l'échange du Pont-de-l'Arche pour la seigneurie de Conteville, avec Philippe-Auguste, les religieux de Jumièges avoient acheté de Thomas Dubuisson un manoir et quelques terres à leur bienséance (*b*). Ces biens étoient situés dans l'étendue de leur seigneurie et en relevoient ; mais, comme ils n'avoient point fait confirmer cet échange après la mort du roy Philippe, les receveurs du Domaine les inquiétèrent pour le treizième de ces nouveaux acquets. Quoique cette formalité ne parût pas nécessaire, l'abbé, qu'une longue expérience dans les affaires rendoit plus clairvoyant, ne crut pas devoir la négliger. Le séjour de S. Louis à Evreux lui parut une occasion favorable ; il se rendit auprès de lui, et, dès la première audience que le saint Roi lui accorda, il en obtint la confirmation qu'il demandoit

(*a*) *Cartul.*, c. 541.
(*b*) *Cartul.*, c. 252.

et l'envoia promptement à Jumièges pour être signifiée aux receveurs du Domaine, avec ordre de la part de Sa Majesté de cesser toute poursuite (*a*). Cecyse passa au mois de juillet de l'an 1246.

Guillaume profita en bon pasteur de la nécessité dans laquelle on l'avoit mis de sortir de son monastère, pour visiter les prieurés de sa dépendance, comme il avoit fait, trois ans auparavant, à l'occasion du voiage de Montivilliers, où il avoit été délégué avec Odon, abbé de Saint-Denis (*b*), pour y mettre la réforme. Il commença le cours de ses visites par les prieurés de Bu, de Boafle, de Genesville, de Longueville et de Joui, prêchant partout l'exacte observance de la règle et la fuite des séculiers ; ce qui fait raisonnablement conjecturer que, dans l'abbaïe même, il se consacroit volontiers à cette partie de son ministère, comme la plus propre à entretenir l'esprit de piété dans les plus zélés et à exciter la ferveur dans les plus lâches. Il fit ensuite la visite de Montaterre, de Dammarie, d'où il partit au mois de novembre de la même année 1246, pour se rendre à Croupte, au diocèse de Lisieux. On trouve au moins qu'il y étoit en ce tems là, et on le démontre par la cession qu'il y fit à Pierre Prevot de dix-huit charretées de bois tous les ans dans la forêt du prieuré. Nous n'avons aucune connoissance plus particulière des actions de sa vie. Nous sçavons seulement qu'étant de

---

(*a*) Archives. — *Cartul.*, c. 257.
(*b*) *Gall. christ.*, t. XI, p. 196 et 283.

retour à Jumièges, il écrivit à Lyon au pape Innocent IV, pour le prier de nommer des commissaires devant lesquels il pût poursuivre le retrait de plusieurs fiefs, terres et manoirs aliénés de son abbaïe, tant par lui que par ses prédécesseurs, pour cause de subventions. Ce qu'il faut entendre, non-seulement de la taxe imposée sur le clergé séculier et régulier pour le voiage de la Terre Sainte, auquel S. Louis étoit résolu, mais aussi des levées de deniers faites par les papes et les ducs de Normandie à la fin du siècle précédent. Innocent IV répondit à sa requête par une bulle du 20 avril 1247, adressée aux abbés de Saint-Taurin d'Evreux et de Notre-Dame d'Ivri (a); mais l'abbé Guillaume étant mort le 7 de novembre suivant, la commission demeura sans effet.

GUILLAUME DE FORS, QUARANTE-QUATRIÈME ABBÉ

La grande affaire des religieux fut alors, non d'intenter des procez pour rentrer dans leurs biens, mais de se donner un chef pacifique et éclairé dans les voies du Seigneur, pour les y conduire eux-mêmes, selon leurs engagements et le désir sincère qu'ils avoient de les remplir. Ils agirent sur ce plan et élurent celui de leurs confrères qui leur parut avoir plus d'éloigne-

(a) Archives.

ment pour les affaires contentieuses, plus de douceur et de lumières pour gagner les cœurs, et plus de vertu pour en exiger la pratique. Cet homme selon leur cœur fut Guillaume de Fors, de la ville de Rouën, qui avoit exercé parmi eux la charge de prieur, et qui s'en étoit démis par humilité à la mort de l'abbé Guillaume de Rençon.

Dieu l'avoit préparé à cette importante place par une démission si généreuse, par un grand amour pour l'étude de l'écriture sainte, par l'édification de ses mœurs, et par un zèle ardent pour l'office divin. On sçoit que de son temps l'imprimerie n'étoit pas en usage. Il commença l'exerice de son ministère par exhorter ses religieux à renouveler les breviaires et les psautiers du chœur, et à copier des livres, à l'exemple de leurs pères, auxquels ils ne pouvoient disconvenir qu'ils étoient redevables de plusieurs bibles et de tous les ouvrages de S. Augustin, de S. Jérôme, d'Origène, de S. Ambroise, de S. Grégoire, de S. Anselme et de S. Bernard, qu'ils avoient entre les mains et qui faisoient leur consolation. L'abbé leur demandoit des choses si raisonnables, qu'il n'y eut pas moien de s'en défendre. A peine eut-il cessé de parler, que, dans l'assemblée même, on lui demanda à l'envi d'être incessamment mis en action, chacun promettant de s'occuper sans relâche à la portion d'ouvrage qui lui seroit donnée. Ils poussèrent en effet le travail avec tant de vigueur, qu'en moins de quatre ans on voit augmenter la bibliohèque de Jumièges d'un grand nombre d'excellents manuscrits et renouveler tous les livres de chœur. L'un eut en partage le Commentaire de Pierre Lombard sur les psaumes, qu'il copia sur un exemplaire que l'abbé de Saint-Laurent de Blois avoit prêté à Guillaume de Fors, lorsqu'il n'étoit encore que prieur (*a*). Un autre fut chargé du Commentaire sur Isaïe (*b*). Un autre copia le Commentaire sur S. Luc et S. Jean (*c*). Un autre celui du cardinal Hugues sur S. Luc (*d*). Le même esprit qui les avoit portés à ce travail engagea le grand chantre, frère Nicolas de Restimare, à transcrire le Cloitre de l'âme, par Hugues de Saint Victor (*e*), et le sermon de la conversion de S. Paul, par Pierre de Blois (*f*). Trois autres entreprirent de copier le glossaire de Papias, intitulé *elementarium doctrinœ rudimentum*, en trois gros volumes in-folio(*g*), et en vinrent heureusement à bout, malgré la longueur et la sécheresse d'une tâche si fatigante.

En attendant que ces ouvrages fussent achevés, l'abbé Guillaume acheta un Commentaire sur les quatre évangiles ; un autre sur Jérémie (*i*) ; un troisième

---

(*a*) Manusc. sous la lettre B, num. 21, 23. (Bibl. municip. de Rouen, cat. 119 et 120 ; A 141, 106.)

(*b*) B., 33. (Non retrouvé jusqu'à ce jour.)

(*c*) B., 41. (Bibl. de Rouen, cat. 202 ; A 168.)

(*d*) B., 64 (*Ibid.* cat. 199 ; A 257.)

(*e*) C., 58. (Non retrouvé.)

(*f*) C., 58. (Non retrouvé.)

(*g*) I., 1, 2, 3. (Bibl. de Rouen, cat. O et 2.

(*h*) B., 36. (Bibl. de Rouen, cat. 171 ; A 80.)

(*i*) B., 34. (*Ibid.*, cat. 155 ; A 179.)

sur les Paralipomenes, Esdras et Job(*a*); un quatrième sur les Actes des apôtres, les Épitres canoniques et l'Apocalipse (*b*), et un cinquième sur les Cantiques et l'évangile selon S. Jean (*c*), avec la glose de Pierre Lombard, sur les épitres de S. Paul (*d*), et une concordance de la bible (*e*), imprimée à Basle en 1616.

Vers le même temps, maître Gautier Cloet, curé de Rouge Moutier près de Routot, se retira à Jumièges, et y fit présent de plusieurs manuscrits, que nous nous contenterons d'indiquer légèrement : 1° les Sentences de Pierre Lombard (*f*); 2° un Commentaire *in-folio* du même auteur sur les psaumes (*g*); 3° sur Job (*h*); 4° sur Ezéchiel, Daniel, et les petits Prophêtes (*i*); sur Isaïe et Jérémie (*k*); 6° sur les Livres de Salomon (*l*). Il mourut le 1ᵉʳ jour de janvier 1249; on garda à sa sépulture les mêmes cérémonies qu'on avoit coutume d'observer à celles des religieux, quand ils mouroient

---

(*a*) B., 16. (Bibl. de Rouen, cat. 84 ; A 189.)

(*b*) B., 42. (*Ibid.*, cat., 236 ; A 130.)

(*c*) B., 61. (*Ibid.*, cat. 142 ; A 258.)

(*d*) B., 45. (*Ibid.*, cat. 219 ; A 97.)

(*e*) A., 8. (*Ibid.*, cat. 243; A 239.)— Nous soupçonnons ici une confusion dans le catalogue des mss. de la Bibliothèque de Rouen ; c'est à une autre concordance portée sous le n° 244 que les rédacteurs de ce catalogue ont attribué la mention : « Imprimée à Bâle, chez Proben. » Le ms. 244 ne pourrait être tout au plus que la copie du ms. 243, car il est plus jeune d'un siècle.

(*f*) E., 3. (Bibl. de Rouen, cat. 464.)

(*g*) B., 19. (*Ibid.*, cat. 117; A 61 ou cat. 98 ; A 236 (?).

(*h*) B., 18. (*Ibid.*, cat. 86 ; A 78.)

(*i*) B., 32. (*Ibid.*, cat. 158 ; A 109.)

(*k*) B., 31. (*Ibid.*, cat. 150 ; A 86.)

(*l*) B., 29. (*Ibid.*, cat. 126; A 162.)

l'après-midi. L'abbé envoia le soir ceux de son côté veiller auprès du corps, jusqu'à matines, et ceux du côté du prieur, depuis matines jusqu'à l'inhumation, qui se fit dans la chapelle de la Vierge, après la messe matutinale (a).

Sous ces entrefaites, les vicaires généraux de l'archevêché de Rouen, dont le siége vaquoit depuis le 3 mai 1247, aiant appris l'élection de Guillaume de Fors, lui écrivirent de se rendre auprès d'eux pour leur promettre obéissance et à l'archevêque qu'ils devoient élire. Ce fut pour lui une nécessité de faire le voiage de Rouen. Il y arriva vers la fin de novembre de la même année. Les vicaires généraux triomphoient en secret de sa soumission à leurs ordres et se regardoient déjà comme supérieurs immédiats de l'abbaïe pendant la vacance du siége archiépiscopal. Ils dressèrent une formule de serment, dans laquelle ils n'eurent garde de s'oublier ; mais l'abbé se garda bien lui-même d'y souscrire, malgré leurs vains raisonnements, et il fallut, malgré eux, se contenter du serment ordinaire à l'archevêque futur, tel qu'il se trouve encore aujourd'hui dans les archives de l'archevêché.

Les chanoines s'assemblèrent en chapitre au commencement de l'année suivante, 1248, et élurent pour leur archevêque Eude Rigaud, religieux de Saint-François, qui fit son entrée dans Rouen le premier dimanche d'après Pâques, 26ᵉ jour d'avril 1248.

(a) K., 16. (Non retrouvé.)

L'abbé de Jumièges l'alla saluer, un mois après ou environ, et l'engagea à appuyer sa demande auprès du roy pour l'exemption du droit de régale. De retour à Jumièges, il lui envoia demander la permission d'ériger une chapelle domestique dans le manoir de Hauville, pour la commodité des religieux qui y faisoient leur résidence dans le cours de la semaine, à quoy l'archevêque consentit volontiers, à condition qu'on n'y recevroit point d'offrandes au préjudice du curé, et qu'on n'y admettroit personne à la participation des sacrements. La permission est du 22 juillet 1248 (a).

Il s'étoit élevé depuis quelques années une dispute entre les baillis de Caudebec et de Pont-Audemer, au sujet du port de Courval[1], sur la rivière de Seine, que l'un et l'autre soutenoit être du ressort de leur baillage. Les moines de Jumièges s'étoient plaints au roi de cette querelle, dont ils prétendoient que l'objet étoit de les dépouiller de leur juridiction sur ce lieu. Le roi prit leurs intérêts, et avant que de partir pour la Terre Sainte, il donna ordre à Jean de Meulant, bailli de Verneuil, d'examiner cette affaire et d'en faire son rapport à la reine-mère, qu'il laissoit pour gouverner le roiaume en son absence[2]. Jean de Meulant n'épargna rien pour remplir fidellement sa commission. Il entendit

---

(a) Archives.

[1] Aujourd'hui Vieux-Port; voir plus haut, p. 128, note 7.

[2] Il s'agit de la croisade de 1248. Mézaray dit : « Tous les Français ayant fait serment de garder fidélité aux enfants du Roy, s'il lui arrivait quelque disgrâce en ce voyage, la Reine Blanche fut chargée de l'administration durant son absence. » *Hist. de France*, t. II., p. 242.

jusqu'à soixante-six témoins, presque tous nobles, et fit tenir leurs dépositions à la reine, qui renvoia l'affaire à l'échiquier de Normandie, pour y être décidée sans appel (a). Elle fut portée à l'échiquier de septembre et jugée définitivement par une sentence de 1248, qui déclare que vu les dépositions des témoins, le port de Courval est du domaine des religieux et du baillage de Pont-Audemer; mais que le bailli ne pourra y exercer la haute justice, ce droit appartenant tellement à l'abbé de Jumièges, qu'il pourra, s'il le juge à propos, revendiquer les voleurs qui y auroient été arrêtés, même après la sentence du bailli (b).

L'arrêt de l'échiquier fut suivi de bien près de la mort de l'abbé Guillaume. Elle arriva le 4 octobre de la même année 1248, quoi qu'en dise l'auteur de Gallia Christiana (c), qui lui donne encore plus de douze ans de vie. Le lieu de sa sépulture ne nous est pas exactement connu, mais on peut conjecturer avec vraisemblance qu'il fut enterré dans l'église de Saint-Michel, qui étoit une maladrerie entre les paroisses de Saint-Valentin de Jumièges et de Saint-André d'Yainville, sur le chemin de Jumièges à Duclair [1]. Ce qui appuie cette

(a) *Cartul.*, c. 524.
(b) *Ibid.*, c. 531.
(c) T. XI, p. 196.

[1] Les Grands-Rôles de l'Echiquier constatent l'existence de cette léproserie, pour l'entretien de laquelle avait été établie une foire qui rapportait aux lépreux cinq livres de rente annuelle. — Cf. Léchaudé d'Anisy, *Recherches sur les léproseries et maladreries*, dans les *Mém. de la Soc. des Antiq. de Normandie*, t. XVII, p. 190.

conjecture et la rend vraisemblable, c'est que sa charité pour les malades et les lépreux s'étendit à toutes leurs nécessités durant sa vie ; qu'il avoit quitté le priorat pour les servir, et que l'on trouva dans leur église le corps entier d'un abbé de Jumièges, lorsqu'au milieu du XIVe siècle, cette même église, dont la dédicace est marquée au 29 de novembre dans le martyrologe de l'abbaïe, fut transférée, avec la léproserie, à l'extrémité du bois, comme nous le dirons en son lieu. Les tombeaux de ses prédécesseurs nous sont connus ; ses successeurs ont tous été enterrés dans l'abbaïe, jusqu'à la destruction de l'église de Saint-Michel. Quel autre abbé que Guillaume de Fors peut donc avoir été inhumé dans cette église ?

Nous n'avons raconté que peu d'actions particulières de la vie de ce saint homme, parce que les monuments de l'abbaïe de Jumièges ne nous ont rien appris de plus que ce que nous en avons rapporté. On peut dire néanmoins que son humilité, sa douceur, ses lumières, son amour pour l'étude, son zèle pour le renouvellement des livres du chœur, pour l'augmentation de la bibliothèque et pour le maintien de la régularité, son caractère tendre et bienfaisant, sa fermeté dans les occasions, ses discours fréquens et pleins d'onction à ses religieux, ses exhortations aux malades, et la décence de ses mœurs, le rendirent un des plus saints personnages de son siècle. Voicy comment en parle un copiste de son temps, à la fin d'un Commentaire sur

Job, que Guillaume de Fors avait acheté n'étant encore que prieur (a).

> Corde: caritatem non simulat.
> Ore : veritatem humiliter annuntiat.
> Opere : alios bonis exemplis ædificat.

(a) B., 17 [1].

[1] Bibl. munic. de Rouen : Cat. 86 ; A 78.

FIN DU TOME PREMIER

TABLE DU TOME PREMIER

	Pages.
Note sur le manuscrit	VII-VIII
Préface	IX-XXII

LIVRE PREMIER

Description de Jumièges. Commencements de Saint-Filbert	1
Fondation de l'abbaye de Jumièges	15
Saint-Aicadre, deuxième abbé de Jumièges (682)	43
Cochin, troisième abbé (687)	54
Saint-Hugues, quatrième abbé (724)	63
Hildegard, cinquième abbé (730)	69
Droctegand, sixième abbé	74
Landric, septième abbé	81
Adam, huitième abbé	96
Hélisacar, neuvième abbé	97
Angilbert et Angésise, dixième et onzième abbés; Foulques, douzième abbé	102
Ricbodon et Baudri, treizième et quatorzième abbés	105
Héribert, quinzième abbé	105
Thierry, seizième abbé	107
Rodolphe, dix-septième abbé (848)	108
Gauzlin, dix-huitième abbé	116

Codine, Louis et Welpon, dix-neuvième, vingtième et vingt-unième abbés.................. 117

LIVRE SECOND

Jumièges pendant l'invasion normande........... 119
Martin, vingt-deuxième abbé................... 127
Annon, vingt-troisième abbé................... 135
Roderic, vingt-quatrième abbé.................. 137
Robert, vingt-cinquième abbé.................. 139
Thierry, vingt-sixième abbé................... 146
Guillaume, vingt-septième abbé................ 156
Robert II, vingt-huitième abbé (1037)............ 161
Geoffroy, vingt-neuvième abbé................. 166
Robert III, trentième abbé (1048)............... 168
Saint.-Gontard, trente-unième abbé (1078)....... 199
Tancard, trente-deuxième abbé (1097)........... 222
Urson, trente-troisième abbé (1101)............. 225
Guillaume, trente-quatrième abbé (1127)......... 243
Eustache, trente-cinquième abbé (1142).......... 252
Pierre Ier, trente-sixième abbé (1155)............ 261
Roger Ier, trente-septième abbé (1162)............ 274
Robert IV, trente-huitième abbé (1178).......... 283
Roger II, trente-neuvième abbé................. 295
Richard Ier, dit de la Mare, quarantième abbé...... 296
Alexandre, quarante-unième abbé............... 305
Guillaume de Rençon, quarante-deuxième abbé.... 339
Guillaume de Courdieu, quarante-troisième abbé... 365
Guillaume de Fors, quarante-quatrième abbé...... 373

IMPRIMERIE E. CAGNIARD

www.ingramcontent.com/pod-product-compliance
Lightning Source LLC
Chambersburg PA
CBHW071900230426
43671CB00010B/1419